U0571234

企业商业模式
互联网思维的颠覆与重塑
Enterprise Business Model
Subversion and Innovation of Internet Thinking

余来文 编著

经济管理出版社
ECONOMY & MANAGEMENT PUBLISHING HOUSE

图书在版编目（CIP）数据

企业商业模式：互联网思维的颠覆与重塑/余来文编著. —北京：经济管理出版社，2014.10
ISBN 978-7-5096-3357-1

Ⅰ.①企… Ⅱ.①余… Ⅲ.①企业管理—商业模式—研究 Ⅳ.①F270

中国版本图书馆 CIP 数据核字（2014）第 211181 号

组稿编辑：申桂萍
责任编辑：宋　凯
责任印制：黄章平
责任校对：张　青

出版发行：经济管理出版社
　　　　　（北京市海淀区北蜂窝 8 号中雅大厦 11 层　100038）
网　　址：www. E-mp. com. cn
电　　话：（010）51915602
印　　刷：三河市延风印装厂
经　　销：新华书店
开　　本：720mm×1000mm/16
印　　张：21.75
字　　数：365 千字
版　　次：2014 年 10 月第 1 版　　2014 年 10 月第 1 次印刷
书　　号：ISBN 978-7-5096-3357-1
定　　价：49.00 元

·版权所有　翻印必究·

凡购本社图书，如有印装错误，由本社读者服务部负责调换。

联系地址：北京阜外月坛北小街 2 号

电话：（010）68022974　　邮编：100836

2013 年 12 月 12 日在第十四届中国经济年度人物评选颁奖现场，小米董事长雷军与格力董事长董明珠打赌，称五年之后小米的营业额将超过格力，而输的一方将给对方 10 亿元。董明珠认为 5 年之后小米超过格力不可能，从目前营业额来看，小米年营业额 300 亿元，而格力则超 1000 亿元。雷军则信心满满，并给出三个理由：第一，小米没有工厂，可以用世界上最好的工厂；第二，小米没有渠道和零售店，可以采用电商直销，成本优势明显；第三，小米可以把注意力放在产品研发和提升用户体验上，不断提升产品质量，提升市场空间。董明珠则认为，小米是靠价格竞争，而格力不靠价格，靠技术。小米太重视营销，售后服务不佳，而格力售后服务能力强大，虽然小米这几年发展不错，但是否能持久增长尚无定论。而雷军则反击认为，格力作为制造企业，距离用户比较远，而小米则贴近用户，并认为格力业务广泛，无法像小米那么专注。争辩过程中，董明珠还巧妙地拉起"外援"，获得了马云的支持，她认为格力与马云的电子商务合作，世界就属于格力。小米与格力的打赌，表面上看是雷军与董明珠的赌气，其实质上是互联网企业与传统企业之间的较量，在某种程度上也折射出互联网对传统企业的冲击。

在互联网时代，传统企业遭遇最大的挑战就是基于互联网的颠覆性挑战。很多已经先知先觉的传统企业开始"触网"，做起电子商务，走上了转型之路，如苏宁的云商模式就是其中最好的例子。苏宁电器是做零售起家，受京东、凡客、易迅等电商的冲击及时转移去做电商，将苏宁易购改名为苏宁云商，并对苏宁易购为主的电商思路进行转型升级。传统企业虽然意识到转型势在必行，但真正来

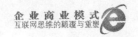

做转型又谈何容易。这就是我们之所以要换个思路，用互联网思维去寻找传统企业转型的成功路径。2013 年以来，互联网思维已经席卷大江南北！小米用互联网思维颠覆了手机，黄太吉煎饼、雕爷牛腩和 IT 男肉夹馍等就是用互联网思维做餐饮，"90 后"美女情趣店店主马佳佳运用互联网思维做成人用品……可以说，越来越多的人都试图用互联网思维来颠覆传统行业。

如果把时间拉得足够远，如何审视互联网对传统行业的渗透、改变甚至颠覆？如今，移动互联网的到来让这一趋势加剧，并进一步深化。当下的场景绝非 10 年前所能想象的。发一条微博或者微信可以成就一门生意，一个应用可以集合一个群体，人们从陌生到熟悉，因为时间、地点以及兴趣各种维度聚合到一起，信息流通的渠道无限丰富，信息流通的门槛被无限拉低……这些意味着，对信息控制、传播和解释的垄断权被消解之后，信息按照更有效率、更容易传播的方式进行重构，从而更方便人们的工作和生活。更通俗的说法是移动互联网浸入了人们生活的各个角落。与此同时，传统 IT、家电行业在互联网大潮的冲击下，包括联想集团董事长杨元庆、用友集团董事长王文京、浪潮集团董事长孙丕恕等行业企业家也越来越多地从互联网的角度进行思考。因为互联网无所不在，正重塑一切传统行业，这是人类正面临的大冲击。总之，一切关于新生或毁灭的预言都被证明是错误的，这个时代的真相是：由于通信技术革命带来的互联网思维，一切旧事物又将变成新事物。

那么，传统企业面向移动互联网的战略转型，需要跨越新的轨道拐点。以淘宝、苹果为代表的新经济商业模式，正是在把用户时间与注意力作为稀缺条件的商业环境变化背景下，牢牢把握住了商业价值链中客户端体验黏着价值与应用内容端整合提供价值，并通过两类价值的有效互动，形成了企业商业价值的滚动放大。在传统企业面向移动互联网战略转型初期，规模化的用户注意力是最重要的。因此通过服务、游戏、社区等各种独具特色的应用快速形成用户流量规模，是跨越"客户高度黏着化"拐点的重点。这一穿越过程的真正挑战在于，企业必须通过应用的持续创新来维持、延长客户黏着时间与使用频度，或者把应用变为客户不可或缺的行为习惯。企业不仅要使用户数量规模化，更要使用户行为长期化，这样才能在客户的时间份额中赢得一席之地，并为后续的发展奠定基础。当一家企业能够成功地穿越"客户高度黏着化"拐点之后，由于新经济价值链要素的高度关联性，这时需要企业的商业模式必须建立在对价值链的整体理解与运用上。换言之，这个阶段成功的战略或商业模式，往往都带有支持价值链各要素协同配合的显著平台性特征，我们把这个阶段需要穿越的拐点称为"平台化"拐点。例如淘宝在发展过程中，通过免费战略赢得了足够多的买家、卖家之后，进一步通过交易认证的支持服务、卖家的增值服务、买卖双方的内部供应链管理信息化服务等，使自己变成了一个庞大商业交易帝国的"操作系统"，通过组织、监管与支持这个市场的海量交易实现自身的价值，这同样是平台化战略的典型体现。

新经济时代，高明的商业模式往往是类似于"吸星大法"式的商业模式，也就是把自己作为基础平台，使自己的核心能力充分地嵌入到客户行为或产业价值链的关键环节之中，在价值交换过程中"默默"地实现自身的价值。这正是穿越"平台化"拐点的真正精髓所在。

传统企业的转型发展之路并不容易，其最不容易的地方在于，传统企业在转型过程中，需要同时行驶在工业经济与新经济两条不同的商业轨道上，没有任何一家企业可以很容易地驾驭好两条轨道的平衡。一方面，传统企业必须保持并增强既有的传统优势，包括从经济发达地区到不发达地区的拓展、从城市到农村的拓展、从核心人群向低龄或高龄人群的拓展、从常住人口向非常住人口的拓展、从占有市场的大块份额到占据零散份额的拓展、从单一业务向多样化业务的拓展。这些做法将在相当长的时间内被证明是继续有效的，并将在相当长的时间内助力传统企业在工业经济轨道上渐行渐远。另一方面，伴随着移动互联网与新媒体的快速成长，伴随着战略转型的深度推进，传统企业将越来越深度地踏入新经济轨道。在这个轨道中，面临着许多与传统工业经济轨道完全不同的挑战，传统企业需要开启自己的再成长之旅，力争要掌握如何在应用层面实现对客户的长期深度黏着、要掌握如何把这种黏着转化为真金白银的收入、要掌握如何进一步打造对商业价值链与客户行为无所不在的支持平台、要在更广泛的产业范围内不断重新理解与再次定义自我。

稳健地行驶在两条完全不同商业逻辑的轨道上，传统企业注定会长期痛苦于规模化商业思想与新经济商业思想的"兼收并蓄"、痛苦于完全不同的商业模式间的平衡协调、痛苦于新老业务的资源争夺、痛苦于两条轨道带来的文化冲突、痛苦于现代对传统的告别与承袭。在这样的彷徨磨砺中，传统企业完成自己的涅磐。

目录
Contents

第一章

互联网思维时代

【开章案例】

红狮子餐饮的互联网思维

图片来源：www.hsz517.com

一、红狮子介绍

一直以来，红狮子坚持使用真材实料，中式菜品结合标准化的制作模式，将传统与时尚相结合，营造充满中国元素的就餐环境，努力向消费者展示中式餐饮文化的魅力。红狮子致力于理解消费者需求的本质，提供丰富美味的中式早餐、午餐、下午茶和晚餐，为消费者创造信任、便捷和快乐的就餐体验。

红狮子的愿景是成为全球最受欢迎的中式餐饮连锁品牌；使命是为消费者创造信任、便捷、快乐的就餐体验；价值观：首先，服务于人，主要是指服务者的心态，为消费者、企业、合作伙伴、社会提供服务，从而实现自我

价值。其次，共创共享，主要是指与客户、股东、员工及社会共创、共享企业发展成果。共创是共享的前提，而共享又为实现共创奠定良好的基础。最后，关爱社会，主要是指我们在为自己奋斗的同时，也为社会做一点贡献。我们关心他人，也关爱社会。

客户只忠诚于自己的价值，哪个品牌可以创造这种价值，客户就选择谁。因此，红狮子以满足客户为导向，一直都在努力地通过创造客户的价值而实现企业自身的价值。在越来越透明的互联网时代，网络就像一把"双刃剑"，好与坏的传播都同样迅速。红狮子将结合互联网更好地去服务于客户，并且努力提高企业品牌的知名度与美誉度。

二、红狮子的互联网思维

以往餐饮品牌的建立需要靠长时间的积累与餐厅数量的规模化去传播，由区域性品牌变成全国知名品牌可能需要10年，甚至更长的时间才可以达到。但在现在互联网的时代，由于传播的方式产生变化，可能这一时间只需要2年或3年就可以做到，例如小米手机。餐饮业作为一个传统的行业，如何顺应当下的潮流？如何将餐饮与互联网作一个结合，从而为客户与企业创造更大的价值，这是我作为一个餐饮从业人员一直在思考与探索的问题。红狮子在互联网的时代，结合我们餐饮业的特性，也做出了以下相应的行动与思考。

1. 微信外卖订餐

红狮子的外卖下单从之前的电话下单，到网页下单，再进化到现在的微信下单。红狮子微信订餐系统是把线下的订餐服务与互联网结为一体，通过微信线上推广，线下服务客户，达成交易。实现了互联网和线下实体店的紧密结合与全方位的配合。对于订餐客户而言，首先要通过扫描二维码或输入"红狮子"进行服务号的搜索，然后对红狮子的微信进行关注，就可以进行微信订餐与收到红狮子发送的信息。除了第一次订餐的时候需要输入电话、住址等有关信息，之后如果是同一地址订餐都不需要再次填写，客户订餐更便捷。

从客户微信下单，到我们餐厅自动接收订单，改变了传统客户叫外卖订餐的方式。令红狮子餐厅在运营支出上节约开支的同时，也为客户创造更符合当下潮流的一种订餐体验。客户下单后，红狮子结合半小时送达计划、超过一小时送达餐费半价的推广活动，从而提升餐厅的营业额。

微信订餐平台上线后，如何推广微信订餐？如何让更多的客户去关注与参与到红狮子微信订餐当中？除了刮刮乐、订餐优惠折扣、订餐送好礼等推广方案，还有什么更好的方案，这需要我们不断地去摸索。

2. 餐厅微信消费新方式

第一，微信排号。当客户有吃饭的需求时，就会在红狮子微信服务号上查询离他最近的餐厅，并通过微信预约排号时输入人数与计划到餐厅的时间，甚至还可以在此先将所需的菜品提前下单，然后再开车到餐厅就餐。在此过程中，红狮子餐厅还有实时的排号通知，在倒数五位时餐厅通过微信通知到客户。如果客户预估自己可能会错过，还可以申请重新进行排号。

客户无须到餐厅就可以进行预约与排号，如果餐厅设在商场里，客户还可以一边逛商场一边等排号。同样，餐厅也会进行排号倒数提醒，这样就可以避免客户在餐厅门口无聊地坐等。

第二，自助点餐。客户无须到餐厅就能点餐，可以不受地方的限制，通过手机进入红狮子微信服务号随时随地进行点餐。在点餐的过程中，餐厅有任何的优惠活动可以在微信上看到，而且此次消费还可以保存到会员积分中。客户选择好自己喜欢的菜品直接按确认，就可以保存此次下单。当客户到餐厅坐下来，扫描一下餐桌上的二维码，就可以将自己的座位位置确认下来。客户可以选择网上支付的方式进行付款，付款后此单直接下到厨房。除了微信点餐外，我们还可以在餐厅就餐区的周围，相应地摆放一些触摸屏的点餐显示器，客户也可以通过这种方式进行自助式的点餐。客户完成点餐时输进餐桌号进行确认，订单小票就直接从旁边的打印机打印出来，然后客户拿着这张小票到收银台付款，这就完成整个点餐流程。

第三，微信会员管理。对客户进行会员制管理，每个会员都有一个属于自己的会员二维码，客户的每次消费都会记录在个人账号里。积累一定积分的时候，红狮子会给客户换取相应的礼物，或换取相应的现金券，或升级客户的会员级别等优惠政策，从而促进客户产生重复消费。

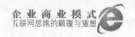

3. 与消费者互动

作为一个餐饮品牌，如果不知道哪些客户来过，不知道客户到餐厅消费过什么，不了解客户的需求点，不了解客户的期望值，是很难快速地成为一个受欢迎的餐饮品牌的。如何更好地与客户产生互动？如何让客户参与进来？客户的服务，我们可以在餐厅以外就进行提供；客户的价值，我们也可以在餐厅以外就进行创造。网络令人与人之间的沟通无阻，也令餐饮品牌与消费者之间的沟通无阻。

红狮子针对这方面，专门成立一个客户关系部门，用于研究、开发客户的需求，从而更好地为客户创造价值。我们通过微信群，与更多的消费者建立一个沟通互动的平台，推动着越来越多的消费者投入到红狮子的活动中。我们计划每年都会在网上评选出十佳方案奖，然后对获奖者奖励丰厚的礼物，并且还会在公司的官方网站公布此消息。让获奖者除了获得物质奖励外，还会获得精神层面的奖励。

三、结论与启示

我们一直都在探索着一个问题，互联网在不断地改变着这个世界，我们餐饮业需要什么样的变革去顺应互联网所带来的变化与便捷。以上关于红狮子餐饮的互联网思维，有些我们已经在进行中，有些我们还处在思考当中。红狮子餐饮通过近段时间做网上团购，感受到互联网技术的应用就像一个放大镜，餐厅的服务做得好或者不好，都可以被迅速传播。红狮子餐饮在推动互联网营销与网络式餐饮管理的同时，没有忽视餐饮业客户的本质需求，我们还是专注产品与服务的本身。通过网络营销的大力推广，刚开始时客户由于猎奇心理进行尝试性的消费，在短期内营业额可能会出现暴涨的现象。但是，如果菜品与服务不能满足客户的需求，业绩就不会有长期性的保障。因此，对于红狮子餐饮来说，互联网只是工具，借助线上平台数据化的收集了解客户的需求，最终提升服务、满足客户才是目的。

互联网的到来，对传统企业带来了巨大冲击。一方面，给传统企业带来了致命的挑战；另一方面，也为企业创造了发展的良机。传统企业向互联网转型已是大势所趋。正如王石所云："淘汰你的不是互联网，而是你不接受互联网。"可以说，互联网思维不仅是一种理念、一种方法论，更是一种改变、一种管理变革。传统企业要拥抱互联网，实现真正的转型，就必须在互联网思维下实现"三变"，即管理思维改变、企业组织改变和管理模式改变。

一、互联网时代下传统企业的挑战与机遇

随着互联网的快速发展和普及，人们在享受网络带来的精彩性的同时，也在逐步享受网络所带来的便利性。以网购为例，1999 年底，互联网高潮来临，中国的网民开始接触网络购物，随后呈现爆发式增长。2013 年，中国网络购物市场交易规模达到 1.84 万亿元，增长 39.4%；在 2014 年第一季度，中国网络购物市场交易规模为 4564.4 亿元，较 2013 年同期增长 27.6%。

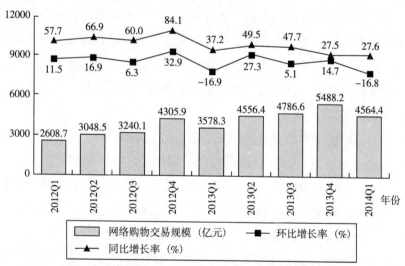

图 1-1　2012 年第一季度至 2014 年第一季度中国网络购物市场交易规模

互联网思维是任何一家企业都需要学习并具备的。互联网的营销价值通过几项 B2C 的热门案例就可以有感性认识，如深谙互联网思维的小米，其 CEO 雷军在 2014 IT 领袖峰会上披露，预计明年小米销售额将过千亿元，这家没有上万名员工，也没有品牌积淀的黑马创造了一个奇迹。在先行者身上，互联网的商业价值不言而喻。

第一，互联网优化信息渠道。互联网海量信息之下，人们获取信息的渠道和

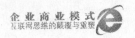

1	互联网优化信息渠道
2	互联网扩大消费用户
3	互联网创造销售平台
4	互联网形成粉丝文化
5	互联网促进跨界整合

图1-2　互联网对传统企业的机遇

方式发生变化，从高度不对称到爆炸式增长，且获取信息成本非常低，人们的注意力不断被分散，我们该如何聚焦用户的兴趣？这就涉及一个问题，传统企业不冰冷。以东方雨虹官方微信为例，微信塑造了一个鲜活的虹小妹，把雨虹这一传统企业塑造得更加有趣、生动，以较为低廉的成本创造较为优异的传播效果，这也是站在用户思维的角度去推广的一种尝试。互联网的多维度展现，可以让一个人或企业变得丰富起来，这绝不仅仅是一个产品手册或者是平面文章，抑或是广告所能承载的。

第二，互联网扩大消费用户。在传统企业开发用户时，只针对特定领域的客户，不会跨领域开发；而在互联网时代，用户可以极大地扩展，开发商、消费者、设计师、业主、设计院，那么我们就利用互联网的便捷性和快速高效，一切推广围绕这些用户的需求和痛点延展开，让传播效果更直接、更精准、更高效。

第三，互联网创造销售平台。互联网可以搭建起销售的平台，使人们购物具有快捷性和实用性。如苏宁原来为一个传统家电经销商，在互联网时代积极转型，提出O2O线上线下的融合发展模式，不仅保住了原有客户，更吸引了大量新客户。

第四，互联网形成粉丝文化。我们可以选择我们想关注的人，也可以吸引别人成为自己的粉丝，彼此之间的关系不是甲方乙方的关系，而是朋友或合作伙伴的关系，这样的关系就使交易更有人情味，让理性的东西变得感性，使传播过程人格化。

第五，互联网促进跨界整合。几年前，谁也想不到支付宝会动了银行的奶酪，微信能撬动通信行业的新市场，所以，为了防止被逼退，只能不断地学习。建材行业在互联网化方面起步较晚，但不管是快消品、金融行业，还是互联网行业，都有一些灵活的传播方案可以参考。

互联网世界的本质就是任意互动、无限连接的网络体。这里互动是一种双向的沟通，有表达、有反馈，接着就有引导、有修正，形成信任，最后促成交易，这比传统的服务更快速，更有利于企业的正向发展。而归根结底，互联网思维的应用是需要把这一思维贯穿在企业品牌的塑造上和用户的互动层面，也要贯穿在合作平台的交互展示上，从最初的品牌塑造到交易端形成闭环。对于一些传统企业而言，通过一些传统的营销手段已经很难对现今的市场形成什么重大的改变了。如果想将企业的销售渠道完全打开，企业就必须引进新的思维和新的方法。虽说互联网给传统企业提供了大机遇，传统企业也必须进行一系列的改革来适应新时代的转变，不少传统企业都在努力应对互联网，接触新鲜的互联网工具。但是，对于天生就不具备互联网思维的传统企业而言，这其中必然会有诸多挑战。

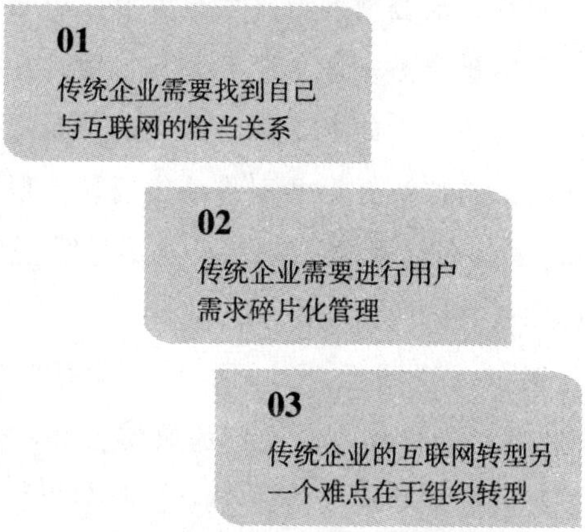

01
传统企业需要找到自己
与互联网的恰当关系

02
传统企业需要进行用户
需求碎片化管理

03
传统企业的互联网转型另
一个难点在于组织转型

图1-3 互联网对传统企业的挑战

第一，传统企业需要找到自己与互联网的恰当关系。如果实在不知道怎么开始，那就试试把渠道拓展到天猫这类电子商务网站上。当传统产业与互联网（尤其是移动互联网）开始结合，创新的灵感也许就此打开。以电子商务为例，过去认为网购只是实体渠道的补充，现在网购则冲击和颠覆传统零售业，甚至商业地产。

第二，传统企业需要进行用户需求碎片化管理。企业可以从规模化生产向个

性化定制转变，比如一家家具生产企业的电子商务网站，将所有的设计方案都放在网上由用户评分，企业只生产用户评价排名前5位的家具产品。当前，不少中国服装企业陷入了规模陷阱，耐克的运动鞋定制能够为他们带来一些启示：用户可以在网上选择不同的产品样式，不同的定制规模对应不同的产品价格。

第三，传统企业的互联网转型另一个难点在于组织转型。企业的经营历史越成功，组织就越难以变革。有些传统企业在工业化时代做得风生水起，反而难以拥抱互联网和移动浪潮，比如新东方正面临着YY在线教育的挑战。传统企业的互联网焦虑，根源在于互联网未来的不确定性，但也正因如此，创新型的传统企业面对着前所未有的发展空间。

专栏 1

瑞金麟：把握互联网时代的机遇

图片来源：www.rkylin.com

瑞金麟网络技术服务有限公司目前是中国领先的电子商务一体化服务公司，致力于为品牌商和零售商提供完善的电子商务和互动营销服务，通过专业服务来与传统企业共同携手实现其互联网化转型。瑞金麟成立于2009年5月，总部位于北京，先后已在大连、上海以及东京、纽约设立分公司，麾下员工总数已达到400人。

日新月异高速发展的互联网行业大背景下，电子商务、O2O、大数据、数字营销、CRM等热门词汇相继映入大家的眼帘，并在一个时期内成为了大家热议的词汇。与此同时，平台、传统企业、服务商也为迎合不断涌现出的变化而探索实践着，"我们一直在努力颠覆自己，创新求变。"瑞金麟联合创始人安士辉先生表示。瑞金麟在O2O与CRM的全面探索实践、数据的有效应用及深入挖掘等方面，凭借敏锐的行业洞察力，走在行业变革的最前端。

瑞金麟长期关注行业动态，在技术及策略上先行一步，时刻为即将到来的发展机会做准备。这些提早的准备和原有的市场基础，为瑞金麟提供了广阔的发展空间。瑞金麟作为中国领先的互联网一体化解决方案服务商，可以更好地帮助传统企业全面实现互联网化，创建独立的电子商务体系，提供量身定制的渠道互联网化、营销互联网化、CRM互联网化、供应链互联网化及创新型业务等一体化解决方案，打造电子商务产业链、提升客户品牌价值的同时实现基于大数据的有效会员、粉丝增加及营销互动。同时，瑞金麟还通过社会化营销建立 SCRM 系统，实现企业消费者价值分层。

瑞金麟携手上下游产业链的伙伴们乘风破浪，并为传统企业互联网化转型奠定了坚实的基础，同时也赢取了行业内外的口碑与荣誉。与中粮共同打造的"中粮吃货大赛"荣获由 DCCI 互联网数据中心颁发的 2012 年度金赢销大奖——年度最佳电子商务营销案例大奖；而上海购物节亮点玩购黄浦案例也入围 2013 第一届中国电商实效营销大奖金麦奖。此外《福布斯》中文版 2014 中国非上市潜力企业 100 强榜单于日前公布，瑞金麟过往三年的销售额增长率、净利润增长率、总资产回报率和净资产回报率等关键数据均明显领先于整体榜单的平均值(中位数)，展示出强劲的增长势头，首次入围即名列第 18 位。

传统企业互联网化的集结号已经吹响，真正的角逐才刚刚拉开序幕，让我们拭目以待瑞金麟这个弄潮儿在下一个五年将带给我们的惊喜，同时也祝福瑞金麟的明天会更好。

1. 传统企业将会不复存在

互联网和传统企业正在加速融合，互联网产业最大的机会在于发挥自身的网络优势、技术优势、公司治理优势等，去提升、改造线下的产业和传统产业，改变原有的产业发展节奏，建立起新的游戏规则。网络优势、技术优势和公司治理优势，结合传统企业，从实践角度把互联网对于传统企业的价值归结为战略、营销以及流程再造三个方面。

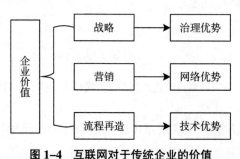

图 1-4 互联网对于传统企业的价值

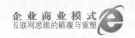

第一，战略方面。互联网对于传统企业的冲击首先体现在战略方面，公司战略势必会发生改变，主要表现在公司治理优势上。所谓公司治理优势，是一种互联网创新基因，应该归属于战略层面，因为公司的大小，走得远不远归结为思维，从苏宁的云商到京东的 LOGO 更换，我们所看到的都是企业向综合服务商转型的思维。传统企业更多的是一个萝卜一个坑，工作按部就班，讲究执行力，但互联网时代需要的是创造力、学习力和自下而上的改造力。这是一种互联网思维，如果传统企业充分借助互联网基因改造，整个企业一定焕发生机活力。

第二，营销方面。互联网对传统企业的冲击在营销方面体现为网络优势，网络营销至少包含三个层面：首先，营客户。对于传统企业而言，尤其是 TOB 的传统企业，最大的价值莫过于营销，原有的传统销售模式，多以拉客户为主，而互联网的核心是营客户，由拉到营，互联网可以让传统企业快速触碰到大量原来没有触及的长尾客户。其次，打品牌。如果说之前的品牌打造靠的是打广告，那么淘品牌的层出不穷，小米的成功，充分证明了利用互联网可以低成本打造品牌，这对于传统 TOB 企业而言意义重大。最后，塑产品。这里指的是通过 C2B 重塑产品，互联网能够搜集大量长尾数据，这些数据可以反向指导企业生产，在 TOC 领域被称作柔性供应链，而对于 TOB 的价值则是从需求端推动社会生产进步。

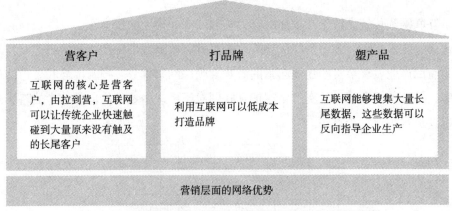

图 1-5 互联网对传统企业的冲击在营销方面体现为网络优势

第三，流程再造方面。互联网对传统企业的冲击在流程再造方面体现为技术优势，对于传统企业而言，在 ERP 之后，很多企业没有再做过业务流程再造和升级，借助微博、微信、网站、APP 等各类互联网及移动互联网的手段服务客户，不仅服务客户的手段多样化，更加节支提效，从表现看，是服务客户的方式变了，但实质上，对于很多传统企业，尤其是 TOB 企业而言，其实是再一次的企业流程再造。随着互联网对重构完整的价值链的要求越来越高，品牌之间的竞争和对抗将日益淡化，取而代之的是关于公司价值链的强度和效率之间的竞争。传统企业应充分利用好以电子商务为核心的互联网以及移动互联网工具，加速自我升级改造，其实这也是一个自我淘汰的过程，这种淘汰从技术到产品再到思维，无处不在。

专栏 2

江小白：白酒行业的转型先驱

图片来源：www.ijovo.com

2012 年，在追求高端大气上档次的白酒行业里，诞生了一个有"调调"的白酒品牌——江小白。2013 年，当整个白酒行业面临调整，顿觉前路迷茫时，江小白扛着青春小酒的旗帜火了，还引发了一阵青春时尚小酒的风潮。可江小白依旧"屌丝"地围着小围脖说：生活很简单，我的理想是"小而美"。

这家 2012 年 8 月注册的公司，跟那些几十年历史的老酒企一比，好像太嫩了些。江小白的办公地点，充分显露出草创期的痕迹：四壁白墙，除了简单的办公用品，再无多余的摆设。所有的销售都出去跑了，留在办公室里的人不超过 10 个。虽然公司在重庆，身为 CEO 的陶石泉却住在成都，每每来重庆，都是住在公司附近的君顿酒店里，见客人也多选在这个地方。连重庆的办公室，都是跟销售总经理童学伟共用。与一般的白酒公司不同，但和饮料公司的做法类似，江小白有自己具体的形象：黑色头发略长，发型比较韩范，戴着黑框眼镜，标准漫画的大众脸型。打扮是白 T 恤搭配灰色的围巾，外套是英伦风的黑色长款风衣，下身配的是深灰色牛仔裤和棕色休闲鞋。如果要想象一个现实人物，大概就是《男人帮》里孙红雷扮演的顾小白。这也是最初陶石泉将品牌叫作江小白的由来。影视剧里这样"小白"的名字，总因为简单而容易让人记住。推及品牌名上，似乎也同样适用。

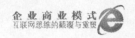

　　除了具象化的形象与容易记住的名字，江小白为媒体赞许最多的，是其O2O的营销模式。既然品牌是一个人物，人物就应该赋予他故事。"我们更多的是做一种态度。"陶石泉称，江小白是一个近乎完全依赖社交媒体造势出来的品牌。2011年12月27日，江小白发布了自己在新浪上的第一条微博：我是江小白，生活很简单！到目前，江小白发布微博近8000条，"粉丝"数超过10万人。江小白基本没有传统的营销方式。一是因为贵，二是因为传统媒体是单向传播。跟社交媒体不一样，永远都是互动的，所以它是建立我们这种品牌最好的一种方式。对于利用互动性很强的社交媒体，江小白的微博营销显示出几个鲜明的特点。

　　首先，长于文案植入，将有意思的话题与江小白的产品联系在一起。比如，利用最近在微博上流传甚广的《来自星星的你》里"都叫兽"与张律师PK植物大战僵尸的PS图，植入江小白语录：两双筷子两瓶酒，两两相对好朋友。

　　其次，对应自己的品牌形象，将微博的运营完全拟人化。在所有的热点事件时发声，表明自己的态度。从最早的钓鱼岛争端抵制日货，到最近的昆明恐怖主义袭击提醒大家远离恐怖分子。几乎在每一个热点事件发生时，都能看到江小白的表态。

　　最后，利用微博互动作为线上工具，组织线下活动，并与线上形成互动，以增强粉丝黏性。比如"寻找江小白"，是要求粉丝将在生活中遇到的江小白拍下来，回传至互联网。被粉丝找到的江小白，有餐单上的，有餐馆里的，有单瓶酒的，也有地铁广告上的。

2. 传统企业对互联网经济的理解

　　越来越多的传统行业正在受到互联网的冲击，正被互联网重新解构，发生令人瞠目结舌的变化。比如，传统零售业受到淘宝和京东的冲击，像苏宁这样的家电零售企业正努力重塑自己的互联网基因。微信仅用了三年时间，就让中国电信、中国移动、中国联通的短信收入受到很大影响。报纸和杂志的读者，现在手里拿的多是智能手机、平板电脑，报纸和杂志正快速地被微博、微信以及各种新闻客户端所取代。更可怕的是，原先强大的电视台不得不面临这样的局面：越来越多的年轻人选择用手机、平板电脑来看电视新闻、电影电视剧，只给电视台留下大批老年观众每天准时打开电视机收看节目。众多企业面临着互联网的挑战，希望更好地理解互联网。于是，互联网思维这个词不胫而走，也越来越热，互联网思维最后变成了包治百病的万能药。其实，面对互联网的飞速发展，我们的理解和应用还远远不够。传统企业如何面对互联网的挑战，如何向互联网转型，很多企业家、专家、学者都在讨论。要想在互联网行业分一杯羹，传统企业必须要理解互联网经济与传统经济的不同之处。如果以传统经济思维进入到互联网去竞争，那无异于鲨鱼爬到陆地上去跟豹子搏斗，肯定是要输的。因此，准备向互联网转型的传统企业，必须要理解以下几个互联网经济的特点。

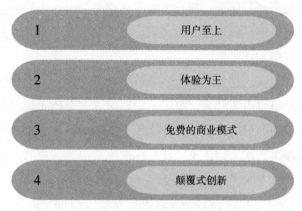

图 1-6　互联网经济的特点

第一，用户至上。互联网时代是一个消灭信息不对称的时代，是一个信息透明的时代。没有互联网的时候，商家跟消费者之间的交易，以信息不对称为基础。通俗地讲，就是买的不如卖的精。各种营销理论都是建立在信息不对称的基础上，目的只有一个：尽可能把东西卖给顾客。传统经济的企业强调客户（顾客）是上帝。这是一种二维经济关系，即商家只为付费的人提供服务。然而，在互联网经济中，人只要用你的产品或服务，那就是上帝。因此，互联网经济崇尚的信条是：用户是上帝。在互联网上，很多东西不仅不要钱，还把质量做得特别好，甚至倒贴钱欢迎人们去用。有了互联网，游戏规则变了。因为消费者鼠标一点就可以比价，而且相互之间可以方便地在网上讨论，因此消费者掌握的信息越来越多，于是变得越来越精明，变得越来越具有话语权。基于信息不对称的营销，例如大规模的广告投放等，其效果会越来越小。而如果你的产品或服务做得

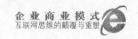

好，好得超出消费者的预期，即使一分钱广告不投，消费者也会愿意在网上去分享，免费为你创造口碑。

第二，体验为王。在过去，厂商把产品销售给顾客，拿到了钱，厂商就希望这个用户最好不要再来找自己。然而，在这个用户体验的时代，厂商的产品递送到用户手里，产品的体验之旅才刚刚开始。如果你的产品在体验方面做得好，用户每天在使用它的时候都感知到你的存在，这意味着你的产品每天都在产生价值。

第三，免费的商业模式。传统经济强调客户（顾客）是上帝。这是一种二维经济关系，即商家为付费的人提供服务。然而，在互联网经济中，不管是付费还是不付费的人，只要用你的产品或服务，那就是上帝。在互联网上，很多东西都是免费的，例如看新闻、聊天、搜索、电子邮箱、杀毒，不仅不要钱，还要把质量做得特别好，甚至倒贴钱欢迎人们来用。正是因为互联网经济是基于免费的商业模式，用户才显得如此重要。

第四，颠覆式创新。在互联网上，颠覆式创新非常多，也发生得非常快。不一定要去发明一个可口可乐秘方，也不一定要去弄一个伟大的专利。现在颠覆式创新越来越多地以两种形式出现：一种是用户体验的创新，另一种是商业模式的颠覆。商业模式颠覆，用大俗话说，就是你把原来很贵的东西，能想办法把成本降得特别低，甚至能把原来收费的东西变得免费，如淘宝、微信、360，这种例子太多了，免费的商业模式，包括互联网手机、互联网硬件，颠覆的威力非常强大。

3. 传统企业转型互联网企业的阶段

业内共识，传统企业向互联网企业转型，一般要经过四个阶段：第一阶段，传播层面的互联网化，可以称之为网络推广，通过互联网工具实现品牌展示、产品宣传等功能；第二阶段，渠道层面的互联网化，可称为狭义电子商务，通过互联网实现产品销售；第三阶段，供应链层面的互联网化，通过 C2B 模式，消费者参与到产品设计和研发环节；第四阶段，用互联网思维重新架构企业。

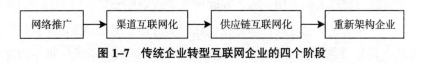

图1-7 传统企业转型互联网企业的四个阶段

这四个阶段是层层递进的，当然也可以一步到位直接进入第三阶段或者第四阶段，垂直电商一般都直接进入这个阶段。垂直电商大多是互联网企业，对传统企业而言，直接进入这个阶段有一定的风险性，需要投入大量的财力与人力。要知道传统企业最缺少的是技术能力，众包的方式可以解决所有问题，甚至可以找电商代运营公司合作，投入是巨大的。除了电商平台搭建之外，还要与代运营公司合作分成，大部分企业都感觉这样做不值得。另外，企业若有足够的实力，可以收购某个电商团队，以此来实现企业转型。

国内传统行业目前基本都处在第一阶段，甚至还没有步入第一阶段，企业主不是不想转型互联网企业，只是不知道如何操作，更多的是在背后观望，一般都是有某个行业出现互联网化的企业之后，才会引起全行业的注意，然后蜂拥而起，拼人拼钱拼财力的同时，也错失了早起的机会。

相对来说，这几年的电商环境要好很多，各级政府都在促进企业转型，业内一些电商人士也经常会为某些企业做培训，奔走间传播电商思维，让企业对电商的了解又进了一步，将来还会有更多的组织投入到电商普及的大军中去，促进广大企业转型。

4. 传统企业互联网转型的病症

从某种意义上看，互联网企业做的事情并不复杂，只不过把本该属于客户的价值从种种行规陋习中抢回来，还给客户而已。在任何行业任何市场的领先者，都会有一些自己的核心业务作为主要利润来源。而这些利润丰厚的核心利益带，

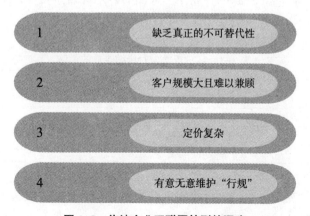

1 缺乏真正的不可替代性

2 客户规模大且难以兼顾

3 定价复杂

4 有意无意维护"行规"

图1–8 传统企业互联网转型的通病

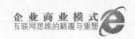

往往是今天被互联网企业冲击的重点。尽管传统企业会层层设防，但仍然会出现明显的弱点，这就是"领先者的窘境"。

第一，缺乏真正的不可替代性。就中国市场的特定情况来看，许多传统企业之所以能取得今天的领先地位，要么来源于行政性垄断或半垄断地位，要么是大规模制造带来的低价优势，要么是如实体分销渠道网点的特点资产优势，但大多在产品上缺少真正的不可替代性。

第二，客户规模大且难以兼顾。"大"，一般情况下都是优势，甚至是核心竞争力的一部分。但是，世界上没有什么事是绝对的。在竞争中的闪转腾挪处，"大"的劣势会凸显出来。这主要表现在，当面临对手攻击时，领先者的"大"往往会对其行为带来明显的束缚。首先，面对互联网企业的电商侵蚀，传统企业出于整体收入的波动隐忧，以及对于传统渠道的利益担忧，许多在进入电子商务上采取线上线下同价，就是此类的典型代表；其次，传统企业出于对不同消费层次的兼顾而反应缓慢，如开展电商后担心转向屌丝群体而影响 VIP 客户的感知，因而在电商战略上极为犹豫；再次，传统企业长期习惯于标准化的运营模式，对于差异化定制运营的能力准备不足，这在互联网带来的个性化定制 C2B 的浪潮下显得尤其不适；最后，大部分传统企业的致命短板在于重业务经营，轻客户经营，尽管规模庞大，但对于谁购买了自己产品这个基本问题其实都难以回答，后续的客户价值经营自然无从谈起，这在大多数传统行业中表现极为明显。这种"大"在许多时候容易把传统企业置于攻守两难的尴尬处境中。互联网企业针对这一点，大多从中低端客户给电商带来的低价切入，充分利用传统企业的价格两难来壮大规模。同时，互联网企业作为天然的客户经营型企业，从长期看，将撼动传统企业的竞争根基。

表 1-1　客户规模大对传统企业的影响

	规模的束缚
1	线上线下只能同价
2	不同层次客户的体验不能兼顾
3	不适应差异化定制运营
4	无法重视客户经营

第三，定价复杂。在传统行业中，市场领先者普遍性的难题在于一方面要时刻面临客户、舆论媒体对于降价的诉求压力；另一方面要力争企业收入避免不断

下滑。因此，在多种彼此矛盾的压力之下，传统企业往往会把自己的产品品类划分复杂化，定价模式复杂化，来隐藏其最大化利润的意图。这种复杂本身，注定了会面临简洁力量的冲击。

第四，有意无意维护"行规"。许多行业都有一些约定俗成的行规，无论看起来有多奇怪。例如，有些垄断企业霸王条款式的收费、旅游业必须购物的潜规则、分销行业层层加价等，这种行规往往为行业内的各企业共同遵守，消费者则必须对这种行规妥协。这些"行规"存在的表面理由往往是行业特征或国际惯例，但真实的原因其实就是为了维护自身利益。由于这些行规的存在为传统企业带来了利益，因此它们在革除行规陋习上，必然缺乏足够动力，这为来自互联网的挑战者提供了机会。从某种意义上，互联网企业做的事情并不复杂，只不过是把本该属于客户的价值从种种行规陋习中抢回来，还给客户而已。

专栏3

高德：转型互联网，失败还是曙光？

图片来源：www.autonavi.com

2013年11月20日，高德软件发布了第三季度财报。该财季高德净营收3770万美元，由于运营成本明显上升，净利也首次出现亏损，净亏670万美元。鉴于高德刚刚战略转型互联网，有人说这是向互联网转型失败。其实，从战略、用户和资本三大角度看，转型已初现曙光。

一、从2B向2C必须付转型学费

首先，要看企业是往正确方向求变，还是老路上出现下滑。前者是主动转身，后者是被动维持。显然，高德出现亏损的主要原因是实施"免费"战略向互联网坚决转型。原来50元一个的APP，现在不要钱了。高德CEO成从武去年说："3G和智能手机在井喷式地发展。先前的客户，比如汽车也准备做在线服务，你想连政府都在搞智能城市，谁能脱离？企业与政府客户的需求都在变，我们要未雨绸缪，不能说人家有需求你再做，到时候他们就去找别人了！与其坐而等死，不如起而革命。"很明显，高德认定2C业务比2B更是生意的长远之计，因为他们自己看到了2B业务是守不住的。一句话，从传统企业向互联网转型是大势，从B端用户直接面向C端用户是大

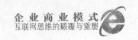
势，在 C 端用户免费从而做大平台更是大势。

因此，高德营收下降是在预期之内的（毕竟免费是主动行为），亏损是转型期必须付出的代价。不敢暂时亏损，谈什么转型？向互联网转型是一个长期过程，其实，如果财报显示 TOB 业务还在盈利，反而证明高德的转型决心不足、患得患失，此乃兵家大忌。

从收费迈向免费，这绝不是一个轻松的决定，这将意味着企业主动放弃唾手可得的巨额利润。但一个清晰的事实是：在移动互联网迅速发展的今天，导航产品只有吸引用户最大限度地使用，才能获得更广泛的用户反馈并迅速优化产品，从而通过更创新的产品达成更富于想象力的回报机制。

二、互联网公司财报的核心是用户

高德第三季度财报首次将关于客户的运营数据披露给外界，包括用户量、活跃量，这正是一个互联网企业的财报核心，也是互联网公司应有的做法。大家可以注意一下这些数据：高德移动及互联网位置服务解决方案该领域营收为 1480 万美元，2013 年同期为 1110 万美元，今年第二财季为 1470 万美元。高德地图用户数环比增长 25% 至 1.7 亿，月活跃用户环比增长 23% 达到 7700 万；高德导航下载装机量环比增长 18% 至 8300 万，月活跃用户环比增长 200% 达到 800 万。这说明什么？高德基于互联网业务的商业模式开始起步，用户量、活跃度都在上涨，这代表了未来的成长性。其实不少人并不太会看互联网公司的财报，财报不只是账面上的盈亏，亏损并不意味着丧失赚钱的能力和机会。譬如，一直在亏损的视频网站大家一直在投资，一直在赚钱的门户网站却不被看好。

发现、获取、经营自己的用户是一个互联网公司的三部曲。即找到企业产品/服务能力所对应的核心用户，通过迭代产品、渠道和营销获取用户，然后深入发掘用户的 ARPU 值。综观三座大山腾讯、百度、阿里巴巴，乃至 360、小米哪个不是如此？"地在人失，人地皆失。地失人在，人地皆得。"拥有了核心用户，就有了牢不可破的根基。

5. 互联网时代传统企业的机遇

无论是传统企业或互联网企业，为用户创造价值是不变的宗旨。互联网的发展使消费者由最初的功能需求过渡到体验式需求，并且正在追求个性化需求。当互联网公司在不断提高效率、减少中间环节时，势必会影响传统平台型企业的生存空间，但这对于传统企业是一次很好的发展机会。传统企业面临的互联网转型，并不是指每个传统企业都要成为互联网公司或去生产互联网产品，而是应该去学习一种互联网思维。传统企业要学习互联网企业时刻把用户体验放在第一位的理念。在新旧交替、竞争如此激烈的情况下，互联网公司一直致力于如何将用户体验做好做精，越来越多的互联网企业应用大数据对用户进行分析。互联网时代的基本特征之一是"免费"，互联网企业创造了新的盈利模式，通过"免费策略"，换取用户数据和用户黏性，并在这个基础上设计产品，进行精准营销。传统企业在几个方面是互联网创业者短期内无法超越的：

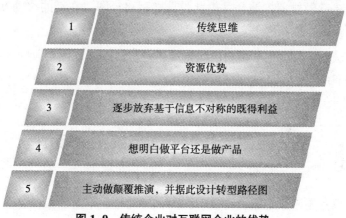

1	传统思维
2	资源优势
3	逐步放弃基于信息不对称的既得利益
4	想明白做平台还是做产品
5	主动做颠覆推演，并据此设计转型路径图

图1-9 传统企业对互联网企业的优势

第一，传统思维。好像没有人把传统思维列为优势，听到更多的是对传统思维的批判，笔者这里说的传统思维其实是对商业本质的认知，这点笔者感触尤其深刻。似乎互联网人把商业模式一直放在嘴边，但遗憾的是，因商业模式缺失而倒下的创业团队比比皆是，可悲的是身边的互联网流量加广告模式仍在上演，但现实是流量无法变现。

第二，资源优势。这种资源优势既包括供应链资源，也包括服务链优势，诚如京东那样大的手笔，也没能在大家电的供应链资源和服务链上超越苏宁多年累积，更何况是其他创业公司呢？而事实上，越是供应链资源和服务链资源难以短期构建的，其进入门槛越高，也就意味着越有商业价值，而这些都是传统企业的优势，而那些进入门槛高的产业，恰恰在整个社会总产值的比重较大。

第三，逐步放弃基于信息不对称的既得利益。传统企业转型面临的最大问题是组织问题，即组织是否愿意放弃信息不对称带来的既得利益。利用互联网保护原有的商业模式一定会失败，互联网就是要让信息变得对称。因此企业要未雨绸缪，逐步放弃既得利益，在这个过程中形成新的盈利点。

第四，想明白做平台还是做产品。做平台和做产品需要完全不一样的能力。做平台，需要把用户数量快速提升到高水平，突破引爆点。从开始传播到引爆点，这个过程是极其痛苦的，但也是所有互联网企业的必经之路。做产品有两种思路。一种是做标品。做标品要苦练超级效率，推出价格超低的大产品，才有可能在互联网上引爆销售。另一种是做高附加值产品。这种产品在互联网上会卖得很好，但也特别考验核心能力。

第五，主动做颠覆推演，并据此设计转型路径图。在新的移动互联网时代，所有人都站在同一起跑线上，所以传统企业需要做一次颠覆推演——针对移动互联网时代，试着推导如何颠覆自己。传统企业可以跟互联网企业的人聊一聊，看看自己的行业或企业可能遇到什么样的挑战，然后据此推演、设计转型路径图。

二、互联网思维下的传统企业转型

在电子商务不断创造销售奇迹的同时，传统企业不断被侵蚀、逼迫，在其进入绝境前，如何利用自身的商业本质灵活地与互联网的特性碰撞出新的商机及模式，就此开展绝地反击？对此，传统企业要反击的是商业通路上的传统思想，拥抱互联网思维，借力互联网，完胜互联网。

1. 互联网思维助力传统企业转型

如果说推动工业时代发展进步的是规模化生产带来的规模效益，那么后工业时代，推动时代发展和进步则是品牌和服务。换言之，如果以前创新还是一个口号，那么时至今日，创新则代替成本，成了中国企业不得不面临的选择。近年来，笔者在福建、浙江一代考察了大量的制造企业，大部分都是代工厂，或者没有品牌，或者品牌非常局限，只是当地的二流甚至三流品牌，此前，一直靠压缩成本经营。质好价低，几乎成了所有考察企业的竞争优势，而现在，创新、寻找差异化几乎成了所有企业的共识。考察中，一个灯具企业比较典型，这家企业在福建厦门当地外贸出口排在前五位，每年几亿元的盘子，近几年外贸出口虽然还在有所增加，但外贸形势严峻，竞争加剧，成本上涨是不得不面临的问题。转型内贸三年，虽有几千万元的盘子，但也是依靠政府关系，不稳定。做直销，店面、人力投入太大，进入商超渠道，一是没牌子进不去，二是商超压货压款。于是，电商成了这家企业做内贸的唯一救命草，如何通过电商打造品牌，通过电商扩充新的差异化的产品线，找到创新点，成了这家企业的最高决策。如同这家企业一样，几乎所有的考察企业，都把电商列为企业级战略。

互联网对传统企业的影响并不仅如此，以大家熟悉的电子产业为例，以前以山寨闻名，靠成本取胜的中国中小制造企业，现在转而开始关注新的趋势和新的技术。而另一方面，知名的只服务大客户的高科技企业开始互联网化，INTEL 成立了在线事业部，旨在通过在线方式，不仅服务好现有客户，同时以更高的效率、更低的成本服务中国中小企业客户。用著名的无线通信半导体领域技术创新者——博通公司中国分销总监的话说：中国是一个长尾市场，如何服务他们？TOB 企业需要品牌，如何打造？似乎只有互联网才能解决这些问题。我们设想一下顶级的科技推动企业和中国 500 万家高制造能力的企业对接会发生什么？不管怎样，互联网对产业的深远影响才刚刚开始，用 Robin 的话，互联网产业本身并不大，但大的是，互联网影响的产业。

专栏 4

途牛旅游：用互联网思维颠覆传统行业

两位"80 后"创始人——于敦德和严海峰，借助互联网的力量，用 8 年时间重新建构了最分散、最难以标准化的旅行社生意，把传统旅行社的产品搬到网上销售，并

图片来源：www.tuniu.com

最终将 1400 多人的途牛公司带到纳斯达克。他们是中国 O2O 领域的先驱者之一，有大把教训，他们利用互联网思维和方式颠覆了传统旅游行业。

途牛公司成立于 2006 年 10 月。当时，机票、酒店的预订已经在携程、艺龙的带动下完成从线下到线上的转移。消费者还是以商务出行为主，个人

游还很少，因为价格比较高，很多人难以承担。但于敦德判断，随着中国的消费升级，个人休闲旅游是趋势，且有足够的发展空间。于敦德认定，垂直领域跟互联网结合，可以发挥更大潜力。于是，便做起休闲旅游方向的景点介绍和旅游攻略社区。但当时社区模式根本找不到盈利点，半年后，途牛转型到现金流较好的旅游产品预订平台。对此，严海峰认为："我们选择了非常好的进入时间。运气要好，要踩对市场、踩对态势。就像男怕入错行，女怕嫁错郎一样。"

所谓的预订平台，就是将旅行社的线路产品直接搬到网上销售。途牛为旅行社提供了展示平台，消费者和旅行社签订合同，钱支付给旅行社，途牛从中抽取佣金。当时，所有的服务由旅行社承担，途牛概不负责，途牛只充当旅行社的网上流量入口。

流量为王，似乎是自互联网诞生以来的不二法则。于敦德当初对这四个字从未质疑过。先后在东南大学校园门户——先声网、博客中国、育儿网的多次从业经历，让于敦德成为不错的互联网产品经理，加上有共事多年的严海峰在运营、市场方面的配合，拉流量应该是两位"80后"的拿手好戏。他们也通过 SEO、论坛、社区的推广等各种渠道获取用户和流量。

随后，途牛感觉不能再当甩手掌柜完全靠旅行社提供服务，必须自己服务客户。于是，他们将原来的平台模式改成自营模式，尝试"互联网＋呼叫中心＋落地"的业务模式。即途牛网不再单纯当搬运工和旅行社的流量入口，而是采购旅行社产品，卖给消费者，消费者跟途牛签合同，在游前、游中、游后的整个过程均由途牛提供服务。同时，设置线下服务中心，采取7×24 小时客户服务。"途牛网慢慢成为一家真正的在线旅行社，有自己的品牌，消费者找途牛直接签单，途牛给予消费者产品和服务质量的保证。这时，他们的业务开始出现突破。"蒋涛回忆说。

由于途牛这个零售品牌在旅游行业渗透力的不断加大，因而逐步促进了旅游行业的分工。比如，途牛 2013 年的第一大供应商是一家名为"众信旅游"的民营旅行社，已经在 A 股上市，是中国最大的出境游运营商。

途牛旅游运用互联网思维，通过结算、用户点评体系、投诉反馈等方法提升供应商服务质量，通过强大的技术背景支撑，把复杂的非标准化产品变成标准化产品，用 IT 手段提升供应链效率。现如今，途牛发展迅速，成长为业内领军企业。

2. 互联网思维下的传统企业转型

互联网的崛起带来了互联网思维，互联网思维又给人们带来了很多耳目一新的概念，如碎片化、用户至上、粉丝经济等，仿佛一瞬间传统企业优质的产品、满意的服务、高超的资本运作手段都不再重要，全部被互联网思维的潮水所淹没。我们应该深入思考隐藏在现象背后的真相以及所面临的挑战。

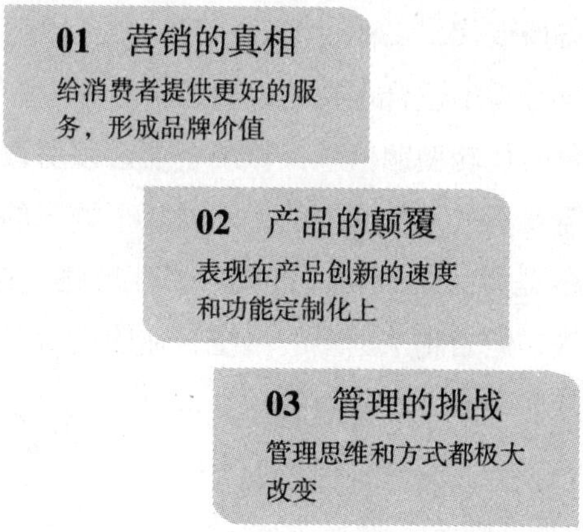

01　营销的真相
给消费者提供更好的服务，形成品牌价值

02　产品的颠覆
表现在产品创新的速度和功能定制化上

03　管理的挑战
管理思维和方式都极大改变

图 1-10　互联网思维下的传统企业转型

第一，营销的真相。互联网思维的营销案例，并不是近一两年才产生的，也不是互联网的专利。营销的真相就在于更快地给消费者提供更好的服务，形成品牌价值。网络营销与传统营销模式相比具有非常明显的优势：首先，依托网络媒介，迅速传播且范围广，无时间限制，内容可以生动、详尽，可互动沟通；其次，成本问题是很多商家比较看重的一块，网络营销无须实体店铺钱，这是一个很大的开销，现在无论开个什么样的实体店，成本至少没有几万元是撑不起来的，而网络营销这块不仅能帮助企业减轻库存压力，更能降低经营成本；最后，网络无国界，互联网几乎已经覆盖了世界各个角落、各个国家，只要你有足够的能力、足够强大的产品和成功的网络营销模式和方法，想让自己的产品走向世界，再也不是一个遥不可及的梦。

第二，产品的颠覆。传统企业面对互联网，最直接的影响就是产品的颠覆，主要表现在产品创新的速度和功能定制化上。马化腾最推崇的一位硅谷大神——凯文·凯利前段时间在 2014 年的财经年会上表示：颠覆来源于非主流。革命性的技术都有一些共同点，最开始的时候，它们都是质量很差的，差到你可以完全忽视，所以它们更像是小玩意儿，风险也很高。

第三，管理的挑战。在转型大潮下，技术的创新不是问题，商业模式也足够重要到时时引起大家的关注，但唯有管理，却往往被大家忽视，其实很重要。一个伟大的企业，往往在其过去的发展过程中会形成规范的组织结构、完善的考核体系、优秀的战略管理，但是这些在过去几十年所沉淀下来的管理体系是否适合于新战略的管理需求？过去企业雇用的是工人的手，过去可以通过标准化、量化的工作正在被智能设备所取代，工业时期的"劳动分工原理"、"制度化管理理论"等传统管理思想已经越来越不适合现在的社会需求。

互联网思维是一种时代转型的信号，传统企业必须勇敢地面对这种冲击，主动变革比创业本身更需要勇气，所围绕的是新时代下顾客的生活方式，而不是互联网本身，所要克服的是过去的成功所造成的惯性思路。在这次浪潮的冲击下，总会有一批企业被淘汰，但当越来越多的传统企业明白时代转型的要义后，依旧可跳上一曲优美的华尔兹，来一次华丽的转身。

专栏5

吉利汽车：互联网思维转变之心路历程

在传统的汽车工业历史上，汽车行业一直处于各种零部件技术采购研发的主导地位，包容着其他的技术，但是在汽车行业发展到今天的第三阶段，汽车行业的主导地位却在遭遇互联网公司的挑战，这种挑战不仅表现在车载智能化技术，

图片来源：www.geely.com

还表现在对汽车行业商业模式的冲击。如果汽车企业不积极应对，主动求变，或有可能招致互联网公司野蛮人的袭击，而失去自己的主导地位。

一方面，无人驾驶、IOS in the Car 等新名词正在越来越多地出现在汽车领域，"汽车领域的 IT 革命"正在逐渐改变消费者对汽车的认识。另一方

面，汽车智能化巨大的发展潜力已经吸引了众多IT巨头的目光，以谷歌和苹果为代表的两家IT公司已将它们之间的战火燃烧到了汽车行业。未来在智能汽车领域呼风唤雨的或许不再是传统的汽车制造商，而是IBM、英特尔、苹果、谷歌这样的在互联网领域、无线通信等智能化领域占据重要位置的公司。

随着智能手机的普及，移动互联的发展趋势被众多商家看好，伴随智能手机而生的APP应用逐渐成为移动互联营销的最佳敲门砖之一。2013年吉利汽车从微信公众平台营销的抢先发力开始，到当下手机APP营销的开拓，不仅代表着吉利汽车在数字营销道路上走出极其重要的一步，更意味着吉利品牌在新一轮的数字营销领域中有了战略意义的全新突破！

IT与汽车相互之间是要有一些依存、合作互补的关系，但汽车公司不可能搞成一个IT公司，作为一个企业来讲，一定要做得很"专"。如何使汽车和IT更好地融合在一起，使人的交通变得更加便捷，人在使用汽车的时候更加享受汽车文明和汽车文化，不像现在开车需要找路，同时在车上可以处理办公室业务之类的事情，这个我想是有可能的。今后要使更多的行业和汽车这个行业融合在一起，使汽车给人类带来更高级的享受，这是大家所共同追求的。

具体而言，用户至上的互联网时代，整车厂应该从对原先有限客户信息的采集，变成对大数据的挖掘，深刻洞察消费者需求，在新品研发、市场营销、供应链管理、售后市场等各个方面，寻找新的盈利增长点。吉利汽车同样注意到消费者通过移动终端对微信等新兴社交应用的关注，并着手利用互联网，开展基于新媒体、移动互联的精细化营销活动，突破了常规的营销活动方式。

2013年12月7日，一场别开生面的集体打飞机盛会，在成都奥克斯广场落幕。此打飞机非彼打飞机，而是吉利汽车举办的逆袭之战乐无穷——吉利GX7飞机争霸赛活动，是以微信打飞机游戏为介质，提升消费者对企业、品牌和产品关注度的营销活动。吉利汽车此次举办的打飞机比赛，是一次目标受众精准、沟通平台新颖的互联网营销活动，意味着自主品牌已经开始了在互联网营销方面的尝试，并且取得了三方受益的成果。

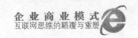

如今车和车之间越来越趋同,不同汽车硬件水平之间的差距在过去几十年不断缩短,最能够吸引用户忠诚度和眼球的是品牌体验,前端的市场营销、线上和线下竞销、售后服务的体验变得更加重要。

3. 互联网思维下的变革

互联网思维不应仅仅是一种理念、一种方法论,而是应融入企业的价值链管理中,为企业的产品研发、营销升级、销售通路优化和持续经营客户等方面带来变革作用。互联网思维,成为强劲的热潮,对中国企业产生巨大的影响,深入"骨髓"带来管理的变革。互联网思维下企业管理将呈现出众多方向。

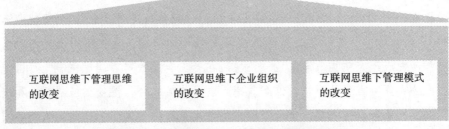

图1-11 互联网思维下企业管理的转变方向

第一,互联网思维下管理思维的改变。管理思维的改变主要是指企业"零距离"、网络化的转变。零距离是指企业在内部、外部的直接管理模式;网络化是指依托互联网平台,将产品与服务的生产、销售进行网上处理的模式。传统的商业思维则讲究大而全、讲究周密控制,做决策时往往要通盘考虑各方面的影响,调动各方面的资源,很难快得起来。传统企业的产品从研发到投放到更新按年来算,对消费者的影响方式也是投一轮广告,卖一轮产品,几个运动下来才有可能让消费者记住你。但互联网时代讲究小步快跑、快速迭代,节奏是按周算的。很多传统企业,天天花费大量时间接触的却是批发商、代理商、加盟商,离用户则非常非常远,连日常的用户抱怨都未必能及时反应,更别说让用户参与到产品设计中了。须知,互联网时代的用户已经没有耐心去等待你的反馈,在你想起来反应时,他们也许已经光顾了你的竞争对手。在互联网等基础设施极其先进的时代,这已经不是能不能做的问题,而是愿不愿意的问题。

　　第二，互联网思维下企业组织的改变。企业组织的改变呈现出"无边界"变革，需要进行扁平化创新。现如今，传统企业在与互联网结合后，边界变得越来越模糊，而扁平化则能适应这种新环境，使企业能够直接面对消费者。互联网发展过程中的企业人才管理模式将颠覆传统，形成新的发展态势。当互联网和人力资源管理结合，便呈现出民主、开放、自由、共享、共创的特色，这也是被美国企业人才发展所崇尚的方式，中国企业也正在受到这种思潮的影响。传统的企业一般都是正三角，最上面是领导，代表权力，对员工的行动进行命令，员工缺乏自主性、创新性。而现在海尔在文化上要求彻底转变这种观念，转变成正三角。所有的领导者都要放低观念，努力搭建一个机会平等的平台，让员工在这个平台上努力，尽量发挥自己的能力，激发员工的努力。正因为如此，整个企业更容易形成一致的目标：为企业和社会创造价值，同时为自己实现价值。以市场和客户需求为导向的思维方式，使得未来传统企业的个性化定制、快速大批量生产得以实现，未来前景也值得期待。

　　第三，互联网思维下管理模式的改变。管理模式的转变方向分为注重协作和日常管理。由于组织结构趋于扁平化，并以小团队的形式进行企业运营，因此成功管理好小团队被企业更加重视。首先，具有"狼性"、注重协作的小团队更适合互联网时代。例如，小米团队之间尽量不开会不发邮件，多用米聊沟通，连报销在米聊截个图即可。更多企业在微信群中进行团队业务交流，专业的微信团队管理工具也因势诞生，近期由老牌协作厂商摩卡软件研发的微信团队管理轻应用"摩卡团队管家"人气高涨。摩卡软件总经理潘韬认为，"企业管理模式必须向'微管理'转变。"潘韬的解释是，传统严苛而缓慢的汇报关系和运营流程已经落伍，实时化、互联网化和移动化管理是互联网思维下企业管理模式转变的新特点，企业应采用微型的、敏捷的、自组织的新型管理模式。"摩卡团队管家"旨在加强上下级的团队协作，同时具备"免费"和"无须下载"两大鲜明的互联网特征，非常适合互联网时代中小团队"微管理"使用。

　　综合而言，互联网思维下，企业管理需要以更加灵活的组织应对复杂的环境。互联网时代的管理没有标杆，企业只有自己去寻求适合的管理模式。对传统产业而言，互联网思维的最大作用不是颠覆，而是改良和改善。互联网思维是生产力，也是巨大的考验。相比对互联网思维和技术的认知，中国管理者似乎更需要坚决的变革决心。

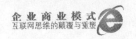

【章末案例】

东裕有机茶叶的互联网思维

一、公司介绍

陕西东裕生物科技股份有限公司（简称东裕有机茶叶），是专业从事茶产业开发的科技创新型企业，主营业务涉

图片来源：http://www.chinadongyu.com

及茶叶有机种植，名优茶清洁化、标准化生产加工，生物资源开发利用，茶叶有效成分提取分离，茶食品。它是全国茶业行业百强企业，新中国成立60周年茶事功勋企业，陕西省级农业产业化重点龙头企业。公司在西安市文艺路设有营销中心，负责全国市场的开发工作。在陕南生态茶区的西乡、勉县拥有3个有机生态茶园，并严格按照食品质量安全控制标准建设清洁化全自动绿茶生产线，年产汉中仙毫、特级炒青等各类有机绿茶500余吨，产品批量销售到俄罗斯、南非、北京、上海等地。

公司系列绿茶产品通过了有机食品、ISO 9001、HACCP等认证。茶叶从种植到加工、销售各个环节，杜绝了农药、化肥污染，达到了"绿色、有机"的国家标准。2009年，公司在西乡县枣园湖畔投资兴建了万亩生态观光茶园。2012年建成投产的西北最大茶叶加工清洁化生产厂房，全套生产设备采用自动化，全程电脑控制，所有原料从进场到成品不落地的国内先进绿茶生产设备，并将成为集科研、生产加工、仓储为一体现代化加工厂。

公司产品连续多年获得业内金奖。

二、东裕茶叶的互联网思维

传统的产品战、促销战、价格战……去而不返。我们听到更多的是品牌战，通过学习，笔者认为，东裕的成功不仅是品牌的成功，更是产业链竞争模式的成功。品牌可以复制，但产业链不容易复制。正像你可以模仿一个人，但是你模仿不了这个人的经历，及他所经历的苦难一样。而东裕生物科技股份有限公司的产业链竞争模式的成功主要归功于其拥有名副其实的互联网思维。在互联网和大数据背景下，很多传统企业走向互联网化，传统企业互联网化大致经过以下四个阶段：首先是传播层面的互联网化，即狭义的网络营销，通过互联网工具实现品牌展示、产品宣传等功能；其次是渠道层面的互联网化，即狭义的电子商务，通过互联网实现产品销售；再次是供应链层面的互联网化，通过 C2B 模式，消费者参与到产品设计和研发环节；最后是用互联网思维重新架构企业。然而，绝大多数的传统企业目前仍在第一和第二阶段徘徊，仍然在纠结于开通微信还是微博，入驻天猫还是京东，并没有形成一整套的互联网转型思路，也就导致了绝大部分的传统企业互联网化浅尝辄止。最高阶最彻底的互联网转型，是通过互联网思维去重塑企业的整个价值链，而东裕公司却做到了这一点。

东裕茶叶的互联网思维主要体现在：第一，迭代思维。通过不断地迭代使产品日臻完善，而不是追求一次性做出一个完美的产品。并且，用户的反馈会作为设计决策的部分依据。东裕公司自从成立起不断推出新产品。2013年5月22日凌晨5时，在东裕的工作人员废寝忘食的工作下，东裕汉中西乡枣园湖生产基地的今年第一批红茶制作完成。2013年8月东裕公司推出了宇治抹茶、龙井流金酥、普洱醉香卤、红茶素卤肉、松仁绿茶、毛尖香橙有各自特色的茶月饼以满足不同客户的需求。

第二，用户思维，即粉丝经济，草根品牌。即培育忠实用户，壮大粉丝规模，营造粉丝文化乃至构建话语体系。同时，必须在品牌中注入草根基因，放低身段，讨好甚至逗弄粉丝，保持高频、全方位的互动。如东裕公司的品牌分为高、中档；其价格主要分布在 30~2000 元。其中：3000~10000元的产品占到10%，作为东裕绿茶的品牌形象与文化的象征。此外东裕公司于2008年12月22日对网站进行了改版，较之以前，无论从版式上还是内容上都丰富了起来，产品更加丰富多样，设计也更加人性化，加强了后期与茶友互动的环节，通过消费者反馈的信息，公司可以及时了解市场信息，并不断改进产品以满足顾客需求。

第三，极致思维，即把产品和服务做到极致，把用户体验做到极致，超越用户预期。东裕公司奉行"天人合一、相聚有缘"的理念，向消费者提供高品质、亲情化、一致化的售前、售中和售后服务；致力于给顾客提供更多的、便利的、能超越顾客期望的服务和享受；东裕公司的产品设计理念强调"天然、野生、绿色、保健、智慧、科学配方，达到物超所值"。它提供以系

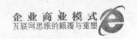

列绿茶为主体的，包括茶具、茶文化、休闲化的关联绿色小食品等多种产品，以满足目标顾客的实际购买及个性化需求。

第四，社会化思维，即利用社会化媒体，口碑营销。指企业或者个人通过各种互动型的网络平台与其他消费者一起分享关于供货商、产品或服务等信息。这些信息的共享及其传播将会对相应的产品以及服务的信誉度、企业品牌形象产生重大的影响。这是一种无本万利的营销手段。东裕绿茶入围"2006年度中国民众满意十佳品牌"、"东"牌汉中仙毫荣获2009年中国（西安）茶业文化博览会金奖、2011年法国评茶师罗缪阿勒·乔艾——万里寻根巴蜀绿茶、2012年12月汉中仙毫获茶博会23项金奖，"东"牌蝉联特别金奖、2012年央视七套播出的《乡土·清明问茶》之东裕汉中仙毫等使东裕公司拥有良好的口碑，它有利于东裕公司获取竞争优势以及企业形象的塑造。

第五，跨界思维。互联网和新科技的发展，纯物理经济与纯虚拟经济开始融合，很多产业的边界变得模糊，互联网企业的触角已经无孔不入，零售、制造、图书、金融、电信、娱乐、交通、媒体等。如东裕公司在兜售茶叶的同时还推出了各类茶月饼，其中更具代表性的是东裕茗园的建设，它对加快茶产业发展、推动地方特色经济发展有着重大意义，陕西东裕茶业有限公司将全力打造独具特色的集茶园观光、品茗休闲、茶产品展销、汉茶文化和现代化茶叶加工过程展示于一体的生态农业观光区，促进汉中茶产业和旅游业又好又快发展。

第二章

互联网思维的商业模式

【开章案例】

褚橙：把一枚橙子吃出"互联网"的味道

一、媒体人制造的一个成功选题

把"褚橙"一手炒热的幕后推手是生鲜电商本来生活网。褚橙是红塔集团原董事长褚时健种植的"冰糖脐橙"的简称。外界或许很少有人知道，这个生鲜电商的中高层管理团队中，**90%**以上都是做媒体出身。媒体人做互联网会有什么样的范儿？在外人看来，他们都有自己的一套行事逻辑和规则，就像演员必须带妆彩排走位，做足功夫，像那么回事，把自己置身于那种场景中。在本来生活网，负责采购的员工叫作"买手"，这是个之前只在时尚界出现过的名词，那些到世界各地淘各种独立设计师品牌之后放到线上或线下进行销售的人，被称为"买手"。但现在，这个时髦的名词同样可以出现在生鲜电商领域。

"我们的买手去全国各地兜售，他们秉承了媒体人的习惯，'眼见为实'，对于这种食物为什么会在这个地方生产，又为什么是这个人在做，有着天性般的好奇。"买手们把自己将要做的项目称作"选题"。发现食物背后的故事是他们为选题定的基调，就跟采访一样，进行的是采风式的探访。在每个选

云冠褚橙

图片来源：www.ygcc.roboo.com

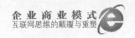

题背后，他们都会附上自己的"买手笔记"。褚橙就是西南片区的买手报上来的"选题"，2012年6月专人奔赴云南实地考察并与褚老深入沟通，终于达成合作。在胡海卿看来，食物即媒介，"媒体人总是希望能表达，不过是换了一种方式，以前是写报道，现在是找食物，表现形式不同而已。"事实上，采购的过程更像是买手和果农互相影响的过程。

二、把大家的橙子变成你一个人的橙子

以褚橙背后的故事来击中消费者心底的那个点，正是营销过程中最富有延展性的部分。胡海卿把橙子拿去送给此前采访过、打过交道的那些财经界人士，对方拿着橙子，就像拿着新的梦想清单——原来我真的都准备退休了，但看来吃完这个橙子我还得接着干。

2012年，褚橙给了本来生活网100吨橙子，2013年他们给出了1000多吨，事实上，不到一个月就已经出清货。把大家的橙子，变成你一个人的橙子，在互联网时代，拥有某种不同于其他人的标签，是人人渴望的诱惑。

先是韩寒发了一条微博，内容是"我觉得，送礼的时候不需要那么精准的……"附图是一个大纸箱，上面摆着一枚甜橙，箱子上印着一句话"在复杂的世界里，一个就够了"，"一个"是韩寒创办的一款APP的名字。随后，很多人看到褚橙突然变成了水果界的"奢侈品定制"。为写《后宫甄嬛传》的流潋紫定制的是"微橙给小主请安"，当然还有王菲、李亚鹏宣布分手时的那句名言"我很好，你也保重"。

事实上，找"80后"代表人物制造话题，是褚橙营销策略的延续。胡海卿认为，2012年的广告语"人生总有起落，精神终可传承"某种意义上算是"70后"的一种缅怀，但"80后"的精神标杆又完全不同，他们有新的互联网化的特性和思维。"这个世界上好吃的橙子太多了，我在国外农庄吃到过的橙子也很美味，但食物终究是人种出来的，说到底，我们买的是故事，而不仅仅是东西本身，"蒋方舟说，橙子的味道如何已经并不重要，"就像'80后'的人生还很长，我们只是经历了某一些阶段，但种橙子的人却已经走过了那么多的阶段，你可以说他是理想主义，但却实实在在结出了果实"。

三、褚橙的微信营销

要把消息传播出去，一个重要部分在于怎样确保消息不会从听到者的一个耳朵进，而后从另一个耳朵出去。信息有了附着力就意味着它会对人产生影响。你不能把它从你的脑海中赶出去，不能把它从记忆中清除出去。这时候，微博营销和个人影响力的威力就体现出来了。橙子不是稀罕物，本不大好卖，广告也未必奏效。褚老不做广告，他讲了故事。老人没有少年成名的新闻爆炸性，但是他有沧桑故事可以讲述。媒体自然会帮他做足文章。

褚橙进京的文章 24 小时内被转发了 7000 多条，王石的评价又诱发4000 多次转发，11 月 5 日一发售，前 5 分钟被抢购 800 多箱，一时间褚橙成了励志的图腾。这是去年褚橙进京的套路，今年效果依然不同凡响。通过送微博红人，巧妙互动，无形中做出了"恒源祥羊羊羊"的重复记忆，使大多微博用户都知道褚橙这东西。现在手机一拿就是各种褚橙报道，老罗说褚橙，售书送褚橙，新财经订阅电子版还送褚橙，韩寒的"一人"也是褚橙，招商银行网上商城也有卖的了，还能分期支付。

微信的流行很大程度上也给褚橙的营销添了一把火。在微信圈里，你可以看到很多不同的解读点，有人从经济学角度，有人从营销角度，也有人从心灵鸡汤的角度，更有人问，"中国农业新时代这就算到来了？"而借助名人的"鼓与呼"，正是朋友圈非常讨巧的一种"励志帖"。

微信间接承担起了话题蔓延和口碑传播的任务。至于平台，却是另一种互联网思维的具象化。即便是同样的褚橙，在本来生活网和天猫上实行的是并不相同的销售策略。以 Mini 盒装为例，当时本来生活网上销售的是促销优惠价 198 元，但在天猫旗舰店是卖原价 228 元，这是营销策略的另一种解读。

四、名人营销"引爆点"

一个产品或者品牌要迅速流行，其"引爆点"必须有深厚的可以激发人们共鸣的精神和故事。好味道的水果何其多，而带着名人标签和丰富故事似乎吃起来更有"营养"。借助于互联网，依托于名人自身奋斗故事以及其他名人朋友的捧场，"爆款"产品就这样出现了。

虽然价格偏高，但名人售卖的水果更显"高端、大气、上档次"。褚橙

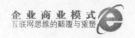

受到追捧，一方面有民众对食品安全性和味道的追求，另一方面则是水果背后受人关注的故事。褚时健的经历本身就是一个好的励志故事。"消费者买的是水果，吃的是精神。"大连国创投资管理有限公司投资总监岳阳就这样指出。有业内人士评价称，褚橙是中国农产品营销的一个标志性事件，这个标志不亚于雷军的小米手机在手机行业的影响。尽管是不同的类别，但二者有着很多相似的地方。除了其背后都有"神"一样的领导之外，均是靠口碑赢得粉丝。

除了给微博名人送出了特别定制的礼盒之外，褚橙还推出了一系列迎合当下话题、充满戏谑的个性化包装，比如"母后，记得一颗给阿玛"、"虽然你很努力，但你的成功主要靠天赋"等。

迅猛发展的互联网，已经渗透到人们工作和生活的方方面面。一方面，互联网对传统行业的渗透和融合，让很多传统企业纷纷向互联网进行转型，如海尔、联想就是典型代表。另一方面，以 BAT 为代表的互联网公司的成功证明了运用互联网思维的确为企业发展注入更大的活力和更强的竞争力。我们必须要明白一点：不是互联网企业淘汰传统企业，而是新商业将必然会淘汰旧商业。当下传统企业遭遇最大挑战莫过于来自互联网对其颠覆和冲击。为了应对挑战，我们必须要改变思想观念和商业理念，用互联网思维去审视传统企业的发展与机会。

一、互联网思维

不是因为有了互联网，才有了互联网思维。不是因为你在互联网公司，你就有互联网思维。不是因为你是传统企业就没有这种思维。只是因为互联网科技的发展，以及对传统商业形态的不断冲击，导致了这种思维得以集中式地爆发。马云说过，没有传统的企业，只有传统的思维。传统企业要拥抱互联网，就必须要有互联网思维。互联网思维就是一种思考方式，是一种基于商业模式的创新思考方式。

"互联网思维"一词最早是由百度创始人李彦宏在 2011 年《中国互联网创业的三个新机会》的演讲中首次提出，意思是指要基于互联网的特征来思考，由于描述非常的碎片化，未得到重视。后来，小米用互联网思维卖手机，黄太吉用互联网思维卖煎饼果子，马佳佳用互联网思维卖成人情趣用品，这些鲜活的成功案例让"互联网思维"一下子就火了。好像谁不知道互联网思维就 OUT 啦，哪个企业不懂互联网思维就一定要完蛋似的。那么什么是互联网思维呢？

目前，互联网思维尚未形成一个统一定义，每个人心中都有自己的"互联网思维"。各位互联网企业大佬们对互联网思维华山论剑。小米雷军认为：互联网不仅是一个工具，更是一种全新的思想，用完全不同的思想来看待业务，看待市场，看待我们的用户。并将这种思想总结为七个字"专注、极致、口碑、快"。海尔张瑞敏认为：企业的互联网思维应是"零距离"、网络化的思维。互联网消除了距离，并使得企业网络化。联想柳传志则换一种角度，从结果加以解读。互联网思维与传统产业的对接，会改变传统的商业模式。从结果看，大致会产生这么几个效应：长尾效应、免费效应、迭代效应和社交效应。

不仅如此，各位学者们针对互联网思维百家争鸣。和君咨询的赵大伟认为，互联网思维是指在（移动）互联网、物联网、云计算、大数据等科技不断发展的背景下，对市场、用户、产品、企业价值链乃至整个商业生态进行重新审视的思考方式。《福布斯》杂志专栏作家陈雪频认为，互联网思维是在互联网对生活和生意影响力不断增加的大背景下，企业对用户、产品、营销和创新，乃至整个价值链和生态系统重新审视的思维方式。陈世鑫认为互联网思维的要义是"社会大众在互联网海洋里纵向横向获取的信息，让他们对世界、社会产生新的认识和看法"。

可见，互联网思维的定义众说纷纭，莫衷一是。不同的企业家和学者因研究视角不同，定义自然也不尽相同。对此，笔者认为，互联网思维是基于互联网发展而衍生的一种"以用户为中心"的创新性商业思维。该思维是在互联网浪潮卷席下，对传统企业价值链进行重新审视，提供让用户尖叫的产品或服务，确立一种"以用户为中心"，创造极致的用户体验，深入到内心满足最终消费者的创新商业模式。互联网思维的本质是尽其所能让用户爽，从而达到企业逐利的目标。

关于互联网思维观点，因为站的角度有所不同，还是会有些差别，但有一点共性的就是互联网思维重新回归用户这一中心，真正做到了以人为本。当前互联网思维主流观点如表 2-1 所示。

表 2-1 当前互联网思维主流观点

作　者	主要观点
陈先锋	标签思维、简约思维、No.1 思维、产品思维、痛点思维、尖叫点思维、屌丝思维、粉丝思维、爆点思维、迭代思维、流量思维、整合思维
赵大伟	用户思维、简约思维、极致思维、迭代思维、流量思维、社会化思维、大数据思维、平台思维、跨界思维
黄海涛	用户思维、屌丝思维、粉丝思维、服务思维、爆点思维、社交化思维、产品思维、极致思维、痛点思维、简约思维、微创新思维、迭代思维、颠覆式创新、流量思维、免费思维、信用思维、跨界思维、整合思维、开放思维、平台思维、顺势思维、移动互联网思维、大数据思维、智慧地球时代
钟殿舟	创造让用户尖叫的产品；诱发、引爆和吸纳用户的尖叫；互联网思维=熟人社会思维？用互联网思维改造企业
项建标	消费者主权时代、是体验，不是产品、是用户，不是客户、是传播，不是营销、不一样的赢利模式、是管理，更是协同
王吉斌	找到用户痛点、向产品注入情感、让产品更有黏性、重新认识互联网原住民与细分群族、快速试错、与消费者一起寻找最终需求、把产品做到极致、避免陷入价格竞争的泥潭、简化你的产品信息、聚焦聚焦再聚焦、抓住核心、回归商业本源、持续让用户尖叫、不要让用户用脚投票、赋权比丰裕更重要、个性比规模更重要、友善大于聪明、信任大于资产、责任大于市场、参与好于边界、群体优于个体、免费超过收费、关系好于广告、优客优于工业、品牌不再只属于你、与用户共同创造价值、为品牌构建社群关系、形成品牌粉丝的新部落、寻找驱动用户参与的根本力量、拥有粉丝军团、情感联系比直接接触更重要、全程体验比单个节点更重要、用户价值比商业价值更重要、长远体验比短期任务更重要、持续改进比单次互动更重要、现在就启动你的社会化战略、构建立体社交矩阵、随时与你的用户保持互动、随时随地保持与用户相连、有黏性的内容才能引爆、传统营销已死，新的营销已崛起、再小的个体也应该建立自己的品牌
比尔顿	食性动物的新时代、让人备受惊吓的新科技、锚定社群与内容过滤器、互联网上的信托市场、新刺激让大脑更强大、将控制权握在自己手中、多工族的新工作方式、一个充满新鲜和不同体验的新世界

注：资料来源于作者整理。

本书结合以上观点，认为互联网思维是相对于传统工业化思维而言，是基于互联网时代背景下，对客户零距离、网络化，其价值链上更加专业化、扁平化，是对传统产业的改良和改善，是一种商业革命的思维方式，更多考虑企业无边界、管理无领导、供应链无尺度；应该说，互联网思维并非技术思维，也不是营销思维，更不是电商思维，而是一种系统性商业生态的商业智慧思维，这种商业思维适用于所有企业。

专栏 1

雕爷牛腩互联网思维运营模式

图片来源：www.diaoye.net

2013 年 5 月 20 日，雕爷牛腩正式营业，这是一家"轻奢餐"餐厅，名字听着就挺特别。开业刚刚 3 个月，很多人就慕名而来，每天门庭若市，吃饭都要排很久的队。雕爷牛腩创办者叫孟醒，网名雕爷，互联网名人，是淘宝最大的精油品牌阿芙的创始人，阿芙精油在淘宝上占有 60% 的市场份额。他并非做餐饮的专业人士，开办这家餐厅，被很多人包括雕爷自己，看作一次商业风险很高的尝试，充满了互联网式玩法的餐厅运作。在北京，雕爷牛腩目前只有两家分店，店面都不大，十来张桌子，装修简单，但有特点。他们主打两道菜，咖喱牛腩饭和金汤牛腩面，每道一百多元，按普通吃客的说法，吃牛腩＋米饭，盖浇饭的高雅吃法。味道还不错，但味道不算重点，就像海底捞味道一般，我们更愿意说它的服务，也愿意带家人和朋友时不时吃一回。店里服务人员，唯一露脸的就是经理，形象好，很职业，耐心地一样一样介绍。"轻"和"奢"，在菜单上就能体现出来，菜品总共就十几种，两道主打，再加点商务简餐，雕爷不想给顾客太多选择。点好餐之后，讲究的小菜和饮料就来了，很特别的四碟小菜，加四碗茶水、三杯女性茶饮，可免费不限量续添。说到这，先把核心告诉大家，雕爷牛腩，是在用互联网的思维和玩法，做一家与众不同的餐厅。互联网什么玩法呢？互联网产品思维，就是围着用户来，体验做到极致，然后，用互联网方式推广。

在菜品和餐具上，尤其是细节方面，雕爷花了大心思，也花了大价钱。这些细节，充分体现出互联网精神，围绕用户需求，把产品体验做到极致。我们不妨看下雕爷牛腩的产品和细节，是怎么做的。

● 菜品：主打牛腩的秘制配方，雕爷花了 500 万元，从周星驰电影《食神》中的原型——香港食神戴龙那儿买断。戴龙经常为李嘉诚、何鸿燊等港澳名流提供家宴料理，是香港回归当晚的国宴行政总厨。

● 茶水：很贴心，甚至贴心得有点多余和浪费。提供西湖龙井、冻顶

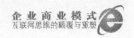

乌龙、茉莉香片、云南普洱四种茶水，四碗茶水，无限续。味道从清到重，颜色从淡到浓，工艺从不发酵、半发酵到全发酵。女性顾客可享用洛神玫瑰、薰衣草红茶、洋甘菊金莲花三种花茶，有美目、纤体和排毒之功效。

● 米饭：有三种，日本越光稻，日本国宝级大米；泰国香米；蟹田糙米，纯生态的。前两种，更符合一般人口味，饭碗很小，免费无限吃。

● 筷子：每双筷子都是定制、全新的，用的是缅甸"鸡翅木"，上面激光蚀刻"雕爷牛腩"。吃完饭，筷子和牙签放入一个精致的纸套，可以带回家当留念。这可是口碑传播的好素材。

● 碗：牛腩面碗，竟然是有发明专利的，上方很厚重、很粗糙，端着手感好，对着嘴喝汤的三分之一则很薄、很光滑。在8点20分的位置，开了个拇指斜槽，方便卡住汤勺。

总之，细节做得相当精致，有品位，每一样都有讲究，有故事。花的心思和成本必然很高，但回报也相当值。一是可识别的独特符号很多，打造细节竞争力；二是很人性化，体验好；三是超出预期的地方多，口碑传播好。说实话，最想尝一尝的金牌牛腩饭，并没超出我的预期，服务也马马虎虎，一般不叫服务员，他们是看不到你缺啥少啥的。可能是去之前，预期太高了。雕爷这么做，其实本着一个核心想法：只要超出顾客预期的满意度，提供高频次、反复消费的优质产品和服务，你几乎一定会赚钱。

互联网的出现不仅改变了世界，也改变了我们，改变了我们的生活。互联网让很多产业的边界变得模糊，有时甚至颠覆了传统的商业模式。在互联网中，一切都变得有可能，所以，必须要有互联网思维，才能高人一筹。那么，互联网思

图2-1 互联网思维的作用

维到底改变了什么？

第一，万倍增速，时间缩短。24 小时更新的报纸、现场直播的电视不得不让位于"瞬间即时"的微信和微博。当场挑选、当场购物的超市，不得不在"瞬间即时"的网购前节节败退。

第二，万倍扩容，空间放大。报纸的 24 版、48 版、128 版……怎么拼得过互联网的海量信息？超市的一个仓库、十个仓库、百个仓库……怎能及互联网的无限库容？

第三，万众参与，万人互动。时间的骤然缩短和空间的骤然放大，为万众参与、万人互动提供了充分可能。一家传统报纸，发行量不过数万、数十万份，一个网民微博，粉丝可达数百万、数千万人！一家大型商场，不过容纳数百数千顾客，一个淘宝商店，数十万人可以网上交易。互联网令世界产生从未有过的核聚变效应：一变十、十变百、百变万、万变亿……一切的发生，只在瞬息间。

专栏 2

保利地产的 ECO 定制商业模式

图片来源：www.gzpoly.com

继万科、绿地等之后，又一千亿房企保利地产宣布开始与谋求"触网"的转型之路。2014 年 3 月 22 日，保利地产在珠江新城 W 酒店举办"保利 ECO 商业模式发布会"，首次公布 ECO 万能定制商业模式，这是一种突破传统的办公、购物模式，利用互联网、移动终端应用技术，结合保利地产的业主"大客户群"，实现一种定制化的、线上线下的立体商业模式。

保利基于对目前流行商业模式的深入研究，首发业内创新的 ECO 新型商业模式，将有可能颠覆目前房地产的商业布局。ECO 是继经济技术开发、高新技术产业开发后发展的第三代产业模式。ECO 的核心是追求经济、企业效益、低碳环保三位一体的商业生态系统；ECO 核心是把办公、生活上所必需的元素组合打包，为不同定位的目标人群量身定造最适合其企业发展、生活所需的良性商业生态圈。保利总裁余英认为，房地产市场第一阶段关注的是地段，第二阶段关注的是面积，第三阶段关注的是生活方式。当前"房地

产进入互联网时代 3.0 模式",保利在金融城和番禺都有一些商业地产的项目,第三代商业地产项目,保利将之称为新复合地产,即"ECO 模式"。

保利 ECO 商业模式分为三大部分,如图 2-2 所示。其中,重点包括硬件上配合定制商务办公的 Business-Box 以及软件上从智能生活上提升用户体验度的利视计划。

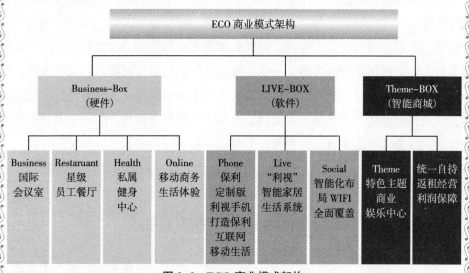

图 2-2 ECO 商业模式架构

第一,硬件:Business-Box(简称"B-BOX"),整合商业必需的核心功能为不同的物业配备不同的核心配套,形成良好的商业生态圈。

第二,软件:LIVE-BOX"利视计划",包括 Phone、Live、Social 三部分的软件智能提升体验,通过移动智能终端打造办公、智能生活、智能家居、移动购物的便利生活,同时与客户商城购物体验紧密结合,提升客户体验度。

第三,主题商城:Theme-BOX,打造移动智能商城。保利专业的商业运营团队,为商业打造不同的商业主题,利用互联网以及 APP 应用打造主题体验商城,提高用户体验度;并通过专业的运营团队保证商业项目的收益与租赁。

房地产的商业市场正处于转变阶段,ECO 定制化商业模式,是保利为迎接这即将到来的变化走出新型商业模式转型升级的第一步;ECO 定制商务模式就是围绕着这些新趋势来为我们的商业客户打造定制化的商务生活体验。

二、商业模式

商业模式概念起源于信息管理领域，是由 Konczal 和 Dottore 在其数据和流程的建模研究中首次提到的。20 世纪 90 年代，互联网的兴起推动了商业模式的研究与应用，特别是电子商务的出现，让商业模式很快进入企业家们的视野。直到 1998 年，商业模式正式作为一个独立的领域为众多研究者所关注。自此之后，越来越多的学者加入了这一研究群体，并从不同视角对商业模式加以剖析，让商业模式短时间内进入了百家争鸣、百花齐放的时代。即便如此，究竟什么是商业模式，到目前为止尚未形成统一的认识。

一直以来，我们认为，商业模式似乎什么都是、无所不包，其实不然。商业模式虽然涉及内容广泛，但只有与企业运营相关的活动和政策，才能理解为商业模式的一部分。对此，很多学者开始对商业模式概念加以界定。Morris 等（2003）通过对 30 个商业模式定义中的关键词进行分析，并将这些定义由低到高分为经济类（Economic）、运营类（Operational）和战略类（Strategic）三类。原嘉（2007）在参考了 Morris 等对商业模式定义的归类后，将商业模式的定义从总体上归类为由经济向运营、战略和整合递进的等级。可以说，伴随商业模式在企业的应用，我们对商业模式的定义也经历着从经济类向运营类，再向战略类，最后是整合类这一逐层递进的过程，如图 2-3 所示。

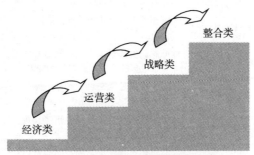

图 2-3　商业模式定义的演进过程

首先，经济类界定。在经济类层面上，商业模式仅仅被描述为企业的经济模式，其根本内涵为企业利润获取的逻辑。与此相关的变量包括盈利模式、定价策

略、成本结构、最优产量等。其中代表性人物包括 Stewart、Rappa、Afuah 等。

其次，运营类界定。在运营类层面上，商业模式被描述为企业的运营结构，焦点在于说明企业通过何种内部流程和基本构造设计，使得价值创造成为可能。相关变量包括产品/服务及其交付方式、业务流、资源流、知识管理和后勤流等。其代表性人物包括 Timmers、Mahadevan、王波和彭亚利等。

再次，战略类界定。在战略类层面上，商业模式被描述为不同企业战略方向的总体考察，涉及市场主张、组织行为、增长机会、竞争优势和可持续性等。与此相关的变量包括资源和能力、价值主张与价值活动、利益相关者网络和联盟、组织行为、竞争优势与可持续性等。其中代表性人物包括阿福亚赫和图西、Weill et al.、Petrovic、Dubosson Torbay 等。

最后，整合类界定。在整合类层面上，商业模式被认为是一种对企业商业系统如何很好地运行的本质描述，是对企业经济模式、运营结构和战略方向的整合和提升。它多被用来说明企业如何通过创造顾客价值、建立内部结构，以及利用关系网络来开拓市场、传递价值、创造关系资本、获得利润并维持现金流的商业本质。国内外越来越多的研究者开始尝试从这个层次对商业模式概念加以理解。其代表性人物包括 Linder、Morris et al.、Osterwalder、魏炜及朱武祥等。

根据笔者所搜集的有关商业模式定义的文献资料，我们加以汇总并按照经济类、运营类、战略类和整合类加以分类，如表 2-2 所示。

表 2-2　商业模式的主要定义

研究视角	研究者及年代	商业模式定义
经济类	Stewart 等（2000）	商业模式是企业能够获得并且保持其收益流的逻辑陈述
	Rappa（2000）	商业模式是企业为了自我维持，产生利润而经营商业的方法，企业如何在价值链中进行定位，从而获取利润
	Afuah 等（2001）	把商业模式定义为企业获取并使用资源，为顾客创造比竞争对手更多的价值以赚取利润的方法
运营类	Timmers（1998）	商业模式是用来表示产品、服务与信息流的一个架构，包含各个商业参与者及角色、潜在利益以及获利描述
	Mahadevan（2000）	商业模式是企业与商业伙伴及买方之间价值流、收入流和物流的特定组合
	王波和彭亚利（2002）	商业模式是在说三种不同的事情：商业模式的组成部分；企业的运行机制；对运营机制的扩展和利用
	吴瑶，葛殊（2014）	商业模式是组织中各要素价值创造的过程，是组织运营的逻辑描述

续表

研究视角	研究者及年代	商业模式定义
战略类	阿福亚赫和图西（2000）	把商业模式看成是公司运作的秩序以及公司为自己、供应商、合作伙伴及客户创造价值的决定性来源，公司依据它使用其资源、超越竞争者和向客户提供更大价值
	Weill 等（2001）	商业模式是对一个公司的消费者、伙伴公司与供货商之间关系与角色的描述
	Petrovi 等（2001）	商业模式是一个通过一系列业务过程创造价值的商务系统
	Dubosson Torbay 等（2002）	商业模式是说明企业及其伙伴网络如何为获得可持续的收益流，而为一个或者数个目标顾客群体架构创造、营销、传递价值和关系资本的描述
	潘永华（2013）	商业模式就是对企业如何以现有的企业资源制定或参与市场游戏规则的经验的归纳
	王国顺，陈怡然（2013）	商业模式是在企业特定战略环境下，通过整合企业现有资源，以实现顾客价值及满足企业自身价值实现过程
整合类	Linder 等（2000）	商业模式是组织或者商业系统创造价值的逻辑
	Amit，Zott（2001）	商业模式是交易活动各组成部分的一种组合方式，其目的是为了开拓商业机会
	Magretta（2002）	商业模式描述了企业的每个部分通过匹配配合组成一个系统，从而为顾客创造价值的活动
	Morris 等（2003）	商业模式说明了企业如何通过对战略方向、运营结构和经济逻辑的一系列具有内部关联性的变量进行定位和整合，以便于能够在特定的市场中建立持续竞争优势
	罗珉，曾涛，周思伟（2005）	商业模式是通过整合组织、供应链伙伴、顾客、员工等利益相关方来获取超额利润的一种战略创新和可实现的结构体系
	Osterwalder（2005）	商业模式用来说明公司如何通过创造顾客价值、建立内部结构，以及与伙伴形成网络关系，来创造市场、传递价值和关系资本，并获得利润、维持现金流
	魏炜，朱武祥（2009）	如何重新定位企业的客户价值和市场，发现新的巨大成长机会；重新确定企业的活动边界，界定利益相关者及其合同内容，构建新的高效成长机制；重新设计收益来源和盈利模式，培育新的持续赢利能力
	刘玉芹，胡汉辉（2010）	商业模式是以核心战略为依据，对内部结构和流程的整合以及所在价值网络重新构造的一系列架构和活动
	刘林艳，宋华（2014）	商业模式本质在于企业构造一个完整的产品、服务和信息流体系，使企业以适当成本向消费者传递最大价值

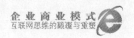

专栏 3

一张图读懂小米互联网思维的商业模式

目前像小米手机这类新型商业模式，还处于野蛮生长的初始阶段。在未来是否可以成燎原之势？基于互联网的思维商业模式都有哪些步骤和特点呢？

图片来源：www.mi.com

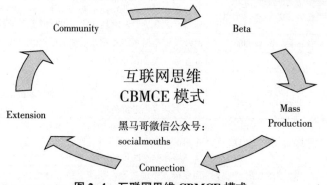

图 2-4 互联网思维 CBMCE 模式

一、Community：建立社区，形成粉丝团

建立社区的第一步就是根据产品特点，锁定一个小圈子，吸引铁杆粉丝，逐步积累粉丝。小米手机把用户定位于发烧友的圈子在吸引粉丝的过程中，创始人会从自己的亲友、同事等熟人圈子先开始，逐步扩展，最后把雪球滚大。建立社区跟滚雪球一个道理，初始圈子的质量和创始人的影响力决定着粉经团未来的质量和数量。雷军能把小米手机做得如此成功，很大程度上源于雷军在互联网圈内多年积累的人脉和影响力，以及小米手机针对粉丝团的定位。在锁定了粉丝团的人群以后，下一步就是寻找目标人群喜欢聚集的平台。手机发烧友喜欢在论坛上讨论问题，所以，小米手机建立了自己的论坛，吸引发烧友。当然论坛还有一个缺陷就是太封闭，人群扩展起来太难，所以小米手机在发展之初又把微博作为扩展粉丝团的重要阵地。在粉丝团扩展阶段，意见领袖起着信任代理人的作用，所以小米手机都利用意见领

袖——雷军为首的互联网企业家去为自己的品牌代言，在新浪微博上获得更多的关注。

二、Beta：针对铁杆粉丝，进行小规模内测

在积累了一定规模的粉丝以后，第二个阶段就是根据铁杆粉丝的需求设计相关产品，并进行小规模产品内测。这一步对于小米手机而言，就是预售工程机，让铁杆粉丝参与内测。第一批用户在使用工程机的过程中，会把意见反馈给小米的客服。小米客服再把意见反馈给设计部门，用户的意见直接可以影响产品的设计和性能，让产品快速完善。据小米公司的总裁黎万强透露，小米手机1/3的改进建议来自于用户。

除了意见反馈以外，第一批工程机用户还担负着口碑传播的作用。因为工程机投放市场数量有限，有一定的稀缺性，抢到的用户免不了要在微博或微信朋友圈上晒一下，每一次分享都相当于为产品做了一次广告。这样的话，第一批铁杆用户就好比小米手机撒下的一粒粒火种，星星之火可以燎原。

三、Mass Production：进行大规模量产和预售

我们依旧以小米手机为例，说一下粉丝团营销最重要一个阶段，大规模量产和预售阶段。这个阶段一般有三件重要的事要做：产品发布会、新产品社会化营销与线下渠道发售。先说产品发布会，现在产品发布会已经成为小米手机营销过程中最为关键的一环。在盛大的发布会这天，作为小米董事长的雷军要亲自上阵讲解产品，而且还会邀请高通等配件厂商助阵，成百上千名米粉参与，众多媒体记者和意见领袖围观。这样做的目的只有一个，就是把产品发布会的信息传递出去，成为社交网络话题讨论的焦点。

在产品发布会以后，小米手机紧接着就会举行新产品的社会化营销。在进行社会化营销的时候，小米手机一般都会选择最炙手可热的平台进行传播和推广。在新浪微博最为火爆的时候，小米利用新浪微博进行大规模的抽奖活动。在微信最为炙手可热的时候，小米选择微信作为发布平台。在推出红米手机的时候，小米手机还选择QQ空间作为合作平台进行产品发布，正是因为QQ空间在三四线城市有着广大的用户人群，跟红米的用户重合度很高。在社会化营销的过程中，为了让用户切身地感到稀缺性，小米公司即使在产品大量供给的情况下，还是依旧采用"闪购"、"F码"等方式制造一种

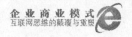

稀缺的错觉，激发网友对产品进行下一步传播和逐级分享，这无疑是一种很高明的营销方式。对于线下渠道没什么可讲的，小米手机跟其他传统手机厂商没啥两样，只要正常铺货就行了。

四、Connection：联结

按照互联网思维的逻辑，小米手机在售出了大规模的产品以后，营销没有结束，而是刚刚开始，这时候需要用一个体系，把售出的这些产品联结起来，让这些产品以及背后的人变成一个社群或者体系。这也就是小米模式跟传统制造业不同的地方。对于格力等传统家电而言，一台设备卖出以后，营销就结束了，企业只在每一台卖出的设备上获得利润，所以对于格力而言最重要的是控制成本和以量取胜。而对于小米而言，硬件可以不挣钱，甚至可以硬件免费，但通过把硬件联结起来，完全可以通过后续的服务和衍生产品赚钱。相比传统的制造业，小米模式建立的是一个生态体系，商业模式是基于生态体系基础设施服务上，而不是单纯地卖设备上。这就好比小米公司如果是一个电力公司，它主要的收入来源并不是卖电表，而是收电费。

小米手机是如何把这些设备联结起来的呢？当然是通过软件，对于小米手机而言，就是它的 MIUI 系统。通过 MIUI 系统，小米手机不仅把成千上万的米粉联结到一起，还基于 MIUI 建立了自己的商业模式。小米公司，除了小米手机这个基础硬件以外，在小米商店里还有很多配套硬件和软件供你选择，这些都成为小米公司新的收入来源。更重要的是，小米公司通过把成千上万的米粉通过MIUI 联结在一起，你可以知道其他米粉在说什么，在做什么，在用什么，整个米粉群体就变成一个互相链接、很大规模的社群。而这个社群的吃喝拉撒和衣食住行，都可以变成小米公司新的收入来源和商业模式，投资机构对小米公司之所以估值这么高，也正是看到这个社群背后的商业价值。更重要的是，这个社群的规模还在不断扩大。

五、Extension：扩展

基于 MIUI 的软件思维，最大的优势就在于它的扩展性，因为对于软件的扩展而言，成本接近于零，不过是服务器上的一些字节而已。而正是由于它的可扩展性，才能够让米粉这个生态圈快速生长起来。生态圈的扩展，对于个体用户而言，可表现为软件系统的升级和更新，服务内容的扩展和个性化需求的满足。比如小米手机开发一款老年手机主题，就可以替代一部老年手机；壁纸、背景、主题等原来千篇一律的东西，现在都可以有更多的选择。除此之外，你还可以去软件商店，选择适合你的更多具有个性化的软件和产品。

当然，基于软件扩展思维和米粉社群，小米手机在产业外围同样也可以进行扩展，扩展性表现为小米软件商店、小米支付、小米路由器等整个基础设施的日益完善。比如，小米除了做手机以外，还做了小米电视、小米路由器等产品，甚至会扩展到游戏和娱乐业。

1. 商业模式的特征

商业模式就是为实现客户价值最大化，把能使企业运行的内外各要素整合起来，形成一个完整的高效率的具有独特核心竞争力的运行系统，并通过最优实现形式满足客户需求、实现客户价值，同时使系统达成持续赢利目标的整体解决方案。它具有以下特征，如图 2-5 所示：

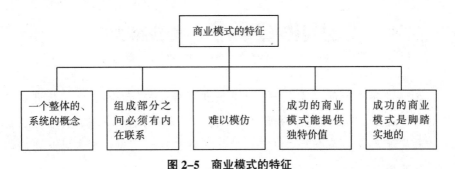

图 2-5 商业模式的特征

第一，商业模式是一个整体的、系统的概念，而不仅仅是一个单一的组成因素。如收入模式、向客户提供的价值、组织架构等，这些都是商业模式的重要组成部分，但并非全部。

第二，商业模式的组成部分之间必须有内在联系，这个内在联系把各组成部分有机地关联起来，使它们互相支持、共同作用，形成一个良性的循环。

第三，商业模式是难以模仿的。企业通过确立自己的与众不同，如对客户的悉心照顾、无与伦比的实施能力等，来提高行业的进入门槛，从而保证利润来源不受侵犯。例如,直销模式,人人都知道其如何运作,也都知道戴尔公司是直销的标杆,但很难复制戴尔的模式,原因在于"直销"的背后,是一整套完整的、极难复制的资源和生产流程。

第四,成功的商业模式能提供独特价值。有时候这个独特的价值可能是新的思想,而更多的时候,它往往是产品和服务独特性的组合。这种组合要么可以向客户提供额外的价值,要么使得客户能用更低的价格获得同样的利益,或者用同样的价格获得更多的利益。

第五,成功的商业模式是脚踏实地的。企业要做到量入为出、收支平衡。这个看似不言而喻的道理,要想年复一年、日复一日地做到,却并不容易。现实当中的很多企业,不管是传统企业还是新型企业,对于自己的钱从何处赚来,为什么客户看中自己企业的产品和服务,乃至有多少客户实际上不能为企业带来利润反而在侵蚀企业的收入等关键问题,都不甚了解。

专栏 4

苏宁云商推出互联网化"云店"

SUNING 苏宁 / 中国商业的领先者

图片来源: www.suning.cn

2013 年第四季度,苏宁推出互联网化门店——"云店",把门店开到消费者的口袋里、客厅里去,并通过开放平台"苏宁云台",将自身物流、信息流和资金流等资源全面向社会开放。张近东表示,现在苏宁对此已经明确,那就是系统推进"一体两翼"的"互联网路线图"。

所谓"一体"就是以互联网零售为主体,而"两翼"就是打造O2O的全渠道经营模式和线上线下的开放平台。综合起来看,就是要把苏宁线上线下的资源融为一体,然后按照平台经济的理念,最大限度地向市场开放、与社会共享,从而实现流通领域新一轮的资源重组与价值再造。

苏宁要做互联网企业,就必须积极吸纳和学习互联网优秀的文化元素,同时传承苏宁优秀的文化内核,互相融合,形成苏宁新的互联网企业文化体系。

苏宁于2013年第四季度在北上广深等一线城市推出了第一批1.0版本互联网门店，然后在全国进行加速复制，并逐步开始向二、三级城市推广。张近东表示，苏宁正在实践的云商模式，就是对互联网零售的具体诠释，"电商+店商+零售服务商"就是苏宁云商，这一新型商业模式包含了几重含义：

一是要建立O2O融合的、多终端互动的全渠道经营模式。首先苏宁要坚持继续发展实体门店。作为互联网时代O2O融合零售的核心一环，苏宁在店面布局进一步优化的基础上，将会以消费者的购物体验为导向，全面建设互联网化的门店。将原先纯粹的销售功能，升级为集展示、体验、物流、售后服务、休闲社交、市场推广为一体的新型实体门店，如全店开通免费WIFI、实行全产品的电子价签、布设多媒体的电子货架。又如利用互联网、物联网技术收集分析各种消费行为，推进实体零售进入大数据时代等。

二是要回归零售的本质，建立全资源的核心能力体系。苏宁所定义的线下，不是狭义上指的单纯门店资源，而是一个涵盖了店面、物流、服务、供应链，以及用互联网思维武装的新型销售团队在内的全资源能力体系，这是对空中的互联网经营最为有效的实体支撑体系。进入了O2O的时代，传统零售业插上了互联网的翅膀，曾经被认为是巨大包袱的线下资源转瞬之间点石成金。

三是建立起开放平台的经营模式。相比传统门店辐射范围有限，互联网的世界是无限延展的，只要一触网，就面对全国甚至是全世界的消费者，各种个性化的需求便会扑面而来。互联网经济的重要特征是开放和共享，苏宁全面互联网化本质上就是要按照开放平台的方式把企业资源最大限度地市场化和社会化。

2. 商业模式的作用

管理学大师彼得·德鲁克曾经说过："当今企业之间的竞争，不是产品之间的竞争，而是商业模式之间的竞争。"商业模式这个话题在现在的市场竞争中已经变得越来越重要。依靠引入新的商业模式来保持持续的变革和创新能力对于企业在快速变化的商业环境中存活并发展是极其重要的，它主要表现在以下四个方面，如图2-6所示。

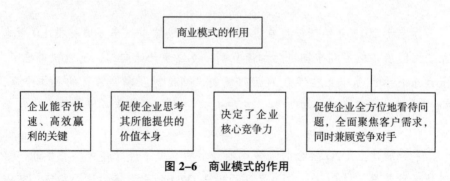

图 2-6　商业模式的作用

第一，商业模式是决定企业能否快速、高效赢利的关键。我们进入的行业是多样的，可能是全新的行业，商业模式没有或不稳定，风险很大；进入的行业可能是老行业，已经存在了相对成熟的商业模式，而新进入者要想在行业中长期获利甚至迅速崛起，商业模式选择就至关重要了。我们总要找到可以促进快速发展而又具有差异化的新商业模式，以应对竞争，持续盈利。

第二，商业模式将促使企业思考其所能提供的价值本身，更好地进行商业运营。对于企业而言，三大竞争战略（差异化战略、低成本战略、聚焦战略）关注更多的是企业所能提供的价值：是低成本的，是具有差异化的，还是基于对价值的聚焦；而商业模式将使企业更多地思考：价值提供是不是对的，是不是能带来利润的增长，是不是在合适的时间、合适的场合提供。这将促使企业更深入地思考自己的商业运营，更好地去选择和运营商业活动。

第三，商业模式很大程度上决定了企业核心竞争力的打造。商业模式的本质决定了企业的行业选择：是新行业、老行业；决定了是做行业的某个环节，还是全行业强势进入，而这些选择在无形中已经决定了企业的核心竞争力的选择（是技术、是管理、是营销，还是全部或者其他），决定了企业的核心竞争力锻造方式（是全行业价值链的锻炼，还是基于某点的聚焦操作）。

第四，商业模式促使企业全方位地看待问题，全面聚焦客户需求，同时兼顾竞争对手。从企业的商业运营角度来讲，商业活动是由三者来组成的：企业、客户和竞争对手。企业选择商业模式时会牵涉到行业选择、商业区域选择、商业业务选择等，同时也会牵涉到商业竞争的需要，要考虑到行业竞争对手的运作，而这些都要以客户需求为导向。

三、基于互联网思维的商业模式

从营销角度讲，互联网思维就是以用户为中心，创造极致的用户体验，深入到内心满足消费者。今天害怕被颠覆的人，一定要研究互联网思维，并基于互联网思维不断进行商业模式的创新。如果你不学习、不研究互联网思维，你的企业迟早会被颠覆。世界上曾经有过这样一家世界 500 强的企业，名叫"柯达"，在1991 年的时候，它的技术领先世界同行 10 年，但是 2012 年 1 月破产了，是被做数码的企业干掉了。同样当"索尼"还沉浸在数码领先的喜悦中时，突然发现，原来全世界卖照相机卖得最好的不是它，而是做手机的"诺基亚"，因为每部手机都是一部照相机，随后几年"索尼"业绩大幅亏损，濒临倒闭。然后，原来做电脑的"苹果"出来了，把手机世界老大的"诺基亚"给干掉了，而且诺基亚没有还手之力，2013 年 9 月，"诺基亚"被微软收购了。

行业的落败关键是管理者思维的落后，"粉丝"恐怕是今天互联网上提及最高的词语之一，它也是互联网思维核心——用户思维的最好表征。自从有了互联网就没有离开用户，如用户注册数、活跃率等都伴随着各个互联网产品，到了MSN、微博、微信产品出现时，粉丝成为衡量一个平台影响力的重要指标之一。同时，用户思维导致了跨界思维的产生，它表明互联网发展使得许多产业的边界变得模糊，如销售、金融、图书、娱乐、交通和媒体等现在可能都是一个整体。也就是说，在互联网影响下今天我们正面临着一个跨界的时代，每一个行业都在整合，都在交叉，都在相互渗透，如果原来你一直获利的产品或行业，在另外一个人手里，可能就变成一种免费的增值服务。未来的竞争，不是产品的竞争、渠道的竞争，而是资源整合的竞争，终端消费者的竞争，谁能够持有资源，持有消费者用户，不管他消费什么产品、消费什么服务，都能够盈利来保证自己的利益，立于不败之地。所以，企业应根据自身条件，基于互联网思维不断创新商业模式来抓住终端消费者，其中互联网思维的商业模式主要体现在战略定位、资源整合、盈利模式、营销模式、融资模式和价值创造六个方面，如图 2-7 所示。

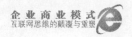

图 2-7　基于互联网思维的商业模式

1. 战略定位

战略定位就是将企业的产品、形象、品牌等在预期消费者的头脑中占据有利的位置，它是一种有利于企业发展的选择，也就是说，它指的是企业做事如何吸引人。对企业而言，战略是指导或决定企业发展全局的策略，它需要回答四个问题：企业从事什么业务；企业如何创造价值；企业的竞争对手是谁；哪些客户对企业是至关重要的，哪些是必须要放弃的。最近很火的一个网络鲜花品牌RoseOnly，它的品牌定位是高端人群，买花者需要与收花者身份证号绑定，且每人只能绑定一次，意味着"一生只爱一人"。2013 年 2 月上线，8 月做到了月销售额近 1000 万元。所以说品牌定位也要专注，给消费者一个选择你的理由，一个就足够。大道至简，越简单的东西越容易传播。专注才有力量，才能做到极致。尤其在创业时期，做不到专注，就没有可能生存下去。

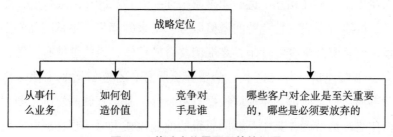

图 2-8　战略定位需要回答的问题

专栏 5

荣昌用互联网思维定位洗衣模式

几十年了，洗衣行业发生变化的只有洗衣机的改善，洗衣粉和洗衣液的优化。这几乎就是洗衣行业全部的科技含量和进步。但是，张荣耀认为，荣昌可以按照"寻找用户的洗衣痛点，满足

图片来源：www.rongchain.com

客户的极致需求"的思路，作为自己的行动方向，用互联网思维向 O2O 转型，从而重新定义洗衣服务，进而将这一行业转换成互联网行业。以这个思路，他先推出"一带四 + 联网卡"，后又推出"荣昌 e 袋洗"业务——按袋付费、微信预约、24 小时上门取送，均大获成功。洗衣的老树，开出了互联网的娇艳之花。

一、"一带四"与联网卡

2001 年，荣昌与新浪网合作，开展"网上洗衣"。不过，效果似乎不是很理想。但是这次尝试让他坚信，洗衣是可以与网络相结合的。于是荣昌推出了"一带四"联网卡模式。"一带四"模式，即按照 4∶1 比例，建设收衣店，一家洗衣店连带 4 家收衣店，洗衣店进行洗衣作业，收衣店负责收衣、扩大社区辐射能力。

"一带四"让荣昌洗衣的扩张成本急速降低，这对竞争对手形成了价格优势。同时，更多的网店也方便了消费者——在消费者那里，收衣店和洗衣店可没有区别。而对于荣昌来讲，"一带四"模式则在通过直营店，获得部分"佣金"之外，还加强了对加盟商的有效管理。其他连锁洗衣企业所常见的针对加盟商投诉无力管理问题，在荣昌这里得到了充分的解决——消费量是最佳的管理手段。

另一大举措是联网卡。其实联网卡也不算什么新鲜事物，在很多行业领域早已泛滥成灾。联网卡商业模式，就是客户在连锁企业办理一张消费卡，凭借此卡可以在全国所有的门店进行消费。"一带四 + 联网卡"模式，使得加盟店与企业的关系变得紧密，因为收衣店都是企业的直营店，他们控制了消费者。而对于新加盟者，"一带四 + 联网卡"，保证了他们在创业初期就拥有

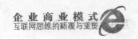

较为稳定的消费业务，使得其投资的回收周期缩短了 30% 以上，他们的利润也更为可观。

二、e 袋洗

荣昌没有停止顺应时代变革的脚步。最近让荣昌频频抢占媒体头条的，是"e 袋洗"。其风头比当年"一带四"有过之而无不及。

"荣昌 e 袋洗"是荣昌于 2013 年 11 月 28 日感恩节当天推出的洗衣服务产品，这个产品是彻底的基于移动互联网的 O2O 产品。消费者只需要将待洗衣物装进指定洗衣袋里，预约上门取件时间，由荣昌派专人上门取件。取件时，取件人员当着顾客面对装好衣物的 e 袋进行铅封，现场不做衣物检查，待送回清洗中心后，在高清监控条件下去掉铅封，并对衣物进行洗前检查和分类，随后衣物清洗、包装、送回消费者。

"e 袋洗"一经推出，迅速成为热门。而让其影响力得到充分释放的，则是它与微信的深度融合。微信下单、上门取送、按袋计费，正是"e 袋洗"三个让人难以拒绝的特色服务内容。用张荣耀的话来说，这种方式"满足了消费者的极致需求"。比如，"荣昌 e 袋洗"一直追求更为便捷的支付方式，因此，在 2013 年底"e 袋洗"诞生之初，荣昌就开始积极与微信官方沟通，提交开通微信支付的相关申请资料，以尽早实现微信支付功能，并在 2014 年 2 月中旬最终获得微信的支持。微信支付接口一开通，"荣昌 e 袋洗"即开始内测微信支付功能，成为洗衣行业内首家支持微信支付的服务账号。

对于开通微信支付，荣昌 CEO 陆文勇表示："'荣昌 e 袋洗'是基于微信下单的产品，此次开通微信支付，意味着'荣昌 e 袋洗'从下单到支付开始尝试服务闭环体验。对于用户来讲，体验更加方便了。"除微信支付外，"荣昌 e 袋洗"还可支持现金、银联卡、支付宝等多种支付方式。

上门收取，则是满足了消费者送取衣物麻烦、停车难、送取衣物时间点不合理的问题，与各快递公司迅速崛起的大绝招类似。按袋计费，是"e 袋洗"的第三大特色。消费者在微信上下单后，会收到一个袋子，不管装多少件，统一价 99 元。之后荣昌的员工上门取件，回到洗衣厂后，再给消费者发微信，告诉他衣服的后期处理方法。这样原来复杂的 100 多种洗衣服务，瞬间变成了一个简单的产品，种种复杂的服务套餐瞬间成为 1 项。而且，荣昌将其娱乐化，教顾客怎样才能往袋子里装更多的衣服。

2. 资源整合

在战略思维的层面上，资源整合是系统论的思维方式。就是要通过组织和协调，把企业内部彼此相关但却彼此分离的职能，把企业外部既参与共同的使命又拥有独立经济利益的合作伙伴整合成一个为客户服务的系统，取得"1+1>2"的效果。在战术选择的层面上，资源整合是优化配置的决策。就是根据企业的发展战略和市场需求对有关的资源进行重新配置，以凸显企业的核心竞争力，并寻求资源配置与客户需求的最佳结合点。企业在进行资源整合时需注意以下六点：认识企业自身能力、合作双赢的态度、确定整合目标、整合的可操作性、整合的系统性以及经济性。天猫、京东、1号店之所以能火，是因为它们整合了想开店赚钱的人；嘀嘀打车、快的打车之所以能得到巨额投资，是因为它们整合了出租车资源；微博之所以能火，是因为它既整合了上班工作饱和度低，又不能在办公室扯开嗓子胡说八道的小白领。再比如类似租房网、外卖网、订房网……都是一条线上的。

图 2-9　资源整合需注意的要点

专栏 6

黎瑞刚回归 SMG 以互联网思维整合大小文广

作为上海文化企业中优质的资产，上海东方传媒集团有限公司（SMG）旗下众多影视节目制作和广告资源如何整合，将是 2014 年整个上海文化国

图片来源：www.smg.cn

资改革重要看点。黎瑞刚近期在内部的表态已释放出 SMG 下一步改革的重要信号。

虽然有业内人士对腾讯财经表示，黎瑞刚目前的职务仍然是上海文化广

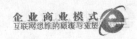

播影视集团（SMEG）总裁与华人文化投资基金董事长。但有信息表明，黎瑞刚将同时担任上海文广集团改革的操盘手。而这一消息因为黎瑞刚的一次内部讲话得到了证实。

一、上海文广的改革比上海报业更复杂

2014年2月11日，黎瑞刚在上海文广集团内部的讲话透露出了重要的改革信息。首先，2014年3月底，上海文化广播影视集团与上海东方传媒集团有限公司，即大小文广会合二为一。其次，上海文广集团将花费一年的时间进行整体调整，而作为上海文化广播影视集团总裁和华人文化产业投资基金董事长的黎瑞刚将成为操盘手。此次文广的改革路径与此前上海报业集团的做法有所不同。报业集团经过充分调研论证设计，先搭好组织架构，随后推动下面各项任务的发展。而文广的改革显然更为复杂，黎瑞刚在这次谈话中透露，这次改革没有搭架构，只确定了班子，由班子来研究，通过一年的时间将调整工作完成。

二、SMG走集团公司的整合集权道路

在关于战略性整合问题中，黎瑞刚首先表示，现在SMG面临多足鼎立、诸侯割据的状态。在他看来，SMG内部很多板块、子公司相互之间在争夺集团仅有的一些资源，集团整合资源、划定界线的能力开始弱化。同时，各类公司自行发展，主业不突出，但正在快速地做一些副业，同业竞争突出。黎瑞刚对于旗下各个板块的多元发展持否定态度，他表示，下一步的多元化可能将由集团层面完成。比如，就娱乐板块而言，黎瑞刚就提出是否有建立整体娱乐团队的可能性，他为此还提到了制作人的概念。

三、内容产品开发要有互联网因素

黎瑞刚在会议中还提到了有关新媒体的想法，他表示："SMG是比别的集团走在前面，但是我们离新媒体的世界还很远，这是另外一个世界，不是我们今天所熟悉的世界。"他同时表示，做平台以及做内容出身的媒体都希望跨越到对方那里去，但至今没有成功的案例。"内容的创造者要想清楚自己的宿命。你的基因是创造内容"。虽然他这次并未提出细致的解决方案，但是在讲话中，他一再强调了在公司未来的产品开发中需要融入互联网的因素。"现在平台被创造出来了，我们创造的内容是不是要挪到新的平台上创造

新的内容产品？而这个内容产品是不同于我们原来的东西，这个题目是出给我们的。"黎瑞刚还提到了此前华人文化投资基金对于胡舒立执掌下的财新传媒（微博）的投资，2014 年，财新传媒将逐步转变为一家互联网公司，其互联网业务的人数将超过其纸质内容团队。

四、用好旗下两个融资平台——东方明珠和百视通

在华人文化基金掌舵的这些年，黎瑞刚已经了解到资本的作用。他表示，接下来文广会用好旗下两个上市平台——东方明珠和百视通，通过这两个融资平台，实现整个文化产业的发展，通过市场化的做法，倒逼内部体制机制的变革。

在市场化道路上渐行渐远的黎瑞刚认为，很多体制内没有的东西可以通过资本市场手段整合，引入资本之后，有利于公司的管理运营和战略拓展，而这会是一个良性循环。他表示，SMG 的基因里没有的东西，可以通过资本市场的手段整合进去，国际上的很多跨国、跨行业媒体集团本来就是资本造就的。

3. 盈利模式

盈利模式是在给定业务系统中各价值链所有权和价值链结构已确定的前提下企业利益相关者之间利益分配格局中企业利益的表现；盈利模式是企业在市场竞争中逐步形成的企业特有的赖以盈利的商务结构及其对应的业务结构。基于互联网思维的盈利模式表现很多方面，如海尔的定制化冰箱，它是按需定制，厂商提供满足用户个性化需求的产品即可；如淘宝品牌"七格格"，它是在用户的参与中去优化产品，每次的新品上市，都会把设计的款式放到其管理的粉丝群组里，让粉丝投票，这些粉丝决定了最终的潮流趋势，自然也会为这些产品埋单。

4. 营销模式

营销模式是一种体系，而不是一种手段或方式。目前公认的营销模式从构筑方式上划分，有两大主流：一个是以市场细分法，通过企业管理体系细分延伸归纳出的市场营销模式；另一个是以客户整合法，通过建立客户价值核心，整合企

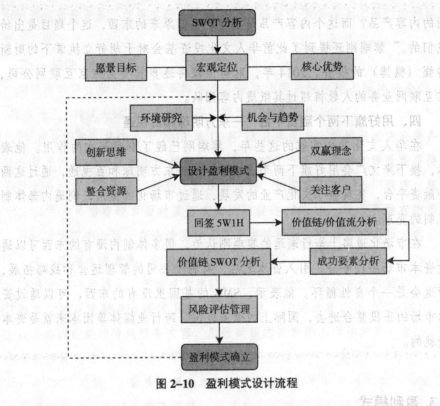

图 2-10　盈利模式设计流程

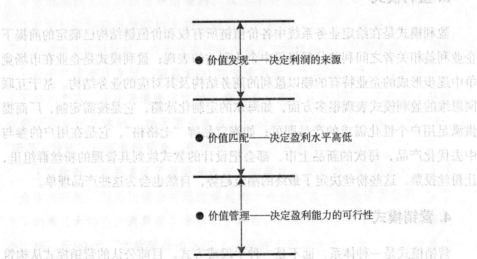

图 2-11　盈利模式设计包含的三个关键技术

业各环节资源的整合营销模式。基于互联网思维的营销模式之一就是粉丝经济，即让用户参与品牌传播。我们的品牌需要的是粉丝，而不只是用户，因为用户远没有粉丝那么忠诚。粉丝是最优质的目标消费者，一旦注入感情因素，有缺陷的产品也会被接受。未来，没有粉丝的品牌都会消亡。电影《小时代》豆瓣评分不到 5 分，这个电影观影人群的平均年龄只有 22 岁，这些粉丝正是郭敬明的富矿。正因为有大量的粉丝"护法"，《小时代 1》、《小时代 2》才创造出累计超过 7 亿元的票房收入。此外，基于互联网思维的营销模式还体现在阿芙精油的服务，它表现在两个方面：第一，客服 24 小时轮流上班，使用 Thinkpad 小红帽笔记本工作，因为使用这种电脑切换窗口更加便捷，可以让消费者少等几秒钟；第二，设有 "CSO"，即首席惊喜官，每天在用户留言中寻找潜在的推销员或专家，找到之后会给对方寄出包裹，为这个可能的"意见领袖"制造惊喜。

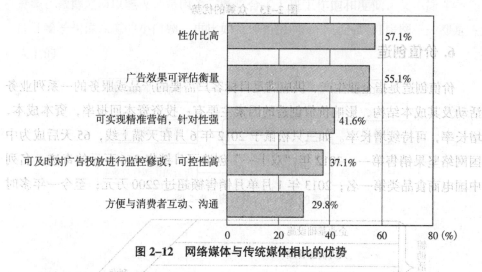

图 2-12 网络媒体与传统媒体相比的优势

5. 融资模式

从广义上讲，融资也叫金融，就是货币资金的融通，当事人通过各种方式到金融市场上筹措或贷放资金的行为。从狭义上讲，融资即是一个企业的资金筹集的行为与过程。也就是公司根据自身的生产经营状况、资金拥有的状况，以及公司未来经营发展的需要，通过科学的预测和决策，采用一定的方式从一定的渠道向公司的投资者和债权人去筹集资金，组织资金的供应，以保证公司正常生产需要、经营管理活动需要的理财行为。目前，从消费到储蓄、从产品到梦想……都

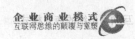
被互联网思维以及网络技术深深改变。2013~2014年短短1年间，互联网金融趋势飙升，理财模式也层出不穷，互联网基金理财、P2P网贷平台、大众筹资、O2O理财模式等，为大众打开了一扇简便、快捷、低门槛的大门。众筹网负责人盛佳曾给出这样的解释"做一件事，有的出钱，有的出力，出力的叫众包，出钱的就是众筹"。大众筹资不仅可以降低企业的融资门槛，有效促进微创企业的发展，还可以激发"草根"创新，拉近生产者与消费者的距离。

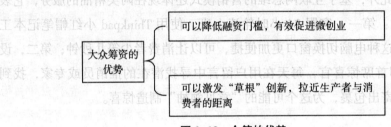

图2-13 众筹的优势

6. 价值创造

价值创造是指企业生产、供应满足目标客户需要的产品或服务的一系列业务活动及其成本结构，影响价值创造的因素主要有：投资资本回报率，资本成本，增长率，可持续增长率。如三只松鼠于2012年6月在天猫上线，65天后成为中国网络坚果销售第一；2012年"双十一"创造了日销售766万元的奇迹，名列中国电商食品类第一名；2013年1月单月销售额超过2200万元；至今一年多时

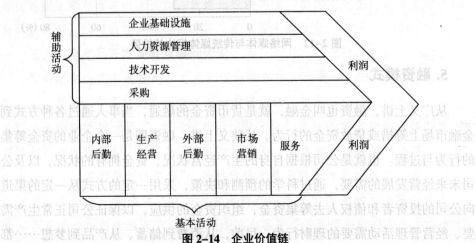

图2-14 企业价值链

间，累计销售过亿，并再次获得 IDG 公司 600 万美元投资。三只松鼠带有品牌卡通形象的包裹、开箱器、快递大哥寄语、坚果包装袋、封口夹、垃圾袋、传递品牌理念的微杂志、卡通钥匙链，还有湿巾，这些都极大地满足了顾客的需求，在一定程度上为顾客创造了价值。

【章末案例】

在前互联网时代，宜家就有的"互联网思维"

图片来源：www.ikea.com

最近营销界最流行的说法，莫过于"互联网思维"了，小米手机和黄太吉煎饼的案例被反反复复引用，甚至有用互联网思维颠覆传统行业的说法。互联网思维到底是什么？不同的人可能会看到不同的重点。其实，经常被提及的互联网思维，宜家一直都在用。

一、公司介绍

宜家公司是全球最大的家居用品零售商，成立于 1943 年，总部位于瑞典南部的艾尔姆胡尔特，在全球 500 强企业排名中列第 42 位。在全球有 13.9 万名员工，在 26 个国家设有 298 个商场。采购和分销机构遍及全球各地，在 53 个国家和地区拥有 1084 个家居产品供应商。

宜家营销的理念是低价位、设计精良、实用性强。

2012 年，宜家销售额 270 亿欧元，共有 6.9 亿人次光顾宜家集团在世界各地的商场，有 10 亿网上访问量，仅宜家商场餐厅销售额就达 13 亿欧元。

二、互联网思维转变

互联网思维脱胎于互联网企业，但其影响却不止于互联网。互联网思维模式几乎对任何一个传统产业都有很大启发。很多传统产业经过互联网思维的重整，呈现的感觉完全不同。无论是效率、市场还是收益，都有很大变化。作为企业，必须从整个价值链的各个环节，建立起"以用户为中心"的企业文化，只有深度理解用户才能生存。没有认同，就没有合同。宜家的互联网思维主要体现在用户思维，即体验至上。好的用户体验应该从细节开始，并贯穿于每一个细节，能够让用户有所感知，并且这种感知要超出用户预期，给用户带来惊喜，贯穿品牌与消费者沟通的整个链条，说白了，就是让消费者一直爽。宜家主要是通过对人们的感官刺激，从而改变人们的行为方式，因为在人们日常的购物行为中，很多消费者都会被现场的感性信息所吸引，现场的体验会影响到人们的购物决策。

中国社会科学院信息化研究中心秘书长姜奇平说："互联网思维是思维方式上的变化，而不是仅仅把互联网当作工具和技术。工具和技术解决的是人与自然的关系，而互联网还包含人和人的关系。这种质的变化体现在：过去是通过收费赚钱，现在是通过免费赚钱；过去把鸡蛋放在一个篮子里，强调'中心化'，现在要把鸡蛋放在不同的篮子里，讲究'去中心化'。"如宜家的免费咖啡，无限量续杯，这是很令人惊讶的免费。此外，宜家还提供免费的儿童乐园，每到周末很快就会满员。

三、宜家如何用互联网思维提升业绩

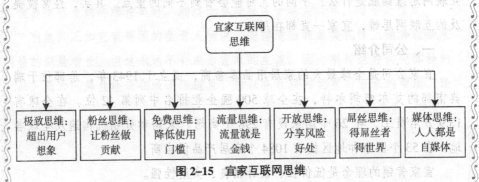

图2-15　宜家互联网思维

第一，极致思维：超出用户想象。在互联网企业，为了让用户需求得到更好的满足，有"产品经理"一职专门负责对用户需求进行挖掘和分析。而在宜家，基于对用户需求的深度认知，也着实做到让每一位进入宜家的消费者都 Surprise（这个词已经被深深嵌进了宜家的品牌价值里），当大家第一次进入宜家发现沙发是可以随便坐的，床是可以随便躺的，儿童产品是可以随便玩的，雪糕只要一元……的确躺有点出乎意料。

第二，粉丝思维：让粉丝做贡献。很多店铺都有会员制，很多人的口袋里有数不清的会员卡。而在宜家，会员的确是按着粉丝的节奏去发展的。除了有会员专属的产品和区域，还有会员专属的活动和刊物。全球范围内，宜家会员贡献的销售额是非会员的3倍。当然也不是所有的会员都是粉丝级别，那判断会员算不算粉丝的标准是什么呢？不是你花了多少钱，而是你去

消费的次数，这个思路很有意思。

第三，免费思维：降低使用门槛。免费咖啡，无限量续杯，这是很令人惊讶的免费。被滥用到一个什么程度呢？在上海宜家餐厅有一个群众自发的相亲活动，每周四下午老爸老妈们到宜家点上免费咖啡后，就开始交换自己子女的信息，或者自己的信息，然后寻找未来的女婿或者儿媳妇，或者给自己找个老伴。不知道现在这项活动还有没有坚持开展，咖啡反正还是免费的。还有免费的儿童乐园，每到周末很快就会满员。

第四，流量思维：流量就是金钱。宜家通过卖场和产品本身的吸引力来让顾客常去看看，而且还消费了，也就是说，这些客流量无须花钱去买，还会把钱给送来。虽然那些常客送的不是大钱，比如我的一位亲戚，每周必须去一次宜家买下周要吃的三文鱼，但他每次去，必然是会看到各种家具，也必然会造成人多的气氛。正如谁都愿意去很多人等位的饭馆吃饭，大多数人去了宜家看到熙熙攘攘的客流都会感觉有购物欲。

第五，开放思维：分享风险好处。宜家最动人的开放之处莫过于在这个充满灵感的丰富多彩的家具卖场还可以随便拍照。当然这有被抄袭的风险。多少人是带着木匠去，选好了自己喜欢的家具，把每一个细节拍好照，让木匠照着做。又有多少设计老师带着学生去做家居布置的分析和学习。但能抄的是一个产品，一个布置，抄不去的是宜家的整个体系。而且今年你抄完这产品，明年反正又会有新产品，每年宜家有3000款新品，慢慢抄好了。反过来，这么多人来参观学习，由此带出去的品牌影响力，要花多少广告费才能买到呢？

第六，屌丝思维：得屌丝者得世界。每个国家都有自己强势的本土家居品牌，但只有一家家居品牌是占领全球市场的，那是真正的得天下。宜家所倡导的民主设计，就是人人都买得起的、老百姓爱用的设计，这使它的根在消费者当中可以扎得很深。其实他们卖的也不是每一种都是大众化产品，也有一些小众的设计，一些贵的东西，使它可以满足不同的需求，也使它有更高的盈利空间。只是，站在人民群众这边的姿态令宜家得了全天下。这让人不禁想起当年毛泽东站在了天安门城楼，而蒋介石去了那个海岛，其中一个原因就是由于有着完全不同的群众基础。

第七，媒体思维：人人都是自媒体。2014年是自媒体极火热的一年，企业也是自媒体。从1951年开始，宜家就通过全球发行目录册来宣传自己的产品和设计理念，那不仅仅是一本有图有价格的产品目录册，更重要的是提供富有创意的家居解决方案，为生活提供新点子，让人们轻松地获得更多贴近大众生活的居家灵感。在欧洲，每个家的门口有一个邮箱，有的在上面会挂"请不要投广告"的牌子，到了一年一度宜家发放目录册的日子，他们会把这个牌子拿掉，以免收不到这本三百多页的册子。

所以说，"互联网思维"也不是什么新鲜玩意，虽然被互联网人给放大和传播开来了。但其核心还是我们必须用心去感受用户的需求，这其实是一切经商的起点，如果咱们做的东西不是想消费者所想，他们干吗要给你钱呢？由此，我们可以知道"很多O2O企业为什么做不起来"？主要的原因还是对用户需求了解太不够。互联网的各位亲们，在电脑前面琢磨和在沙龙里听人分享，是没有办法真正了解传统行业里商家和用户要什么的，只有通过线下经营才能知道用户和商家需求。而对于传统企业来说，则需要对用户在互联网的使用习惯有足够的了解，才能用好互联网这个工具为自己服务。

四、宜家已经做了什么，还需要做什么呢？

第一，为了让顾客到店前能先对商品和服务有详细了解，并知道店里在做什么活动、在哪里、怎么去，宜家建设了信息非常完整且有吸引力的官网。宜家对官网的管理与使用有很严格的规定，所有产品和活动信息必须首先出现在官网，所有网络推广必须有链接指向官网，所有对外沟通必须有官网地址。用一个小故事便可说明宜家是多么坚定不移地培养大家对官网的使用习惯：宜家深圳的配件工厂发生示威事件，微博上有照片流传，但在媒体上并没有看到宜家的任何说明，我问宜家的销售员为什么不出来澄清一下，她说："官网上有"。宜家官网是它用于积累自身流量，聚集老客户的一个平台，不过在这个平台上目前还没有互动和沟通的功能。

第二，目前宜家中国与消费者沟通的途径有两个：一个是新浪微博，另一个是豆瓣小站。店内的活动则主要通过宜家网上社区展示与互动。跟宜家自身的风格一样，这些渠道鲜有惊世骇俗的举动，而是以其贴心温馨的风格，用产品来展示宜家为大众创造更美好生活的理念，与品牌定位紧密结合。

第三，与移动互联网的接入是从那本融入了宜家大部分市场费用的目录册开始，他们做了精美的 APP，在上面除了可以点击更多的细节，还能看到相应的视频。接下来会做什么？宜家在全球挑了三个国家做试点（Pilot Country），加拿大是其中一个，他们会让手机用户看产品、看信息、看库存，然后生成购物清单，上面写清楚店里的摆放位置，让你到店里购物更轻松。宜家在加拿大的总裁很高兴地发现 10% 的宜家官网流量是从手机端过去的，增长了 250%。

总体来说，宜家在线上所做的一切就是用内容吸引消费者，然后为店里消费做准备。家居是与生活息息相关的行业，有大量的内容可以生成，从文化到设计理念、从风格到功能、从材质到搭配、从保养到更新……围绕这些内容，还有很多活动可以做，在互联网这样一个快速传播的环境里，只要有亮点，让人知道并不是难事。这对我国的家居行业乃至整个商业服务业都有很大的借鉴作用，很多商家现在并没有致力于挖掘自己的亮点，却在网络上血拼低价，实在可惜。目前宜家也已经有强大的 CRM 系统通过会员卡对顾客的消费行为进行跟踪与分析，同时宜家社区的会员专享也是了解会员的一个途径。

但是宜家也有着它的挑战，比如这家瑞典企业喜欢提倡其"购物体验"理念，吸引顾客光顾宜家店铺，不仅仅是看看家具而已，还包括在其餐厅用餐，如著名的瑞典肉圆和免费续杯的咖啡，把孩子带进特殊的游戏室，在迷宫似的楼层中穿行。而且"冲动购物"占了其销售额的很大比例——显然电商在一定程度上很难满足这样的需求，尤其是那些小件家庭用品，例如放在地板上的蜡烛和相框等。其他零售业专家表示，该公司的传统组织形式也是一个挑战。宜家基本上仍控制在 86 岁的创始人英瓦尔·坎普拉德手中。此外，宜家公司一直在努力寻找低成本的物流配送方式，担心高额成本会削弱其廉价而时尚的形象。目前，宜家业务遍布 40 个国家，但只在其中的 10 个国家开展了电子商务，而且产品种类有限。但宜家首席执行官奥尔松表示，宜家将在多数市场上开展电子商务。他还暗示，宜家即将找到更加便宜的配送体系。他补充道："我们的挑战是，我们想要拥有更加便宜的物流解决方案。我们可以把电子商务与实体店配送结合起来——目前正在开发。我们仍

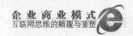

觉得，在我们向全世界推出之前，我们还有改善的空间。"宜家电商面临的风险不仅限于此，因为家具并非一种常态消费，通常在两次购买间有着较大时间间隙，因此在网络上以往推广的 CPS 手法，很难产生忠诚用户，这样的推广成本显然不合理，但如果要如同苏宁般，拓展综合电商地图，恐怕亦非宜家所愿。

五、启示

前互联网时代，宜家上述的互联网思维值得学习，特别是对处于互联网时代的企业有很多启示。第一，零售的本质在于供应链整合能力与效率，同时向消费者传递生活理念与价值观，网络销售只是其中的一个渠道；第二，营造极致体验、进行跨界融合是中国零售从业者极需学习的功课，也是最能玩出特色、建立自身壁垒的地方；第三，网络世界很强大，但绝无法替代现实世界中感受到的那种美好。网络世界应服务于现实世界，而不是相反。

当然，正如宜家英国的负责人所说，安排适当的品类在线上销售能带来明显的销量增长，但这永远不会成为宜家的主流，因为家居这种讲究体验的产品，最大的舞台还是在线下店铺里。所以在互联网世界对宜家的帮助，还是在O2O！

【开章案例】

见奇珠宝用内容和口碑成为 O2O 领域实践先锋

图片来源：www.showlys.com

我们在看到珠宝行业繁荣背景下，也应注意到这样一个问题。中国珠宝行业历经 30 余年获得今日之成就，但是珠宝电商却是仅仅用了五年时间就一举成为目前珠宝行业第二大发展渠道。在 2013 年度中，人们通过线上渠道购买珠宝占据珠宝产业消费总额的 30%左右，不难看出，珠宝电商发展潜力不容小觑，未来珠宝电商将会成为主旋律，互联网的力量足以颠覆整个世界，珠宝行业能够紧紧抓住互联网的运势，开辟了自身的电商时代，这说明珠宝行业的改革任务势在必行。深圳见奇公司正是在这个互联网思维时代大背景下，以内容为王、口碑为尚的理念定位于互联网屌丝珠宝，其成功的秘诀有哪些呢？

一、见奇珠宝的互联网思维

不知从何时开始，互联网不再是单纯的技术名词，它俨然发展成为一种"思维模式"。到目前为止，虽然还没有一个机构或者专家准确定义"互联网思维"的概念，但近两年来，不可否认互联网思维已经成为各行业勇于探索和尝试的领域，成为当下各行业、商家转型发展的关键因素。见奇珠宝作为

领先于时代时尚潮流前沿的屌丝珠宝，非常注重消费体验和感受。见奇珠宝主要产品是彩色宝石，包括金水菩提、水晶、玛瑙、碧玺、琥珀等，因其价廉物美、适合装饰而受到许多人的青睐。最贵重的彩色宝石，如红宝石、蓝宝石、祖母绿、猫眼等，受到了许多屌丝和高端消费人群和收藏爱好者的喜爱。其通过触网、创新、升级、注重用户体验等，把互联网思维植入到见奇珠宝中，为产品创新升级，销售渠道触网打造全方位服务平台，售后服务领先消费者，从高端向粉丝时代转变，引领消费者时尚趋势，这些都是见奇珠宝已经具备或正在完善的素质和内涵。

见奇珠宝作为一个凝聚时尚潮流和社会文化的业态，其产品创新尤其重要；产品创新频率也相对较高。最初，见奇珠宝最重要的属性就是装饰性，其他属性几乎不被人们所看重。但随着屌丝的发展，见奇珠宝身上的属性越来越多，如时尚、个性、地位及品位象征甚至人文关怀等。用业内人士的话说，见奇珠宝迎来了以产品设计和内容为核心的品牌时代。以往，产品设计往往是珠宝上游环节，这个环节更多的是呈现设计师的主观思维。但是现在，见奇珠宝设计师不再是孤立地在工厂画图，被动地等候市场对产品的反馈意见，而是从产品开发前期就同产品规划、生产、销售建立广泛的联系和沟通，大家参与意见，提出建议，把设计作为产品开发的主导。见奇珠宝的产品创新是以用户感受为核心的，从产品设计之初便融入用户体验、客户参与设计和进度管理思维，真正做到私人订制珠宝，这便是见奇珠宝围绕用户体验进行的产品创新，也是当今互联网思维的优越性之一。

随着珠宝行业的发展，供消费者选择的珠宝种类越来越多，因此，珠宝种类的选择也成为珠宝饰品创新的重要因素之一。但见奇珠宝重点打造彩色珠宝为屌丝客户服务，引领时尚潮流。见奇珠宝之所以能够火起来，并不是偶然，这一点从见奇珠宝忠诚爱好者身上便能得出结论。

二、见奇珠宝，口碑为王

"钻石恒久远，一颗永流传"，当戴比尔斯这一句经典的广告词叩开了中国的珠宝消费大门的时候，也向人们传递着另一个符号：珠宝营销，口碑为王。戴比尔斯成功的秘诀在于营销钻石的同时也营销了消费者对情感的渴望。正是这种感情的渴望，让戴比尔斯赢得了口碑，在中国的珠宝市场上取得了别人无法企及的成就。消费者购买一件珠宝的动机，有时并不见得仅仅是看中其奢华的品质，更多的是传承一种情感。这种情感在珠宝首饰的造型设计中得以传递再现给消费者，使他们明白自己消费的目的所在，激发其购买欲望。在互联网不断发展的今天，这份情感又会被网络无限地放大，传递给身边的每一个人，而这些人，又会传递给他们身边的每一个人。久而久之，珠宝通过情感的寄托不断传递，这样就形成了一个有效的口碑传播。我们可以说互联网已经为品牌世界开辟了一个全新选择，直至将来占据不可或缺的地位。

口碑营销是见奇珠宝品牌营销的重要手段，见奇珠宝注重珠宝营销，坚持口碑为王。重视消费者，深度挖掘消费潜力，才能将传播推广的重点转向真正的消费者身上，通过借助专业媒体与行业外媒体的双向互动，形成品牌与口碑的双向传播，使这些见奇珠宝品牌被人们所熟知并快速扩展市场。随着网络的普及以及市场竞争的加剧，网络推广和网络口碑营销的作用越来越明显，可以这么说：谁先把握和运用好珠宝网络推广的利器，谁就能在市场上获取成功。

三、见奇珠宝 O2O 商业营销模式

见奇珠宝 O2O 商业营销模式，从历经艰辛的万里长征第一步的尝试，到如愿收获了柳暗花明又一村的新惊喜，成为 O2O 领域的实践先锋。

作为互联网第一正营的珠宝品牌见奇珠宝，其家族基因就是互联网。"我觉得互联网在中国一定是趋势所向，当初决定走网上卖钻石的电子商务之路，除了看中互联网信息传播准确精准的优势，可以使钻石、珠宝减少中间环节，直接从工厂到消费者手中，实现更多人的钻石梦想。另一个原因是网络拥有独特的营销魅力与庞大的市场潜力，越来越多的人选择足不出户网上购物。"见奇实业 CEO 坦然地说道。就这样，成就了在互联网上卖珠宝的品牌。见奇珠宝在互联网上生根，经过大浪淘沙，拥有互联网精准的基因与流量。见奇珠宝创造了品牌、产品、销售、服务、信誉等全部功能，并荣获屌丝品牌的口碑。同时不断刷新网购消费单笔支付金额纪录。于是，见奇珠宝启动 O2O 营销模式，将线上与线下连接成一条血脉。首先，统一定价，灵活促销。无论线上还是线下，见奇珠宝价格都匀称一致。其次，无缝对

接，和谐共赢。线上渠道与线下渠道结成共同利益体，消费者可以线下看货，线上订购，也可线上订购，线下交钱取货，享受相应的服务。最后，个性服务，多元增值。通过为消费者提供更多贴心的、个性化的服务来寻求企业销售时线上与线下的有效融合，以及开拓更多元化的增值领域。

其实 O2O 模式只是为见奇珠宝的前进提供了一条路。开一个赚钱的实体店，一样也离不开亘古不变的商业法则和自我创新。在互联网思维时代，网络技术的发展对线下零售业的影响是巨大的，它的深度和广度，引发了零售业的变革，甚至改变了整个线下零售业。把见奇珠宝互联网的基因利用得恰到好处，开一个赚钱的珠宝店不是难事，重点是持续地坚持到底。

众所周知，企业要做好正确的战略定位至关重要。正确的战略定位能明确企业的发展方向，能更好地发挥企业优势，能使企业更好地适应市场环境的变化，确保企业在市场竞争中保持差异化的竞争优势。由此可见，战略定位决定企业成败。互联网时代的到来，企业面临巨大挑战的同时，也迎来难得的机遇。为此，企业只有把握好正确的战略定位，以差异化应对竞争，才能在移动互联网蓝海中站稳脚跟。本章从与时代共舞、产业聚焦、专注思维、连接用户、平台战略、未来引领者六个方面分别展开论述，探讨互联网时代企业的战略定位。

一、与时代共舞

2013 年，云计算、物联网、无线通信、数字家庭、电子商务等领域的技术创新和广泛应用，引燃智能终端、数字内容、互联网等领域的投资和消费增长热潮，计算机、微电子、软件、互联网等新一代信息技术加速向泛在、智能和高可信方向发展，并与行业应用深度融合，日益成为推动"新工业革命"的关键。

移动信息技术为核心的移动革命浪潮给人类社会带来了极大的改变，其中，最具挑战性的是商业模式面临着系统性的变革，近年来，移动通信技术与信息技术的融合使移动信息技术成为革新商业模式乃至改变整个产业链结构的中坚力量。

第一，移动信息技术加速了产业链的价值创造与运行效率。运营商与商品和服务提供商之间的价值关系的控制直接影响企业商业模式，进而影响整个产业链的价值创造和运行效率。产业价值链的变革，拓宽了产业边界，使移动信息技术应用到各个领域。面对差异化的消费需求，企业必须构建全新的产业链及价值链，以进行业务运营和价值获取，来加强产业价值链上下游企业环节间的合作，将其自身的信息整合能力与其他参与企业的各种互补性资源紧密结合，进而有效地加速产业链的价值创造和运行效率，如联想帮助可口可乐将移动信息技术应用到其销售管理系统中，将 Symbian 平台迁移到 Android 平台，建立了全新的移动 IT 基础架，满足了业务代表在走访中使用移动互联设备的需求，使业务流程变得更加高效。

第二，移动信息技术提升了企业顾客价值及商业价值。顾客价值决定商业价值，是商业模式的价值源泉，移动信息技术大大缩短了企业与顾客之间的距离，迫使企业将环境因素与顾客因素整合起来，并且引致顾客广泛参与到企业开发新产品中，使产品特性与顾客偏好相吻合，这样企业也就更容易有机会以创造产品和提供服务作为支撑点，来获取超额价值。

第三，移动信息技术促进了企业经营管理模式创新，赋予了商业模式新内涵。移动信息技术的飞速发展促进了企业一系列管理方法手段及流程的开发，使企业拥有更加灵活、柔性的生产方式和电子化的经营管理模式。移动信息技术改变了企业经营管理方式，使之摆脱了常规的交易模式和市场局限，从而使运营机制更为高效、协调的同时，扩大了新的销售渠道，形成了新的管理职能，为企业创造了更多的价值。如 2010 苏宁电器的 B2C 网购平台"苏宁易购"正式上线，形成以自主采购、独立销售、共享物流服务为特点的运营机制，网购平台与实体店面虚实互动为消费者提供产品资讯与服务。

专栏 1

友宝：用移动互联网思维做自动售货机

一、公司介绍

北京友宝科斯科贸有限公司（以下简称友宝），研发生产了全球首款智能售货机，以先进的技术和强大的运营实力，成为中国领先的售货机品牌。

图片来源：www.ubox.com

2010 年冬，一个将智能网络应用在自动售货机上的创想，在北京落地生根，

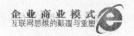

一项伟大的事业由此拉开序幕。目前，友宝已在北京、上海、武汉、广州、深圳等地拥有包括生产、研发、运营在内的多个分支机构，目前总装机数量超过 2 万台，2013 年营收做到了 6.5 亿元。友宝成功运用智能系统和云技术，为传统的自动售货机注入新的活力，开启了产业变革之门。站在时代前沿的友宝，作为以科技服务社会的高新企业，坚持开发更能满足网络时代需求的新锐产品，并在电子商务、本地生活服务、O2O 等领域进行积极的拓展，使个人消费者、合作伙伴都能够从中获益。2013 年的友宝，用实力开辟了自动售货行业的新局面。

二、友宝的移动互联网思维

在国内自动售货机市场，友宝绝对是后入的颠覆者形象。友宝董事长兼CEO王滨将友宝切分成两个公司：一家传统方式管理的公司，专门做线下售货机管理、物流；另外一家用互联网方式管理的公司，做技术研发和网络端运营。友宝更大的目标是通过互联网为用户提供更多增值服务，业内人多称为友宝的野心——通过联网的售货机和配套的手机应用，打通线上到线下的链条，为用户提供可控的标准化服务。在此基础上，友宝可以发展成为全新的兼顾线上和线下的渠道。

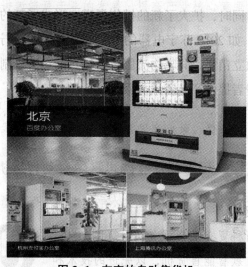

图 3-1　友宝的自动售货机

"自动售货机是一个正在高速增长的朝阳行业，但是只做传统的自动售货机，我肯定是不会感兴趣的。"友宝董事长兼 CEO 王滨说，他看重自动售货机的原因是：无线互联网的到来，让自动售货机成为智能网络的云终端。与传统的售货机不同，每一台友宝自动售货机都是一个联网终端，友宝可以实时监控每一台售货机的运行情况，随时调整供应链和触摸屏上的促销广告。

三、友宝 O2O 模式：做互联网化的智能售货机

O2O 模式成为传统企业互联网化转型的重要途径。而"友宝在线"（Ubox）正在尝试提供一种全新的玩法：将线下销售与手机购物结合起来，做互联网化的智能自动售货机。友宝总裁李明浩对易观网表示，友宝正在用互联网管理移动终端设备。

友宝同其他售货机最大的区别，可能就是其内置的一套智能联网系统，可以检测售货机内现有商品的数量和种类，消费者也可以通过手机上的配套应用查看或者购买商品。这套系统可以让补货更轻松，补货员不用像以前那样自己按经验估摸着来补货，直接看后台数据就行。消费者通过手机同售货机交互，也给了友宝更多线上的机会。比如友宝可以在用户选择购买某种饮料后，向用户推送一份调查问卷，如果用户填了，就可以收到一定返利或者优惠。通过这种方式，友宝可以为饮料生产商提供很多反馈。

再加上触摸屏，友宝的售货机可发挥的空间就更大。友宝计划在基础业务做实后会启动互联网方面的生意，届时每台友宝的售货机都是一个终端，消费者可以在上面实现购电影票、手机充值、兑换信用卡积分等活动，而友宝仅需谈好合作，做好技术对接，将相关业务系统集成到友宝的管理系统上就行，是无本生意。正因为如此，友宝与其他创业公司不同：不是在苦寻营业方向，而是要砍掉很多业务分支，判断哪些见效快，哪些对友宝未来有帮助。到目前为止，友宝在互联网领域的尝试有：手机 APP，已发展 50 万的手机客户端用户；部分售货机接上拉卡拉；还计划与 1 号店等电商合作，采用租赁的形式将柜子租给他们……

"友宝在线"和自动售货机是配套的，用户可以体验不一样的手机购物方式：打开客户端，输入自动售货机的编码，即可在手机上读取该自动售货机上的物品及售价，在购买的时候可通过信用卡余额支付（有余额的前提当然首先是充值）进行，毕竟现在自动售货机可接受的面额有限，找零是个麻

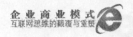

烦的事情。在手机客户端上，用户除了可以享受折扣优惠外，也可参加自动贩卖机上的互动游戏，获得奖励等。这样将手机购物、线下活动很好地结合起来，互相推动彼此。

友宝的智能自动售卖机正在将货币交易转向互联网支付交易模式。目前，友宝已经与微信、支付宝达成合作：用户可以扫一扫商品标示的二维码，即可通过微信支付购买；用支付宝声波支付，免去找零麻烦，快速购买。此外，用户可以在友宝手机客户端选择产品购买，并就近在友宝自动贩卖机上提货。可以说，友宝在互联网思维下，改造了自动售卖场景，创造了互联网与线下消费的新模式。而这种从线下到线上的O2O模式，在欧美、日本市场均无先例。王滨有个大胆的设想："希望未来友宝的商品都是免费的。"要想达到这一目的，就需要聚拢足够的用户围绕在友宝终端周围。

二、产业聚焦

由于互联网技术的不断发展、电子信息技术的日益成熟，移动信息技术在企业发展中的影响日益显著，移动信息技术的发展对企业的生存及发展提出了新的要求——企业要聚焦。这里的聚焦是指企业从自己擅长的产业开始，借助互联网思维去颠覆原有的商业规则。如雕爷牛腩，对比传统餐饮业的投入高、回报低、风险大等特点，雕爷牛腩的创始人通过互联网思维重新定义餐厅的运营模式——菜品种类少且精致，追求极致的用户体验等，后又通过互联网引爆，微博引流兼客服，用微信做客户关系管理，从而形成粉丝文化。

在21世纪这个竞争的年代，聚焦变成一种动力，它可以缓解竞争程度并树立公司的行业领导地位，聚焦不是奢侈品，它是未来商业组织的必要元素，也就是说，想要赚钱就必须聚焦。企业在发展的过程中，迟早会遇到这样的问题——是跟随市场推出新产品，还是坚持原来的聚焦，抑或是开发新品牌来适应市场的变化？跟随市场推出新产品是失败策略，因为它最终导致企业失去聚焦，但多数企业会采取这种策略，理由是他们认为跟随市场变化比保持聚焦更重要；坚持原来的聚焦有可能成功，因为它保持了公司原有的聚焦；开发新品牌来适应市场的变化也可能成功，因为企业建立了一种多梯级聚焦。从世界各大公司的繁盛衰败看来，企业理应坚持单一聚焦战略，但为了保持单一聚焦，企业应该考虑在产品系列上增加新的梯级，而不是在一个梯级上增加新的产品。

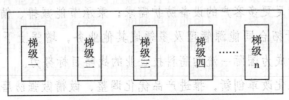

图 3-2　企业多梯级聚焦

划分聚焦梯级的方法很多，最关键的是要保持一致性，尽量避免梯级之间的相互重叠，为了避免这一困境，大多数企业的做法是让全部梯级聚焦于一种产品的属性。如价格，这是最常见的梯级，最佳诠释就是汽车行业，有高档车、中档车和低档车之分，且价格的跨度也较大，也不会出现重叠。

专栏 2

恒大高新的产业聚焦战略

图片来源：www.heng-da.com

江西恒大高新技术股份有限公司（以下简称恒大高新）创立于 1993 年，现有五家控股子公司，是国内综合性工业设备防磨抗蚀新材料研发、生产、销售及技术工程服务的龙头企业。防磨抗蚀技术工程服务涉足于电力、钢铁、水泥、石油、化工、造纸等领域，营销网络已由国内延伸到东南亚等海外市场。2011 年 6 月 21 日，公司在深交所中小板成功上市，股票简称：恒大高新，证券代码：002591。近年来，公司进一步延伸相关产业，开始涉足余热、余压资源利用和节能环保领域。

面对严峻的经营形势，恒大高新确立了在挖掘防磨抗蚀主营业务的同时，稳步拓展新能源产业的经营目标。这也体现了恒大高新的产业聚焦战略。为充分发挥防磨抗蚀行业龙头企业优势，把握国家产业政策大力支持循

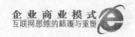
环经济、节能减排和再制造业发展的有利时机，为客户提供集从差异化设计到专有材料提供和技术工程服务的整体设备防护解决方案；继续坚持自主创新，力求保持在行业内的技术领先优势，通过产品和服务向多领域的应用拓展延伸，以满足更多客户的设备防护需求；秉承节能减排、循环经济的发展理念，积极开拓合同能源管理及多领域其他业务，增强上下游资源整合力度，向致力于成为国际一流的高科技企业的战略目标努力。

第一，深化改革创新，推进产品优化调整，做精做强防磨抗蚀产业。优化产品结构，做好产品细分和区域差异化策略。创新营销管理模式，发展以个人终端销售为主，以大客户团队销售为辅，以渠道代理与战略联盟为补的多种营销方式。强化新品推广部门，积极探索建立片区职业化经理人管理等模式。积极推进海外市场战略。积极推进以产品和技术领先的创新战略，在稳定现有技术产品的基础上，通过自主创新、引进消化、产品代理以及与国内外科研机构合作等方式，推动产品的升级，推动噪声治理、自动化喷涂、新型 KM 涂料、CMT 冷焊等技术升级。积极推进以产品和工程完美交付的品牌战略，实行以项目管理为主线的工程改革，减少工程管理环节，力争工程项目完美交付，提升工程质量和服务水平，创优质品牌工程。

第二，稳步推进新能源产业的发展，提高产业核心竞争力。新能源公司确定项目投资策略与目标，在有效控制风险的前提下，选择一些优质余热发电项目进行投资，促使产业规模化发展。适应市场需求变化，根据新能源产业技术进步新趋势，加快引进吸收新技术、新装备提升公司合同能源管理的水平，发挥公司新能源产业在行业的比较优势，稳步推进新能源产业的发展。充分发挥新能源公司平台作用，完善配套政策，整合公司资源，实施新能源产业扩张，并购重组一些优质产业、企业资源。

第三，培育发展新兴产业，增强公司发展活力。推动黑龙江恒大三个项目即智能节电柜、燃料油、纳滤膜净水装置项目的实施，快速形成利润增长点。培育一些现金流好、规模容易做大、易复制、好管理的非主营业务相关的其他产业，实现多元化发展。加强政策与资源的支持，对公司确定重点进入的产业，公司将集中资源大力扶持，促使新产业快速成为公司利润增长点，增强公司发展活力，提高全员生产效率，做大经济效益。

三、专注思维

互联网思维不只适用于互联网企业。很多企业认为互联网思维只和互联网企业相关，只要自己的企业与互联网无关，企业的发展也就无须考虑互联网思维，很明显，这种观点是错误的，互联网思维适用于所有企业，包括一些传统行业的企业，无论是海尔还是海底捞，都可以用互联网思维去改造自己的企业。但很多企业看似属于互联网企业，但思维还处在农耕时代或者工业时代，没有互联网思维。

在这个信息技术蓬勃发展的时代，越来越多新兴企业凭借某种优势而迅速成为该行业中的翘楚，这并不是由它们的运气所致，而是因为这些企业懂得如何运用互联网思维。互联网思维的本质在于用户，怎样利用用户价值来创造企业价值是每个互联网企业所必须思考的问题，同时好的产品也是互联网思维的关键，没有好的产品，再好的噱头也没有用。

传统企业今天面临的最大问题是与用户的距离过远，接触用户的通路不够实时化，交互体验做得不够，没有真正地思考如何运营用户和构建粉丝经济。因此，建立以用户为中心的基于社群的创新和营销才是值得关注的，企业可以通过互联网上的很多方式来思考用户，例如发起社区让消费者参与产品研发的讨论，或者是开设电商平台来看消费者如何选择产品。但是，这一切的根本是用户，这也是互联网带来的最大价值。

好的产品仍然是互联网思维的关键。很多传统企业认为，互联网时代，只要有好创意，再平庸的产品都可以流行，只要有眼球，用户不会去计较产品，这是一种片面的理解。一个产品可以利用互联网不断制造吸引眼球的东西，甚至可以365天都制造噱头。但是，没有好的产品作为支撑，再吹破天的牛皮营销都没用。试想一下，互联网上的产品经理为什么对于一个互联网产品是否能够流行起

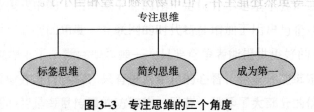

图3-3 专注思维的三个角度

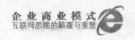

到关键作用呢？万丈高楼平地起，没有夯实的地基，只有空中的炒作，很难支撑持续的消费。专注互联网思维应该从以下几个方面进行。

第一，标签思维。如果问一个人，腾讯在你眼中代表什么？答案很可能是：社交方便。这就是腾讯的标签，在这个互联网时代，用户面临的选择如此之多，一个企业若没有标签产品，无论它是占据了大部分用户的痛点，还是走小众路线，也就失去了竞争力。专注思维所强调的专注，是要化繁为简，给企业明确的定位，让企业专注于一个标签，一个没有标签的企业等同于没有定位，同时一个有多个标签的企业也等同于没有定位。所以，在互联网时代，企业所有的改进都要从标签开始，不管企业的最终定位是什么，都要将标签思维进行到底，如果QQ在最早的时期内没有坚持熟人社交，也许占领通信市场的就不是这只企鹅。并不是只要做好了核心标签的业务，其他的业务也就可以随之扩展，所有的扩展业务都必须建立在原有的核心业务上，因为产品标签既定，接下来给用户的印象就是标签业务上的优势，这不仅仅能帮助企业的标签业务获得肯定，而且能挖掘到更深的内容。

第二，简约思维。很多企业为了迎合不同的用户需求设计出很多烦琐功能的产品来吸引用户点击，最终导致用户忽略了产品的实质。在网络时代，互联网产品的设计总是针对不同的用户，这些产品的重点是要迎合不同用户的习惯，而产品又是为人民服务的，所以，它应该具备一定的使用功能，应该让用户用得舒适。其实少即是多，这是指单一功能能够在同类中做得更好的原则，对用户来说，太多的重点代表反而没有重点，只会让核心功能不突出，如百度和谷歌的产品设计就是简单的几个字和一个LOGO，外加一个搜索框，正是这样的设计，让用户直接看到了搜索框，从而能清晰地了解产品的本质。

第三，成为第一。在互联网上，由于产品种类实在太多，所以对用户来说，每一个标签能够记住其中一个产品已经不容易，如用户需要搜索，就会打开百度的界面，第二、第三的用户量显然不能与第一相提并论，也就是说，在互联网行业，第二、第三等虽然还能生存，但市场份额已经相当小了。

078

专栏3

新东方布局O2O生态圈，打通线上线下教育

一、公司介绍

新东方在线（www.koolearn.com）是国内最著名的私立综合教育机构、美国纽约证交所上市公司——新东方教育科技集团（NYSE：EDU）旗下专业的在线教育网站。

图片来源：www.koolearn.com

自2000年成立以来，新东方在线已发展成中国最强大的网络教育服务平台和最领先的网络教育品牌。目前，新东方在线的网络课程服务横跨留学考试、学历考试、职业教育、英语充电、多种语言、中学教育6大类，共计2000多门课程，为各类用户提供全面的在线教育服务，截至2013年6月，新东方在线网站个人注册用户已逾1000万，移动学习用户超过250万。

二、新东方明确"在线战略"，建立O2O教育生态圈

事实上，在互联网教育领域"起大早，却赶了晚集"的新东方有更大的野心。与腾讯的合作仅仅是新东方推进在线战略，建立O2O教育生态圈计划的步骤之一。2014年7月30日，新东方宣布与腾讯合资成立在线教育公司——北京微学明日网络科技有限公司（以下简称"微学明日"）。合资公司注册资本3000万元，新东方旗下全资子公司"北京新东方迅程网络科技有限公司"（以下简称"新东方迅程"）控股并参与实际运营。合作公司将利用新东方在内容和教育方面的资源，以及腾讯的技术积累和互联网资源。自此，新东方的"在线战略"终于浮出水面。

新东方在线的用户有近1000万，而腾讯的用户则是7个多亿，这意味着通过腾讯这个渠道新东方获得的一定是用户增量。另外新东方会选择一些更适合腾讯渠道的内容，用特别的形式来加以呈现出来。可以说，腾讯与新东方达成战略合作，无论在技术和资源上，还是在用户、品牌和流量上都具一定优势。新东方的线下教学资源与腾讯线上平台渠道的结合多少会优化在线教育的用户体验。

俞敏洪在接受腾讯财经专访时表示，未来新东方会和互联网公司合作，

也会寻找行业的创新颠覆者，将其吸引到新东方中来。但就目前来说，线上的营收占整个新东方营收的比例不超过5%。在俞敏洪看来，教育行业的互联网化不同于电子商务行业，其独特之处在于没法完全脱离线下，只做线上。"纯粹线上教育公司不太能够达到教育的核心目的"，教育核心目的是感染，交流，最后是互动。所有这些只有在面对面的时候，才能够达到最佳效果。那些从一开始做纯粹的在线教育的机构也会慢慢地走向线下，地面教育才是基础。

俞敏洪承认，未来在线上线下的结合也将会使教育如虎添翼。他从来不认为教育会纯粹走线下，除了个别现象；他也不认为教育纯粹能够在线上完成。未来教育模式将会多种多样，其中最厉害的一定是把线上线下打通教育模式。新东方受到免费线上教育的冲击，商业模式必须做出改变。同时，他也强调，未来真正大行其道的一定是线上线下相结合的模式。按照俞敏洪的设想，新东方接下来要做的是一个线上线下结合的教育生态圈，即在内部要实现线下课堂教学产品和线上服务的相结合；在外部则会发起一系列关于在线教育产品和服务的合作，乃至纯财务性质投资多家在线教育公司。

目前，新东方内部正在构建的"O2O双向互动教育系统"，即是线上线下相融合，通过技术手段将新东方传统的线下课堂教学产品延伸到线上服务。线上教育会集中丰富资源，提高教学效率，降低学习成本，提高学习便捷性；线下教育将会提升人与人之间学习更加深刻的互动性，并且人品人格教育、智慧教育等要靠线下教育，把线上教育和线下教育结合起来，变成全世界教育体系不可分割的一部分。

作为全球最大教育培训机构，新东方吸引颠覆者的理由是其丰富的教育资源。"任何在线教育，不管它用什么样的工具，都需要内容、资源做支撑，新东方在这些方面肯定是独树一帜。"俞敏洪说。新东方在改造基因路上，发现最困难的不是在线教育，而是如何把多方资源结合，比如在线教育、地面教育，以及内容平台。

俞敏洪认为：我希望新东方未来十年能成为一个为中国老百姓甚至教育机构提供比较完善的产品、内容、系统、平台的教育服务商。在我们现有的为学生提供服务的同时，更多的是通过我们的研发向社会提供产品、系统、平台，让别的培训机构，甚至公立教育机构来使用，为他们提供服务。

四、连接用户

过去，无论是哪种方式的传播，都带有一种片面的单向性。随着互联网的出现，人们在互联网上可以自由地发表个人关于某种产品的评论，对媒体等发布的产品消息可以在第一时间发表自己的看法，并可以通过朋友圈的互动如微博、微信将该评论无限传播出去，且这种传播的效应是巨大的，这就是为什么互联网时代的商业模式将"用户至上"作为其关键特征之一。

在传统的经济里面，一般的企业是没有"用户"这个概念的，他们的概念是"客户"：谁买了我们的东西，谁向我们付钱，谁就是我们的客户。但在互联网时代，所有成功的商业模式都不仅仅是在考虑"客户"，更多的是在考虑"用户"。"用户"就是使用你的产品或者服务的人，但他们未必向你付费，也未必是购买你的产品的人，他们可能是在用一些甚至你会认为不重要的、免费的服务，或是一些边缘的产品。如微信颠覆了移动运营商，时至今日，微信始终是横在移动运营商和用户之间的一条横沟，它产生了免费短信、免费发照片这样免费的体验，这才是对移动运营商沉重的打击。从收入来看，移动运营商可能只是降低了5%或者10%的收入，但从互联网思想来看，它丧失了很多用户——虽然未必是很多客户，但是哪怕这些用户是免费的，他们也将会变成另外一种商业模式的价值。

一般来说，企业可以从以下几个角度来进行用户定位；首先是客户的角度，这一角度又分为两个层次，第一个层次是公司提供的产品或者服务要建立在客户实际需求的基础上；第二个层次是公司的产品或服务能够向客户提供额外的价值。其次是竞争者的角度，即公司提供的服务或者产品能有效地区别于竞争者，为客户创造出独特的价值。最后是心智的角度，即公司提供的产品或服务已经进入用户的心智，形成品牌。如图3-4所示。

互联网商业模式中的"用户至上"的用户定位并不是基于客户或竞争者的角度，而是基于用户心智的角度。互联网的时代特征增加了用户与企业之间的联系和沟通，同时也埋下了一颗巨型炸弹——只要竞争者能提供更好的产品或服务，用户可以马上反应并进行转移，只有进入用户的心智，企业才能绑定用户，从而创造价值。人的心智是海量传播的防御物，屏蔽、排斥了大部分的信息，并且只

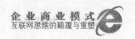
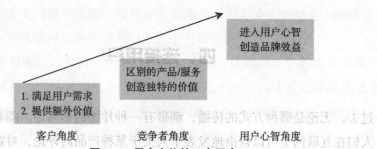

图3-4　用户定位的三个层次

接受与其以前的知识与经验相匹配或吻合的信息，心智一旦形成，几乎不可能改变。企业所提供产品或服务一旦进入人的心智，将给企业带来巨大的经济效益，因为今后购买相同性质的产品或服务的时候，人们第一想到的永远是进入人心智的产品或服务。

　　企业可以从产品价值链的角度出发，通过互联网上的多种方式来连接用户。移动信息技术使企业更加便捷地了解到顾客的内心需求，企业可以通过网站、应用软件、手机客户端等不同的方式连接用户，获得用户在流程的各个环节上关于产品、服务的意见或建议。企业再将从用户身上获得的信息，恰当地运用到用户身上，如企业在官方网站上设置卖家评论或意见反馈环节，通过这些信息衍生出的洞察力，可以帮助企业创造新型的组合资源，全面提高顾客的满意度，使顾客愿意付出较高的成本给企业以补偿。

　　此外，互联网技术使用户能够参与到企业的生产经营决策活动当中，这种新的生产方式极大程度地满足了用户个性化需求，进而提升用户感知价值。用户能够随时随地地通过手机、平板电脑等移动设备更加方便地参与到产品生产及服务提供的全部过程中来。用户还会获得更多关于新产品的知识，有利于用户接纳新产品。用户参与创造还会增加好奇心与操控感，也会增强对品牌的认同感最后凝聚成用户与企业和产品之间深厚的情愫。

　　最后，有很多传统企业一想到互联网营销，首先想到的是如何发个微博、做个微信、开个电商平台，很多时候却不去研究，到底自己的消费者在哪些互联网空间中出没，在这些平台上的行为是什么？互联网时代的信息传播速度加快，信息越来越透明，"闭门造车"的风险更大，在传统媒体时代，消费者获得信息的成本较高，今天，每个消费者在自己的朋友圈就能了解很多信息，因此，依靠拍拍脑袋就做经营决策最终得到的谬误比任何时候都要大。企业可以通过互联网上的很多方式来思考用户，例如发起社区让消费者参与产品研发的讨论，或者是开设电商平台来看消费者如何选择产品，但是，这一切的根本是用户，这也是互联网带来的最大的价值。微信的成功点在于用户思维层面的共振已经在使用过程中获得思维领域的愉快感。

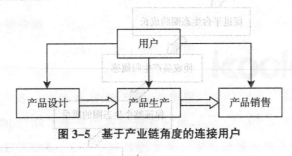

图 3-5　基于产业链角度的连接用户

五、平台战略

互联网为平台的概念提供了前所未有的契机，让其以令人难以置信的速度和规模席卷全球，平台模式深入群众的生活，出现在各种产业中，包括社交网络、电子商务、快递行业、信用卡、第三方支付、在线游戏、房地产开发等，目前在全球最大的 100 家企业中，有一半以上的企业的主要收入源自平台商业模式。

新浪网执行副总裁陈彤曾说，未来商业模式的竞争，主要是平台的竞争。平台商业模式是指连接两个（或更多）特定群体，为他们提供互动机制，来满足所有群体的需求，并巧妙地从中赢利的商业模式。然而一个成功的平台企业并非仅提供简单的渠道或中介服务，平台战略的精髓在于打造一个完善的、成长潜能强大的"商业圈"。

平台商业圈构建的首要步骤是定义双边（或多边）使用群体。性质不同，平台企业连接的群体也会不同，如淘宝网的买家与卖家，前程无忧网的招聘方与求职者等，也有平台企业涉足三方不同的群体如淘宝原本只连接买方与卖方两个群体，后来又吸收软件开发商为第三方，除此之外，还有更为复杂的平台，其搭建的生态圈包含了四五个群体，甚至更多。由平台模式搭建而起的生态圈，不再是单向流动的价值链，也不再是仅有一方供应成本，另一方获取收入的简单运营模式，而是更为复杂的运营模式，平台中的每一方都可能同时代表着收入与成本，

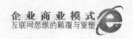
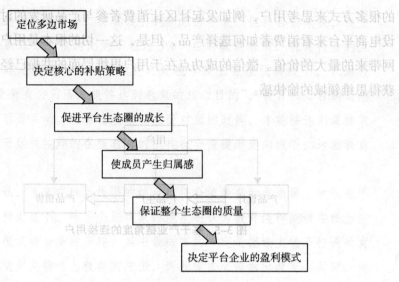

图 3-6　平台生态圈构建图

都可能在等待另一方先来报到，因此平台企业需要同时制定能够纳入多边群体的策略，讨好每一方的使用者，这样才能真正有效地壮大其市场规模。

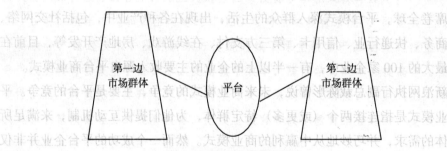

图 3-7　双边模式基本构架

为了吸引市场群体进入到这个生态圈，平台企业为一边市场群体提供费用上的补贴，来激起该群体进驻生态圈的兴趣，此群体被称为"被补贴方"；反之，平台另一边的群体若能带来持续的收入以支撑平台的运营，这类群体被称为"付费方"，如淘宝网与 eBay 等电子商务平台的卖家就是付费方，买家则是被补贴方，无须付钱便能登录电子商务平台的庞大数据库。简单来说，补贴就是平台企业对于一方群体提供免费（或者普遍低于市场价格）的服务，来吸引该群体的成员入驻企业的生态圈。但在企业的初创期，如何定义哪一方为"付费方"，哪一方为"被补贴方"呢？经过前学者的总结，有以下原则可供参考。

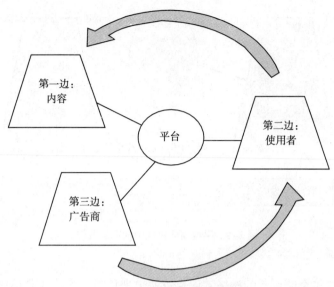

图3-8　三边模式的基本构架

表3-1　补贴模式的五项原则

价格弹性反应	高	低
成长时的边际成本	低	高
同边网络效应	正向	负向
多地栖息的可能性	高	低
现金流汇集的方便度	困难	容易

　　群体搭建成功以及核心的补贴策略制定后，如何让平台这个商业圈成长起来是一门艰辛的任务，这其中的成败关键便是如何运用网络效应，平台模式中的网络效应包括两大类：同边网络效应和跨边网络效应。同边网络效应是指当某一边市场群体的用户规模增长时，将会影响同一边群体内的其他使用者所得到的效应，如开心网，开心网在初创时，仅拥有将近300名种子用户，经过约一年的时间，它通过照片上传、日记发表、留言板互动等功能所产生的涟漪式分享，使得更多的人参与其中；而跨边网络效应是指一边用户的规模增长将影响到另外一边群体使用该平台所得到的效应，如开心网壮大以后，开心网正式开放其平台，允许第三方应用程序的开发商入驻，为此平台的会员用户提供各种功能的使用软件。建立足以激发同边网络效应与跨边网络效应的功能机制，将对平台企业的成败产生决定性影响。

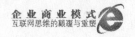

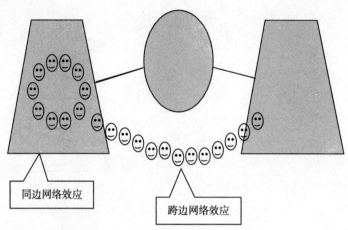

同边网络效应

跨边网络效应

图3-9 平台商业模式中的网络效应

　　促使平台生态圈成长的网络效应也可能呈现负向，这意味着某些成员的加入会降低其他使用者的效用和意愿，因此，平台企业必须抑制类似情况的出现，避免对平台的声誉、形象造成负面影响。最基本的方式，就是用户身份的鉴定，身份鉴定的目的有多重：提升用户本身的声誉的同时也诱导他们更深地陷入到平台生态圈，如新浪微博需要绑定手机号码才能正常使用各项功能，避免有人发表不负责任的言论。第二种方式是让用户成为彼此的监督者，让用户成为彼此的监督者往往比其他方式都有效，因为集合大众意见的结构最具有公信力，如Facebook将现实社交状况直接转往线上社群的平台，借助用户间彼此的了解来监控所刊登的信息是否属实。

　　企业的平台生态圈成长起来后，为避免成员的流失，平台企业理应凝聚各方成员的互动，来使他们产生归属感。一方面，一旦平台企业成功唤起用户的归属感，用户黏性在无形中会大幅提升，而且效果往往比强制性的捆绑有效；另一方面，这些拥有强大归属感的用户，很有可能成为所谓的"意见领袖"，自发地表达自己对该平台的钟爱之情，为生态圈带来更多的新用户，如起点中文网通过设置催更机制，让享受故事到欲罢不能的读者得以对作者传达自己的心愿。

　　到目前为止，企业在构建新兴平台生态圈时必须注意的要点基本罗列清楚，但有一点引起了我们的困惑：平台企业如何盈利？平台商业模式有趣的地方在于，不仅它的商业模式千变万化，连盈利的方式也逐步走向多元化，虽然平台企业的盈利模式随着企业的千变万化而呈现多元化趋势，但是，平台商业模式也存在共通的盈利法则。有效的平台商业模式的盈利方式通常具有以下两大原则：一是平台商业模式的根基来自于多边群体的互补需求所激发出来的网络效应，因此若要有效盈利，需找到双方需求引力之间的"关键环节"，设置获利关卡；二是由于平台商业模式的非直线性和单向价值链中的一环，它主要通过挖掘多方数据来拟定多层级的价值主张，进而推动盈利，所以平台商业模式盈利的关键在于"数据开采"，也就是有效挖掘用户的行为数据。

在互联网和移动技术高速发展的背景下，不少公司借由平台概念取得巨大的成功。如借助微信打通了互联网与通信行业的腾讯公司，从而迅速抵消了来自新浪微博的庞大压力，腾讯借助微信打了一个漂亮的"翻身仗"。平台商业模式的精髓，在于打造一个完善的、成长潜能强大的"生态圈"，综观全球许多重新定义产业架构的企业，我们往往就会发现它们成功的关键就是建立起良好的"平台生态圈"，平台生态圈拥有独树一帜的精密规范和机制系统，能有效激励多方群体之间互动，达成平台企业的愿景。

专栏 4

盛大网络：用互联网思维打造文学平台

图片来源：www.snda.com

上海盛大网络发展有限公司（以下简称"盛大网络"），于1999年12月在上海创立，是中国著名的网络游戏运营商，因代理韩国游戏"热血传奇"而发展迅速，被誉为互联网界的神话。2004年5月13日，盛大在纽约纳斯达克上市，良好的赢利表现与业绩成长使得该公司股价一直维持在较高价位，也使公司创办人陈天桥在2004年一跃成为中国新首富。目前盛大分拆成盛大网络集团、盛大游戏有限公司、酷6传媒有限公司和盛大文学有限公司四个部分。

近年来，盛大为打造自己的整合型娱乐平台投资了大量热点网站，直接造成的局面是，除了文学平台外，几乎没有一个成功的案例：浩方游戏平台

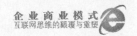

从收购日起便持续走下坡路，提供的游戏量与服务远跟不上游戏本身的发展速度；酷6网从视频行业的前三甲、第一家上市的视频网站，逐渐变得人气低迷，资金枯竭；游戏平台虽有统一的支付平台支持，却缺乏优秀的代理游戏和创新的游戏内容，逐渐流失了曾经稳定的用户群等。

唯一出彩的是其网络文学平台链，盛大文学网在这方面做了一个相当成功的典范。盛大文学通过长期的摸索在战略上已然形成了文学平台、电子书平台、出版平台，支撑起了网络原创文学的整个产业从而形成了一个平台链，在很大程度上覆盖了受众面。

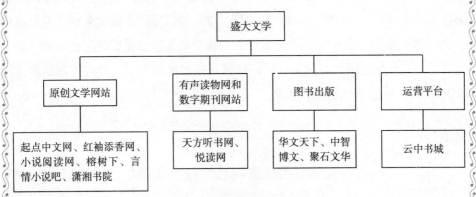

图3-10 盛大的线上业务

2004年，盛大收购起点中文网；2008年，盛大收购了红袖添香和晋江原创网，此时，其在原创文学网站的市场上基本占有了极大的份额。起点中文网的主要受众群体是玄幻类小说与青春校园、热血小说的读者。而红袖添香与晋江原创网中情感类小说居多，其中晋江原创网的作品多以新时代女性自尊自强的前提为主线，将其强势融入到作品的故事、历史、文化中，吸引了大量青年女性白领；"红袖添香"则多偏重女性占弱势地位的爱情故事，主要读者群为女性学生。2009年和2010年，盛大文学又陆续收购了榕树下、小说阅读网等网站，为其发展和壮大增色不少。榕树下主要以散文和文学水平较高的作品为主，致力于文学社团的发展；小说阅读网"无广告阅读"的特色为受众带来了耳目一新的独家体验。盛大旗下数家网站受众群体和管理人员各不相同，但却采用相同的收费机制和激励模式，方便了网站自身的管理。其统一的管理方式极大地提高了高层管理者的效率，降低了不同网站之间由于程序源、管理模式差异等的分散而造成的高成本运营、维护。

另外，终端平台的推出也促进了盛大文学平台链的发展。作为硬件平台实力薄弱的盛大集团，也不甘在电子书平台市场落后，推出了自有的硬件平台——Bambook。Bambook 是盛大推出的全球首款支持太阳能充电的电子阅读器，只要有阳光就可以不断电，另外 Bambook 还拥有听书、找书、自有书等多项功能。2011 年 2 月，云中书城从 Bambook 官网中独立出来，成为盛大文学运营主体平台；2011 年 4 月，云中书城 web2.0 正式推出，将传统的店中店概念引入到数字出版行业，即出版商可通过"店中店"形式在云中书城开店。Bambook 与盛大文学云中书城实现无缝对接，为读者带来更多的文学作品和更便利的阅读体验。

而就原创文学纸质出版而言，盛大文学也已然涉足。2009 年 6 月，盛大文学创立天津聚石文华图书销售有限公司，进入线下出版和发行领域。当月，盛大文学收购华文天下；2010 年 3 月，收购了中智博文，此后又投资了聚石文华，由此，盛大文学成为国内最大的民营出版公司。盛大文学旗下 3 家民营出版商，可以很好地为自家的作品定位出版。

盛大文学与平台之间的合作，不但提升了网站不同文学作品的完整度，更使得网站占有更大的市场份额。专业原创文学网站与普通网站不同，一般都有自己的固定受众群，文学作品的内容相对单一，但相同形式、情节的文章可选择性则比较多。因此，吸引的受众审美也基本相同。与其他不同原创文学网站整合，可以使受众间交叉传播不同类型的作品，使受众在不同网站之间流动却不丢失自身的市场占有率。

六、未来引领者

在互联网时代，电子商务的出现为企业的商业竞争带来了新的手段、渠道、途径，使得一些原本在行业内默默无闻的企业迅速成为该行业的龙头老大。例如小米手机，两年前，大多数人对小米手机闻所未闻，该企业则是通过网络营销中的口碑营销如建立小米微博粉等使得小米手机成为目前绝大部分人购买中端手机

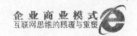
的首选品牌。此外，互联网的时代特征也给企业的发展带来了一定的挑战，即企业如何在这个信息传播迅速、与用户紧密相连以及用数据来驱动运营的时代保持领先的地位？

从用户的角度看，首先需要快速聚集用户，互联网是一个"烧钱"的行业，而企业盈利又需要达到一个基本的网民规模临界点，如果不能尽快跨过这个临界点，就会面临资金短缺和同行业的赶超而倒闭的危险。抢占所有的曝光点，是最快速地聚集网民的有效途径。

其次要迅速扩散用户。用户对于首先看到的内容和应用印象最深，点击和希望尝试的意愿最高，而再次看到相同或类似的内容和应用，点击和尝试的意愿就会下降，所以，在竞争的环境中，一项互联网产品不能让用户首先关注或者体验，就可能永远失去发展的机会，而互联网行业中资讯和应用的大量雷同又加剧了这一趋势。

在此基础上，不断优化来获得用户的认可。例如搜索引擎，搜索词条目录的广泛程度是靠网民的键入来积累的，而搜索结果显示的排序是按照网民点击率来优化的。也就是说，网民的行为与搜索引擎的广泛度和搜索质量直接相关。所以，能够让用户首先体验的搜索引擎，其搜索的广泛性和质量会更好，而这个差异又导致更多的用户向初期占据优势的搜索引擎聚集。由此可见，如果用户对产品有所期待，而产品能够不断优化，迅速获得用户的关注并培养持久用户就是可行的。

专栏 5

华祥苑创新 OPO 商业模式，引领茶产业转型

一、公司介绍

图片来源：www.hxytea.com

华祥苑创立于 2001 年，是集种植、生产、加工、销售为一体的综合性企业。公司拥有安溪铁观音种植基地近 5000 亩，信阳毛尖种植基地 3700 亩，近 30000 平方米国内最现代化的加工基地，全面通过 ISO 9001 国际质量管理体系和国家食品质量安全 QS 认证，融肖氏

百年传统技艺和现代技术于一身，成为茶产业的领军企业。华祥苑茶业股份有限公司旗下拥有福建川和茶业有限公司、福建珍好吃食品有限公司、北京华祥苑茶业有限公司、安溪华祥苑有机茶园有限公司、福州华祥苑茶业有限公司等全资子公司，目前全国直营与连锁门店数百家，在厦门、福州、泉州、漳州等地均拥有高端品茗文化会所。

二、创新 OPO 商业模式，打造茶产业生态圈

2014 年 7 月 26 日，闽茶巨擘华祥苑启动"茶产业转型·华祥苑商业模式创新发布会"，通过首创"OPO 新模式"以茶为媒，营造真正商务经济生态圈，引领茶行业进入移动互联网时代。华祥苑推出的 OPO 模式，即是以 Origin（大源头基地群）、Platform（大会员服务平台）和 O2M（全渠道组合运营体系）为核心要素而构成的茶产业生态圈模式，如图 3-11 所示。对此，厦门华祥苑茶业股份有限公司董事长肖文华——作了介绍。

图 3-11　华祥苑茶产业生态圈模式

第一，大源头基地群（Origin）。众所周知，大家喝茶最关心的两个问题：安全和品质，都由源头决定。源头不只是基地、种植，更是一个让客户看得见的安全信赖。华祥苑在早已开发的茶园生态之旅上，增加移动终端应用，让消费者用手机、平板电脑等就能亲眼见到采摘、制茶等环节，有趣、真实。

第二，大会员服务平台（Platform）。线下结合移动互联网为客户创造极致服务体验。肖文华表示："华祥苑构建的大会员服务平台，就是以我们的线下实体店为服务据点，同时借助手机和移动互联手段，帮助我们的客户和那些锐意进取、希望事业再上阶梯的商业精英，通过以茶作为媒介的社交互

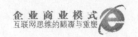

动聚合起来，形成一个个精英商脉圈。"

为了给客户创造极致的商脉交互服务体验，华祥苑推出了第三代门店，一楼是一个细分的正韵中国茶文化体验场，二楼是会员客户尊享的精英商脉社交互动的私享空间，以茶为媒，商机共享，信息共享，让商务客户在此增值。华祥苑推出的线上互动平台——儒士精英荟 APP，不仅是精英商脉的在线社交分享平台，更是华祥苑产品和服务的移动终端订制平台，它形成一个庞大的精英数据库系统，成为一个分享与嫁接资源的有效平台，会员客户可以线上结交、约见，而全国 800 多家门店则充当线下聚会点。

第三，全渠道组合运营体系（O2M）即华祥苑新商业模式开创的"全终端组合运营体系"，即依托移动互联网和强大的大数据信息处理平台，给客户创造随时可触、无处不在的购买终端。在发布会上，肖文华先生表示："过去一直困扰我们的，也是传统的茶产业链面临的一个很大问题在于与客户的距离过远，客户没办法实时、便利地接触到我们的渠道通路，享受我们的产品和服务。这严重限制了我们的客源。华祥苑新商业模式开创'全终端组合运营体系'就是要解决客户如何随时随地、方便快捷地体验到我们的产品和服务的问题，所谓的'全终端组合运营'即依托移动互联网和强大的大数据信息处理平台，将'一区一据点的线下实体店+无处不在的移动终端+跨界联盟的虚拟渠道+遍地开花的社会化渠道'形成全渠道一体化融合的运营体系"。未来华祥苑将推出一个体系，实现与多个区域合作伙伴的利益共享。

从创新角度看，企业的经济发展在经历了要素驱动与投资驱动两个阶段后，进入互联网时代，商业的竞争形态和利润空间都发生了变化，商业模式越来越成为决定互联网企业绩效的关键因素。传统的依靠技术的优势获取利润也越来越难，要想持续地赢利和成为行业的领先者，必须依靠资源的有效整合和系统的精细安排，即商业模式创新。商业模式创新的实践最先是在美国，如今，越来越多的外国公司，如日本、法国、德国、英国、加拿大、瑞典等国，也已经在美国为他们的商业方法创新申请了专利。商业模式创新如此受欢迎的原因在于技术创新只能给企业带来 62 个月的优势，但是商务模式所带来的优势却能持续几年，带来潜在的竞争中的主导领先地位。

国内学者纪慧生从价值要素和企业的管理层次两方面结合来研究企业的商业模式创新，从而避免仅从价值链角度研究商业模式创新容易使企业忽略更多的创新内容，如战略联盟、虚拟研发、行业定位等问题。将商业模式创新类型分为基于战略层的商业模式创新、基于运营层的商业模式创新以及基于营销层的商业模式创新三类。无论企业是基于哪种层次来进行商业模式创新的，都是以战略为导向的。

表 3-2　三种层次商业模式创新的比较

基于战略层的商业模式创新	小	高	给企业产生的价值大且影响深远
基于运营层的商业模式创新	介于战略层和营销层中间	介于战略层和营销层中间	介于战略层和营销层中间
基于营销层的商业模式创新	频繁	低	运用得当，能够给企业带来杠杆效应，产生的经济价值可观

【章末案例】

中兴通讯：用互联网思维改造传统

图片来源：http://www.zte.com.cn

2013 年的最后一天，中兴通讯（000063）启动重大战略调整——用互联网思维改造传统，以期待新的突破。中兴通讯内部最高决策机构经营管理委员会当天下午宣布公司进行战略、组织和人事调整，新方案显示，该公司将成立终端事业部，独立运营，并将政企网提升为公司二级经营单位，与终端业务和运营商业务级别并列。

现在无论是传统的电信业还是新兴的互联网，都在发生翻天覆地的变化，运营商的网络基础设施开始在彼此间共享，欧美运营商不断聚合，曾经

如日中天的企业或不断瘦身，或被并购，或逐渐消失；另外一些企业由于创新迅速或模式独特而迅速崛起。新生力量对传统企业与商业模式快速颠覆，同时它们也可能很快被更新的、更有活力的模式与产品所替代。这种情况下，如果固守电信业或许还能赢得一席之地，但是，如果固守传统的电信思维，那么，未来可能会一败涂地。基于公司 2014 年集约化的经营战略，2014 年公司在政企网、终端市场会迎来重大机遇，因此强化终端产品、政企网纵向运作和贯通，给予更多的资源投入，确保能把握机遇。

这里只能是快鱼吃掉慢鱼，这里只能是高效率的消灭低效率的，这里只能是高壁垒的战胜低壁垒的。为此，我们必须适时、果断地进行战略变革、组织变革、文化变革。公司的管理层、机制和文化要变得更加年轻，公司需要重新唤起创业激情，把自己的未来抓在自己的手中。中兴通讯为了未来能取得更好的发展，主要是对以下几个方面运用互联网思维进行改造。

一、起用具备互联网思维的年轻人

随着组织架构重新梳理，中兴通讯三大业务板块中两大板块负责人出现变化。其中，中兴通讯执行副总裁兼中国区总裁曾学忠执掌终端事业部，原负责人、老将何士友目前继续担任公司执行董事；公司高级副总裁庞胜清接替徐明全面负责政企网业务；公司执行副总裁赵先明接替谢大雄担任公司CTO；公司执行副总裁田雨果则继续负责全球运营商业务。

据悉，中兴通讯这次战略调整的一个方向是干部年轻化，起用具有互联网思维的年轻人。这次被委以重任的曾学忠是一名"70后"，是从中兴通讯底层一步一步晋升上来的。中兴通讯内部人士也曾对记者表示，曾学忠是营销高手，享有"曾十亿"的美誉，也是公司内部销售业绩突出的"八大金刚"之一。"互联网思维"成了这位新掌门人的标签。在中兴通讯董事长侯为贵等中兴核心管理层的眼里，曾学忠此前负责中兴在中国区的市场营销，被评价为"业绩突出，具备互联网思维"。

推动中兴通讯终端业务的改变。此前的中兴通讯更多是工程师思维、运营商思维，在低谷的时候主要是缺乏对用户体验的把握和理解，而现在要做的就是用互联网思维改造中兴，中兴通讯终端业务要聚焦消费者，要有互联网细胞。

二、运用互联网思维调整观念

无论是作为首席体验官，还是拥有互联网思维，对于能否从 B2B 往 B2C 转型，最大的挑战还是观念的转变。中兴此前的传统工程师思维和运营商定制，对方要求中兴做什么，中兴就做什么，现在要改变成通过中兴通讯客户的体验、互联网思维，聚焦用户，甚至整个中兴终端的理念文化、组织和架构流程甚至员工的业绩考核方式都要转变，从而实现从 B2B 到 B2C 的转型。

三、以互联网思维来强化终端产品，实现互动分享即扁平化

而在日趋激烈的国内智能手机红海里，中兴仍要寻找自己的差异化定位。提到苹果，用户会联想到创新和良好的用户体验；提到三星，用户往往会联想到大屏和时尚；提到小米，往往会联想到高性价比和火爆的粉丝营销，但中兴呢？未来中兴的方向：一是持续打造中高端手机，比如 Grand Memo、Grand S、Nubia；二是不放弃 500 元以下手机，因为在低端手机领域消费者还有很大的需求；三是更加专注消费者领域，努力打造符合消费者需求的手机。

中兴在 CES 上发布的智慧语音手机 Grand S2 尽管还有很多地方需要完善，但已经接近了中兴未来的发展方向，他告诉记者，在上任中兴通讯掌门人之后，完全在他带领下打造的中兴手机即将面市。

四、创新产品来巩固企业的互联网思维

互联网思维的关键在于好的产品，中兴通讯也意识到这一点，通过多年的努力，该企业推出一款机顶盒型号为"魅宝"的机顶盒，该机顶盒基于开放的 Android 平台设计，采用先进的硬件架构和优化的 H.264 视频压缩算法，使图像传输更加清晰流畅。B760E 机顶盒是 IPTV+OTT 双模机顶盒，具备高清解码能力，优化了音视频播放效果，可为用户提供可视通讯、多屏互动、镜像播放、家庭媒体存储共享等功能。值得一提的是，基于中兴通讯独特的"网络视讯"统一平台，B760E 机顶盒还可以提供多种相互融合的视讯业务，例如远程实时监控和会议电视直播等，满足三重播放时代不断变化的用户综合需求。

中兴通讯未来推出一款轻量级、小巧美观、基于开放平台的全能型机顶盒，不但能够跟传统的定制机顶盒一样功能强大，同时还具有云存储和会议

电视等独特功能。一个特别的创新点，通过引入一个云管理个人智能助理程序，这款机顶盒还可以智能学习客户需求，自动和提前搜索用户所喜好的OTT 内容，就近缓存后推介给使用者。在目前机顶盒趋于同质化的竞争中，中兴通讯将在双模机顶盒智能化方向领先市场，提供差异化特色。

五、中兴通讯推出四大领域新方案

近日，中兴通讯重点推出四大领域新方案，秉承"大道至简"（Make It Easy）的理念，致力于为政企行业客户提供基于领先技术的高效 ICT 方案，传递价值，帮助客户开启更多的业务机会，助力客户商业成功。

（1）新一代公共安全解决方案：公共安全解决方案是中兴通讯面向政府公共安全部门推出的解决方案，致力于为各国政府的应急和执法部门提供集群通信、安全管理、应急指挥等多方面的信息和通信服务。新一代公共安全解决方案在原有方案基础上，扩展了 GoTa 4G、案件线索分析系统、统一执法平台和公共安全监控平台，利用大数据、云计算、物联网等先进技术使公共安全方案更加智能和高效。

（2）宽带多媒体集群解决方案：基于业界领先的 LTE 技术，数据速率高达100Mbps，接续时间小于 300ms，支持一呼百应和快速接入，能满足政府及公共安全、交通、能源等行业的各方面定制化需求。该系统不仅提供语音、短信、集群对讲等专业集群功能，还可承载多媒体指挥调度、无线高清视频传输、多媒体视频会议、车辆和人员定位、移动办公等诸多高带宽业务，群组容量不受限。在LTE 基础上进行了创新和优化，提供空中加密、虚拟专用网、双方向接入认证、端到端加密及其他安全措施，确保专业通信服务的安全和保密。还可提供基于LTE 集群的应急通信车，实现指挥中心前移，进一步提高应对突发事件的能力。

（3）移动教育方案：聚焦教育信息化的需求，融合教学内容、教学设计和信息化工具，基于"云、管、端"模式，集成教育云平台、互动课堂系统、微课制作、移动学习应用，打造"一站式"的学习体验，让任何人在任何时间内、任意终端上学习任何教学资源，打破时空对教育服务的限制，真正实现泛在学习。通过大数据的手段对教学和学习行为数据的分析，实现对资源的精准推送，为教育管理者提供决策支持，为学生成长和教师专业发展提供指导，实现教与学、教与教、学与学的全面互动。

（4）案件线索分析系统：通过视频监控系统辅助破案是公共安全部门进行案件侦破的重要手段。中兴通讯案件线索分析系统在传统视频管理系统基础上，扩展了针对海量视频的人脸检索和车牌检索功能，集成海量卡口数据汇聚及挖掘分析服务，是业界第一套实现对视频线索及卡口车辆线索进行交叉综合分析的实战系统。作为中兴通讯公共安全解决方案的重要组成部分，通过监控视频的智能分析为案件侦破提供可疑人员、车辆及物品的快速检索服务，大大提升案件相关数据的排查速度，降低视频分析和卡口排查工作量，减少疲劳造成的漏检，有效节省案件侦破人力。

随着大数据、云计算、移动互联网、SDN、3D 打印、宽带无线 LTE 等新兴技术的蓬勃发展，政企行业也将迎来崭新的甚至变革性的发展局面，客户的业务需求更具多样性、创新性，作为全球领先的 ICT 提供商和 ICT 创新的重要引擎，中兴通讯持续加强先进 ICT 技术与行业的深度融合，致力于不断推出创新的、满足行业发展要求的 ICT 解决方案。凭借对行业和客户需求的深度理解，依托中兴通讯全球 18 个研发中心和 107 个分支机构，努力构建安全、开放、共享的 IT 服务平台，为行业客户和生态链合作伙伴提供最佳体验的 ICT 服务。

第四章

资源整合

【开章案例】

华谊兄弟：用互联网思维缔造"大娱乐"帝国

一、公司介绍

华谊兄弟传媒集团是中国最知名的综合性娱乐公司之一，由王中军、王中磊兄弟创立于 1994 年，1998 年投资著名导演冯小刚的影片《没完没了》、姜文导演的影片《鬼子来了》正式进入电影行业，随后华谊兄弟全面投入传媒领域，投资及运营领域涉及电影、电视剧、艺人经纪、唱片、娱乐营销，在这些领域都取得了骄人成绩。例如，为全国人民耳熟能详的电

图片来源：www.huayimedia.com

影《大腕》、《手机》、《非诚勿扰》、《归来》和电视剧《蜗居》、《我的团长我的团》、《士兵突击》都是出自华谊，华谊兄弟传媒集团已经发展成为一个涵盖广告、影视、音乐、发行、艺术设计、建筑、汽车销售、文化经纪、投资等的大型集团企业。

二、从电影业务向互联网转型

华谊兄弟自上市之初就一直关注互联网领域发展。2011 年，华谊兄弟成立全资子公司华谊兄弟新媒体公司，专门负责华谊兄弟的新媒体业务运营。经过两年多的发展，华谊兄弟与中国电信合作，共同打造国内最大的付费"微电影微剧"发行平台；与安乐影片、电讯盈科旗下 Now TV 在港成立合资公司，创建华语电影频道 Now 爆谷台；与国内的全部视频网站建立了内容版权销售的合作关系。2013 年，华谊兄弟收购国内首家实现手游产品月流水过亿的公司银汉科技，掀起了一轮影视公司收购游戏公司的潮流。目前，华谊兄弟与腾讯合作的 O2O 娱乐社交产品即将推出，董事长王中军也在各种正式场合频频提及互联网游戏和"粉丝经济"的概念，华谊兄弟从不缺少互联网基因。

2014 年 6 月 16 日，华谊兄弟公司之全资子公司华谊兄弟（天津）互动娱乐有限公司以 26636.15 万元投资控股深圳市华宇讯科技有限公司（管理和经营卖座网），即通过收购股权及增资的方式获取卖座网 51% 的股权。华谊兄弟副总裁胡明表示："收购卖座网是公司面向互联网进行转型的动作之一，未来我们会和卖座网的用户、电影观众一起在该平台上紧密互动，包括但不局限于众筹内容、预售观影、粉丝社交等。"目前，卖座网是国内领先的电影 O2O 平台，主要通过手机等移动设备与电影观众形成更直接、更多样化的活动，是移动互联网时代电影制作、发行、放映业务的有机组成部分。卖座网 CEO 陈应魁表示：与华谊兄弟的合作使卖座网拥有了中国品质最好、规模最大的上游资源，结合已有的合作影院，卖座网的产品拥有了巨大的想象空间，未来卖座网将在华谊的资源平台上，在衍生电商、粉丝社交、电影发行等方向展开探索。华谊此次收购"打通了娱乐与互联网的边界"，但华谊的收购的脚步可能不止于此。

2014 年 6 月华谊兄弟重新梳理运营模式，将旗下九个子业务整合为三大板块：以电影、电视剧、艺人经纪等业务为代表的传统业务板块；以电影公社、文化城、主题乐园等业务为代表的实景娱乐板块；以及以游戏、新媒体、粉丝经济为核心的互联网板块。这三个板块即是华谊兄弟未来业务布局的新"三驾马车"。

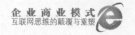

　　针对未来业务布局，华谊兄弟不断进行着资源整合。首先，单个公司业务单元内部，相互资源整合，例如在文化内容制作方面，华谊不仅仅局限在一家制作公司，而是一个发行、制作平台公司，"只要谁愿意拍戏，华谊都可以服务他们"。其次，企业内部各个业务之间资源相互整合，例如以电影为核心，电影和音乐、电影和文化旅游、电影和经纪，经纪和时尚等。最后，企业不断和外部跨界集合，例如文化旅游和房地产合作、电影和美国好莱坞合作等。可以说，华谊兄弟正是从内部与内部、内部与外部的强强联合、资源互换，才能不断拓展华谊兄弟这个大平台，在这个大平台，相互碰撞、融合，创造出更加动人强大的产品。

三、结论与启示

　　华谊兄弟在互联网上的业务布局，不仅让我们领悟到了华谊兄弟的互联网思维，也看出了华谊面向互联网跨界经营的资源整理能力。具体启示如下：

　　第一，传统企业也要有互联网思想。纵观华谊兄弟发展的历程，早期整体的策略偏向于"随机游走"，上市后的愿景日渐清晰：大娱乐、全产业链、新媒体、合理的业务组合……这是典型的传统企业适应社会，思变的案例。传统企业最典型的一个思维习惯是说，我通过去强化流程，去保证我的产品成品率高，这样使我不断重复，不断优化，最终达到长久、持续的生产稳定。现在的互联网环境下，更需要企业眼光向外看，围绕着用户，如何用更开阔的视野来实现自己的目标。

　　第二，企业需要跨界经营。华谊兄弟在业务上可以说是做到了产业链的无缝对接，从艺人经纪、电影、电视、音乐到营销、广告、活动等一环扣一环地将整个娱乐产业链全面覆盖。从运作特点看，华谊兄弟已经实现了从编剧、导演、制作到市场推广、院线发行等基本完整的生产体系。在华谊兄弟一部电影成本的回收，不只是票房这一块，例如《天下无贼》电影票房占这部电影不到30%的收入，其他的70%是电影后产品产生的；电影《非诚勿扰》还没开机就已经收回了一半的成本。

　　第三，互联网下要整合一切可以利用的资源。在文化娱乐竞争日益激烈的今天，谁拥有强大的资本及内容制作谁就能很好地立足，不论是时代华纳，还是索尼、环球，无一不是通过并购重组、引入投资、借助金融的方式形成的。从华谊兄弟的发展历史来看，华谊兄弟的成长史也是并购、资本和金融运作的经典历史。

综上，华谊兄弟从电影起家，但恰恰不仅仅只是一家电影公司，登录它的官网就可以看见其朝着多元化拓展业务，大胆运用其互联网的思维方式来缔造一个前所未有的"大娱乐"帝国。

互联网时代，企业要想决胜于千里之外，需要整合一切可以为我所用的资源，并牢牢控制消费者心智，进而获得可持续发展的市场竞争力。可以说，企业要优化互联网资源，搭建O2O平台，连接上游的供应商和下游的消费者，满足多方需求，最终实现共赢，这就是互联网时代企业新型的资源整合观。新时代的资源整合要注重用户、思维、平台和社会化运作四大板块。首先，互联网时代，企业最大的资源就是用户资源。拥有一定数量的忠实用户，粉丝也好，屌丝也罢，这些都是企业能否决胜互联网的不二法宝。其次，互联网非常强调资源整合的思维，即捕捉一切可以利用的机会，整合一切可以利用的资源，进而构建企业内在的核心竞争力。再次，构建开发平台，具备"平台思维"能帮助企业以更广视野、更高效率进行资源融合。最后，就是社会化运作。互联网让世界无界限，充分利用互联网的力量，让企业得以前所未有的速度来获取最大范围的社会化资源。

一、用户为王：得用户者得天下

企业资源是指企业在向社会提供产品或者服务过程中所拥有、控制或可利用的、能帮助实现企业经营目标的各种生产要素的集合。一般来说，企业资源又可分为内部和外部资源。企业内部资源具体包括：人力资源、财物力资源、信息资源、技术资源、管理资源、可控市场资源和内部环境资源。而企业外部资源则包括：行业资源、产业资源、市场资源和外部环境资源。互联网的出现，为现代企业的资源整合，重新赋予新内涵，提供了前所未有的奇迹。现代企业资源，应扩展为"凡是能转化为支持、帮助和优势的一切物质和非物质都是企业资源"。

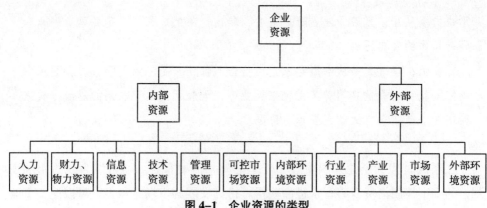

图 4-1　企业资源的类型

　　市场是由什么组成的？由用户（又叫消费者、购买者）和他们的购买力以及购买动机所决定的，所以用户对你的产品到底喜欢不喜欢、愿不愿意购买就至关重要了。互联网时代，企业最大的资源不是企业内部的有形或无形的资源，而是外在的看得见摸得着的用户资源。小米创业初期在研发 MIUI 操作系统时，从 1000 个资深用户中选出 100 个作为超级用户，参与 MIUI 的设计、研发、反馈。此可谓是小米用户体验的开端。从"为发烧而生"到"让用户尖叫"，小米推崇至上的用户体验和狂热的粉丝经济学，不但赢得了大批死忠，衍生而出的口碑营销更节省了一大笔广告费。

　　可以说，用户是企业最为宝贵的无形资产，得用户者得天下。当一个产品获得了足够多的用户时候，产品所拥有的话语权和在行业的地位就会随之提升。互联网企业，为什么能够参与乃至赢得跨界竞争？答案就是：用户！互联网打破信息不对称，使得信息更加透明化，用户获得更大的话语权。可以毫不夸张地说，互联网思维的核心就是用户思维，产品设计、极致用户体验和口碑传播等，都离不开用户的参与。

　　但用户参与并不是简单地建设社区和论坛，而需要整个企业的管理模式、研发模式、技术架构等都适应这种新的模式。在新的形势下，要求企业在更高层面上来实现"以客户为中心"，不是简单地听取客户需求、解决客户的问题，更重要的是让客户参与到商业链条的每一个环节，从需求收集、产品构思到产品设计、研发、测试、生产、营销和服务等，汇集用户的智慧，企业才能和用户共同赢得未来。

　　不少企业都掌握着行业的话语权，他们具有用户思维，能够站在用户的思维上去打造产品，自然获得很多的用户让很多外界资源也愿意为自己所用。也就是说，企业能获得较高的地位，资源优化也会变得相对容易。阿里巴巴、腾讯相继开设金融服务，采用的都是这个道理。

随着移动互联网不断变革，资源的整合也会逐渐增多。在竞争至上的行业里，不是上游控制下游，就是下游进军上游，竞争和合作随时存在，而不管是掌握了话语权的大企业，还是初创团队，以用户为基础，迅速抢占入口，才是王道。

专栏 1

华住酒店用互联网思维打造忠诚用户

图片来源：www.huazhu.com

一、公司介绍

华住酒店集团，是国内第一家多品牌的连锁酒店管理集团。自 2005 年创立以来，华住在短短数年间已经完成全国主要城市的战略布局，并重点在长三角、环渤海湾、珠三角和中西部发达城市形成了密布的酒店网络。2010 年 3 月 26 日，"华住酒店集团"的前身"汉庭酒店集团"（NASDAQ：HTHT）在纳斯达克成功上市。

现在，以"成为世界住宿业领先品牌集团"为愿景的华住，已经成为中国发展最快的酒店集团之一，位列全球酒店排名第 16 位，BrandZ 中国品牌 100 强。目前，华住在中国超过 200 个城市里已经拥有 1900 多家酒店和 30000 多名员工，旗下拥有 7 个广受欢迎的酒店品牌：包括商旅品牌——禧玥酒店、全季酒店、星程酒店、汉庭酒店、海友酒店、怡莱酒店，以及度假品牌——漫心度假酒店，在全国各地为宾客提供从高端到平价、从商务差旅到休闲度假的美好住宿体验。

二、华住酒店用互联网思维打造会员忠诚度

作为中国第一个多品牌酒店集团，华住在行业中一直以敢做"第一人"而受到同行的关注。早在 2013 年接受采访的时候，华住创始人，曾建立携

程、如家等上市公司、三度登上纳斯达克的创业教父季琦就表示，华住要做中国第一个具有互联网思维的酒店品牌。而对于如何运用互联网思维做好会员忠诚度计划，华住官方总结了四个关键因素：

第一，满足用户人性需求：互联网思维的核心是满足需求，不仅要满足用户的消费需求，还要满足用户作为"人"的心理需求。华住之所以用"用户"代替"顾客"，就是站在人性的高度上，将目光超越酒店行业本身，让服务范围渗透用户生活的方方面面，在产品之外，更从生活、娱乐、出行、资讯等多方面进行满足，让用户与品牌之间产生习惯和情感上的依赖。

第二，整合大数据进行精准分析：随着大数据时代的到来，用户的消费习惯和其他关键信息都已经能通过数据进行直观体现，对于任何品牌的管理者而言，看懂大数据、挖掘大数据背后的关键因素，已经成为一门必修课。与淘宝、京东等综合类电商不同，华住的大数据更加注重垂直行业，更加专注于对酒店业消费行为的整理分析。从专业性而言，这种分析的结果远比携程、去哪儿等综合型OTA平台更加精准。

第三，以跨界合作为手段：华住酒店集团一直积极与不同领域的企业和品牌展开深度跨界合作，试图通过衣食住行各种不同的维度为会员提供更"人性化"的服务。在积分挂号之前，与人气节目《中国好声音》合作推出主题酒店、好声音联名卡、二维码体恤等跨界产品也取得了很好的效果，其中的好声音联名卡得到了会员用户的广泛支持，售卡18万张。

第四，扩展泛粉丝概念：对于华住来说，"粉丝"不仅是指在酒店进行消费的人群，也包括了对华住的品牌精神和内涵高度认同的一般群众。此次世界杯中的积分营销玩法，正是泛粉丝营销策略的外在体现。在同行业的其他品牌陷入打折促销的怪圈中时，华住却脱离了传统酒店经营方对盈利的执着，大力投入泛粉丝群体的建立和维护，成为行内的口碑之王。

二、互联网资源整合思维

托马斯·弗里德曼已经带着推土机把世界碾平。在这样一个扁平世界里，企业要想拓展市场必须走整合资源之路。正如 IBM 公司 CEO 彭明盛在美国《外交》杂志上发表"全球整合企业"一文中所说"跨国企业"已经过时，现在已经步入"全球整合企业"时代。在整合经济的时代，不见得有了核心技术和核心产品，这个企业就有竞争力。真正的核心竞争力，是企业进行资源整合的能力。谁具有更强的资源整合的能力，谁就拥有无可争辩的竞争力。

　　互联网时代的来临，很多行业和产业都表现出更加强大的先破坏再建设的力量，很多行业已经被互联网所颠覆。网络的兴起，又打破了时间、空间和地点的界限，为企业全方位的资源整合提供了既是机会又是挑战的条件：在移动互联的时代，任何环节的信息交流均会被加速，互联网改变了信息传输的效能；互联网资源整合思维需要企业以前所未有的速度，以站在用户的角度来快速整合互联网上的一切资源，实现快速成长。

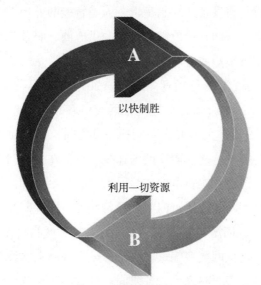

以快制胜

利用一切资源

图 4-2　互联网资源的整合

　　第一，快速：不是大鱼吃小鱼，而是快鱼吃慢鱼。互联网的魔力，在于把一切数据化、信息化，同时将信息、设备、人、企业等各种类型的事物连接在了一起，并且以之前完全无法想象和比拟的程度进行着高频的互动、复杂的计算和海量的信息交换。面对互联网、移动互联网时代，很多企业家都有一种向前追赶的焦虑。

　　互联网整合思维对企业最大的帮助就是能够让企业实现一个项目的时候更加

快速。如果企业想要独立承担一个项目，聚集需要的人员、设备可能都比整合资源困难得多。同时，外部资源是开放的，任何商业模式在信息透明的互联网时代将很快被复制，只有基于在同等商业模式上效率的竞争才会维持企业的发展。

第二，一切可能的资源：众生皆可为我所用。既然互联网打通了全球的信息传输，那么企业的外部资源是可以在更大的范围内进行筛选的，从 Nike 在全球整合生产资源到 ZARA 在全球整合设计资源，从 IBM 当年因为外包而击溃苹果的硬件部门，再到 Google 因为长尾而建立的广告帝国。我们能看到不仅任何硬件资源都可以全球采购，信息资源同样可以进行跨区域的组织，这就要求企业以立体的视野去寻找适合自己发展的资源。2014 年提到最多的"平台运作"、"云运营"，就是指整合所有资源为企业所用。

越来越多的家电、汽车等传统设备企业都提出了智能化、连入互联网和云端化。所谓云端化，就是将设备的控制逻辑、人工智能的处理都设在云端，通过大数据的方式进行处理，再结合价值链中不同的供应商、服务商，来服务用户。这样很多传统行业都将被重塑或者改造。

此外，可整合的资源还包括竞争对手。2014 年 4 月同程网、艺龙网结为"攻守同盟"半个月后，"行业龙头"携程网突然宣布斥资超 2 亿美元入股同程网，并正式宣布 1500 万美元入股途牛网；一日之间，携程网入股同行竞争对手的消息，令业内大为震动。之前同程网与途牛网分别在景区门票及在线休闲旅游市场中与携程竞争，通过此次资本合作，同程网、途牛网和携程网将聚焦各自优势，产生差异化：携程网专注景点门票的预付业务，同程网专注景点门票的现付业务；途牛网是在线跟团游市场第一，携程网则是在线自助游市场"大哥"；途牛网以出境游为主，携程网更多偏重国内游；途牛网是采购线路，携程网主要是自己设计线路等。通过资源整合和业务协同，各方的恶性竞争将会减少，利于行业良性发展。连同已经拥有驴评网、快捷酒店管家、中软好泰、松果网、途家、古镇网等品牌的携程网也在逐步打造一个以携程网为核心的在线旅游产业链，实现快速并持续发展。

专栏 2

唱吧整合线上线下资源，打造娱乐 O2O 闭环

一、公司介绍

唱吧是一款免费的社交 K 歌手机应用。这款应用内置混响和回声效果，可以将你的声音进行修饰美化。应用中除提供伴奏外，还提供了伴奏对应的歌词，K 歌时可以同步显示，

图片来源：www.changba.com

并且能够像 KTV 一样精确到每个字。此外，唱吧中还提供了有趣的智能打分系统，所得评分可以分享给好友进行 PK。可以说，唱吧是基于手机的 K 歌工具以及娱乐社区。相当于一个虚拟的 KTV，各种包房里有人唱有人听。遵循二八原则，20%的人唱得好，享受被追的感觉；80%的喜欢听，乐意捧。目前唱吧拥有 1.5 亿注册用户，日均活跃用户在 500 万左右。2014 年 2 月 18日，唱吧获得新浪科技 2013 风云榜——年度创业公司之社交娱乐应用奖。

二、打造娱乐 O2O 闭环

唱吧定位于移动端的 K 歌工具和娱乐社区，其产品形态主要是唱歌及打榜。用户可通过手机麦克风或者耳机等声音录制工具进行声音的实时录制以及播放，并通过唱吧将实时演唱向其他用户播放，相当于一个虚拟 KTV。2014 年 5 月 26 日，唱吧 CEO 透露，唱吧下一步进军线下 KTV，考虑并购或投资实体店。此举意味着唱吧正在打造其娱乐 O2O 闭环。此次唱吧尝试布局线下 KTV 其目的在于打造从线上点歌、支付到线下互动、消费和服务的O2O 闭环。

之前的 O2O，是往线下引流，挣广告费；然后，是线上支付线下消费，完成闭环，连支付扣点也要挣；现在，唱吧是要自己提供线下服务，服务费也挣了。这个"闭环"算是完整。

1. 线上到线下：开自己的 KTV

目前唱吧的思路是：唱吧要到线下去，开自己的 KTV。据说是通过投资并购，立一个唱吧旗下的新的 KTV 品牌。唱吧的打法是要"铺天盖地"地

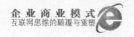

开 KTV。比如 5 年后要在中国有 2000 家唱吧 KTV，比如北京就要有 100 家。

唱吧 KTV 会跟传统的 KTV 有区别，基本开 mini 店，不开大店，每个店比如有 20 来个房间，要便宜，不要过于高大上。与传统连锁 KTV 经营路线不同，唱吧要走迷你 KTV 的路线，以保持每家店的高饱和度、高换房率，从而追求线下高利润率的增值回报。而之所以选择以收购方式创建自有 KTV 品牌，则可能源于和传统 KTV 在合作方案上出现了利润分成、资源适配等分歧。

唱吧开 KTV 是因为自己就有现成的用户。目前的线上也是 KTV 的体验，随时随地，但这些人同样也有到线下 KTV 去面对面地感受体温的、交友的需要。唱吧在线下要做的，正是通过掌握用户数据的优势，根据时间和优化组合向不同的 KTV 分流用户。之所以不是向现存的 KTV 比如钱柜这样的引流合作的方式，原因不详。但不外乎几点：第一，分成谈不拢。第二，唱吧独有的玩法，需要线上线下打通，现有的 KTV 无论是 IT 系统还是思路可能都跟不上。第三，用户人群不是同一个。

2. 线下到线上：与用户互动

在 KTV 里唱歌时也跟唱吧的客户端互动。你在北京的 KTV 里唱，我在大理拿着手机听，听完了打赏你一瓶虚拟的嘉士伯，这嘉士伯马上就被唱吧转成一瓶真的嘉士伯在北京的 KTV 里被送到你面前。同时嘉士伯这个品牌再付唱吧一笔广告费＋销售分成。这个玩法，对现存的 KTV，称得上"颠覆"二字。这或许会是未来唱吧寻求商业化的一种途径，可以肯定的是，唱吧会做出更加多元的尝试。

唱吧只需要把线上海量的上亿用户，通过宣传消费引导即可快速地完成线下引流后的爆发，真正打造 KTV O2O 新模式。不满足于线上经营的唱吧终于触及线下环节，其目的在于打造从线上点歌、支付到线下互动、消费和服务的 O2O 闭环。

三、资源整合的关键点

　　企业资源整合必须围绕某一目标而进行，把分散的资源和各不相同的方法，甚至是性能完全相反的方法，根据有序的原则进行调度、组合、配置，从而把许多看似零散、分割的资源予以排序、取舍，使资源发挥出最大的效能，产生最佳效果。在未经组合前，企业所具有的各种资源、方法往往是杂乱无章、零打碎敲的，无法形成资源的有效配置，不能产生资源合力。其结果是：或漫无边际地过多投入了资源，使资源利用不经济；或无法形成资源的有效排序，不能产生资源合力；更有甚者，不顾企业现有的资源能力，盲目投入，造成不应有的损失。如此种种，都需要通过企业资源整合，把分散的、不协调的东西，纳入到一个统一体中，这正是整合的作用。

　　互联网技术推动了一个全新的经济形态的产生，互联网成为整合资源的平台。互联网是开放的系统，不仅其本身具有独特的资源整合优势，而且还能成为封闭系统整合外部资源的平台。未来的竞争，不再是产品和渠道，而是资源整合，是最终的消费者。从柯达到索尼，从诺基亚到苹果，从金山毒霸到卡巴斯基再到360，从李宁关店到苏宁易购再到淘宝年销售一万亿元，这就是跨界整合的结果。一个你认为获利的产品或行业，跨界到另一个手里，可能就变成了免费的增值服务，这就是整合资源、交叉资源和移动互联网跨界的结果。

　　那么，资源整合有这么简单吗？资源整合的关键点又究竟在哪里呢？笔者大体认为主要有以下三点，即资源整合思维问题、资源整合能力问题、资源整合操作问题。

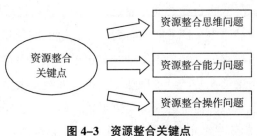

图4-3　资源整合关键点

1. 资源整合思维问题

资源整合是基于传统思维还是互联网思维，这也是一个需要注意的问题。传统思维下企业是有边界的，企业资源整合不外乎是将企业一切可利用的内外资源为我所用，不断发展壮大自身业务。而互联网思维下的企业则是无边界的，不仅解决的是如何利用资源，更重要的是整合线上与线下资源，解决矛盾，实现O2O模式。

O2O被公认为是移动互联网领域最具潜力的发展模式之一。很多人都明白O2O就是把线上线下联合起来，以获得更大的利益。但具体怎么融合？却没有一个定性的说法。无论是电商企业，还是传统实体公司，大家都看到了将两个O融合起来的巨大前景。O2O更是重构线下价值链的必然之路，蕴藏着无限的商机。但是线上与线下的融合并不是件简单的事，如果措施得当，两者能实现互动共赢；如果做得不好，很有可能会面临左右手互搏的困境。

传统行业的经营者认为，线下追求盈利，谈规模、代理等，利润为王，却受区域所限。而线上谈的全网的用户量、用户体验、用户价值，收益无界限。从根本上来讲，二者的思维模式完全不同，线上无界限运营更是严重冲击了线下代理商的利益。只有通过资源的有效整合才能真正消除资源壁垒，打通线上线下融合渠道。具体的操作模式，整个行业都仍在摸索中。互联网思维真正需要的，就是不断持续创新，促进O2O向前发展。

对于风生水起的电子商务浪潮，无论是中小型企业，还是国内外大型企业，都无法等闲视之。事实上，很多企业已经积极行动起来，试图在网购市场上分到一块蛋糕。国美推出了网上商城。而与国美一样越来越重视电子商务渠道的企业还有很多。平均每天纯利润达到2亿元的中国移动2008年就在大力推广自己的电子渠道，希望可以尽快将自己的业务通过网络甚至移动网络销售。

然而，目前企业涉水电子商务时面临着一个尴尬的问题是：网络拥有独特的营销魅力与庞大的市场潜力，如果不发展线上渠道，很有可能被竞争对手甩在身后；可是传统的线下渠道竞争已经很激烈了，再发展线上渠道的话又会冲击自己苦心经营的线下渠道体系，传统的线下渠道可是它们目前的安身立命之本！

线上渠道与线下渠道的冲突主要体现在两个方面：消费者的争夺和价格的冲击。

第一，消费者的争夺。线上渠道对线下渠道的竞争首先是消费者的争夺，这也是造成冲突的本源。由于网络传播的快速、便利，以及中间环节简化带来的价格优势，使得线上渠道作为新兴的渠道模式在吸引消费者的同时自然也就造成了对传统渠道的挤压，让线下渠道怎能不对线上渠道怀有敌意而进行强烈抵制呢？

第二，价格的冲击。由于网络营销传播的特性和优势，线上渠道销售的商品由于不存在物流和仓储成本，也无须负担昂贵的营销成本，导致同样产品在线上售卖的价格比线下零售店的要便宜。来自淘宝的数据显示，网上开店和传统物流相比，店主可以节省 60% 的运输成本和 30% 的运输时间，营销成本比传统的线下商店降低 55%，渠道成本可以降低 47%。综合上述成本因素考虑，同样的商品在线上和线下渠道存在 20% 到 30% 的差价完全正常。20% 的差价足以让线下渠道产业链产生巨大的动荡，传统线下渠道商苦心经营的实体店面系统和励精图治的存货管理，在线上渠道的冲击下束手无策，这是非常可怕的，也是线下渠道商们反应最激烈的症结所在。

无论是消费者的争夺，还是价格的冲击，这些归根到底都是利益的冲突。所以，涉足电子商务的中国企业，目前急需解决的主要矛盾也是如何平衡线上渠道与已有线下渠道的利益冲突。

2. 资源整合能力问题

资源并不能自动产生竞争优势，要想让资源能够产生竞争优势，形成企业核心竞争力，就必须对不同类型资源进行有效整合。资源整合是一个动态的过程，对于一个企业或组织来说，必须要时刻学会将与企业战略密切相关的资源融合到企业的核心资源体系中来，这项任务伴随着企业的整个生命周期。在企业的整个资源体系中，资源整合始终处于一个非常关键的位置，它是创造新资源、提高资源使用效率和效能的前提。因此，企业资源整合能力，即在企业生产经营活动过程中所具有的选择、汲取、配置、激活和融合企业不同种类型资源的能力，将决定着企业资源的效能能否得到充分有效发挥，亦将影响着企业竞争优势。根据以上论述可知，企业资源整合可分为宏观战略和微观战术两大层次。以下分别从宏观战略层次和微观战术层次来探讨企业资源整合能力。

宏观战略方面，企业资源整合应具备两大能力：一是重建"游戏规则"能力；二是战略预见能力。重建"游戏规则"能力是企业资源整合能力在宏观战略

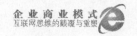

层次上的重要内容之一，它表现为企业利用企业内外资源、新旧资源、个体与组织资源以及横向纵向资源等所具有的打破原有僵化的"竞争规则"的能力。常言道，三流企业卖力气，二流企业卖产品，一流企业卖技术，超一流企业卖规则。超一流企业不是以顾客，而是以竞争对手和协作厂商为核心导向的。"游戏规则"决定了一个企业的竞争地位，谁控制和垄断了某行业的"游戏规则"，谁就能够取得超额利润。George S.Day（1997）指出："对大多数企业来说，竞争优势所受到的最大的打击，莫过于经理们习惯了的、在此基础上获得对竞争对手的竞争优势的'游戏规则'的改变了"。重建新的"游戏规则"能给企业带来新活力、新思想和新措施，也能给企业创造一个新的"超额利润区"的机会。这种新的"游戏规则"意味着创造该行业各项活动的新结构，或者改变该行业活动的价值链。

企业还需要具有战略预见能力。所谓战略预见能力通常表现为对环境变化及趋势，组织存在的问题、潜力、优势和劣势及其转化的洞察力、应变力和预见力。较强的战略预见能力，可准确地预测顾客需求变化及所在行业竞争或合作的焦点所在，也可有针对地配置何种资源，配置多少资源，从而能够充分发挥企业资源的使用效能。其中，洞察力是一种从不同类型的信息中获得知识的能力，也就是明确如何从信息中获得知识的能力，它是一种特殊的思维能力，具有较强洞察能力的人，在没有手段直接观察到事物内部时，可以根据事物的表面现象，准确或者比较准确地认识到事物的本质及其内部结构或性质；应变力，是一种为适应不断发展变化的内外环境，审时度势地对原先的决策做出机智果断的调整的能力，要求不例行公事，不因循守旧，不墨守成规，能够从表面"平静"中及时发现新情况、新问题；预见力是通过分析判断并借助于想象来推测未来的一种能力，它需要我们不断学习，丰富我们的知识，拓展我们的视野，提高我们分析、把握问题的能力及创造能力。

微观战术方面，企业需要具备资源的置换与配置能力和激活与融合能力。其中，置换与配置能力是企业在构建竞争优势过程中所具有的汲取、凝聚、配置资源的能力，既涉及企业的内部关联状况，又涉及企业的外部环境条件。它主要表现在有效置换及配置的资源数量、质量及其结构合理性等方面。任何一个企业都不可能具备所有类型的资源，或者说不可能充分地具备所有类型的资源，这就要求企业具有汲取企业外部稀缺资源的能力。任何资源不可能自动产生竞争优势，需要企业采取相应措施与政策激活诸如人才等资源，从而发挥资源的使用效率和效能。任何一种企业资源结构的合理与否都与特定的时期、特定的环境紧密相连，因此，企业的资源整合是长期性的，只有随着外部条件的变更及时地对企业的内外部资源结构进行调整，才能使企业长久地保持竞争优势，更好地实施竞争战略。因此，企业必须围绕核心业务和核心竞争能力来提升资源置换及配置能力；同时置换及配置能力的提升又将促进核心业务的增长和核心竞争能力的提高。因此，企业必须着力提高资源置换及配置能力。

另外就是激活与融合能力。激活与融合能力是企业如何充分发挥资源的效益和效能的一种能力。市场竞争优势常常属于那些善于整合资源的企业。一个成功的战略必须有好的战略实施相配合，才能使企业走向成功的彼岸。在现实中，企业的资源与企业的地位之间的关系并不是完全对称的。即资源有限或匮乏不一定是获得全球领先地位的障碍，资源充裕也不一定能保障持续享有领先地位。其中，《财富》杂志全球500强企业更迭的事例就有力地证明了这一点。像通用汽车公司、大众汽车公司、西屋电器公司、国际商用机器公司、施乐公司和得克萨斯仪器公司这些似乎不可战胜的全球著名公司，偶尔也不得不屈居下风。其中缘由就是不同企业在运用资源过程中的激活与融合资源能力存在差异。因此，通过高效地组织协调企业资源，提高企业资源的激活与融合能力，发挥企业资源的效率和效能，进而形成与其资源不完全相称的强大的竞争优势。

专栏 3

掌柜团：打造最具资源整合能力的房产电商平台

一、公司介绍

房掌柜自 2008 创立上线以来，以"从房地产的角度做互联网"而非"从互联网的角度做房地产"的差异化立足

图片来源：www.fzg360.com

点，秉承"掌柜的，更懂房子"的核心竞争力运营思路，以及创新、全面、深度、专业的敬业心态，屹立于房地产传播服务链的风口浪尖。房掌柜自成立之初就确立了"3+X"的战略规划：三年内实现珠三角六大核心城市（深圳、东莞、珠海、佛山、广州、惠州）的布点，实际则在两年内完成了珠三角范围深莞惠（东线）与穗珠佛（西线）两大片区的布局；五年内完成长三

角以及环渤海的跨区域布点，上海、武汉、重庆、长沙、苏州、北京等分站已依次上线；八年内实现中西部×个省会城市或直辖市的支点架构。

房掌柜旗下同时拥有房地产门户网站、无线数据库营销、房掌柜地产月刊、移动互联网 APP 定制、房掌柜地产周报、房掌柜购房地图等分支传播形式和渠道，以及规划筹建中的房掌柜地产学院等业务模块，未来目标是实现房地产新媒体传播服务平台的360度覆盖。为了区别于以上的传播和交易模式，房掌柜的电商平台起名为"掌柜团"，意思是团聚更多的卖房掌柜（房企）和团结更多的买房掌柜（网友），在房掌柜的平台上成功实现房产O2O线上线下交易。

二、打造资源整合的房产电商

"房掌柜"网站的名字从诞生开始，就与互联网电商有内在的关联，而"掌柜团"更是为房产电商而生。"掌柜团"将整合线上线下360度的资源，打造最具资源整合能力的电商平台，概括而言就是"掌柜团"的十八般兵器：原创新闻、线下渠道、原创视频、跨界媒体、目标派单、400电话、业主论坛、线下活动、原创专题、地产月刊、地产周报、购房地图、掌柜风云榜、掌柜看房团、官方双微、APP手机客户端、网友数据库、二三级联动等。

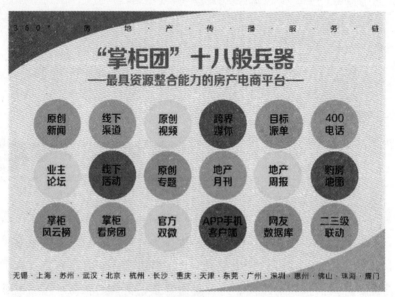

图4-4 "掌柜团"十八般兵器

参加"掌柜团"的流程为：登录房掌柜电商优惠团购平台了解楼盘详情及房源信息后，光临售楼处的"掌柜团"优惠团购接待点，填写《房掌柜会员协议》，领取"掌柜通"会员卡成为团购会员并缴纳"掌柜团"电商优惠团购服务费，填写《房掌柜电商优惠团购协议书》后，即享受团购独家优惠。

目前房掌柜广州、上海、苏州、无锡、东莞、惠州、武汉等公司均已陆续成功在当地开展"掌柜团"房产电商业务，分别与新鸿基御华园、润泽18区、信运现代城、东城华庭、清泉城市广场、联东U谷、合生愉景湾、东方银座中心城、融绿理想湾、楚国盛世·楚王城等楼盘展开了深度的电商合作，创造了超过 2.6 亿元的销售佳绩。

3. 资源整合操作问题

资源整合思维也好，能力也罢，主要还是资源整合实际运作问题。那就是如何更好地解决资源整合的实际问题，即四大整合：内部资源与外部资源整合、个体资源与组织资源的整合、新资源与传统资源整合以及横向资源与纵向资源整合。

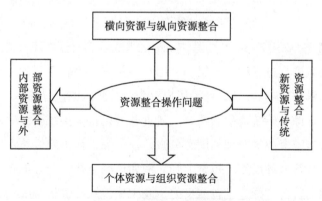

图 4-5　资源整合操作问题

第一，内部资源与外部资源的整合。有人认为，企业核心竞争力就是整合企业组织内、外部资源的能力。这里强调的是一种整合资源的能力。一方面，企业要识别、选择、汲取有价值的、与企业内部资源相适应的诸如隐性技术知识等外部稀缺资源，并使这些资源融入企业自身资源体系之中；另一方面，企业实现外部资源与内部资源之间的衔接融合，激活企业内外资源，从而能够充分发挥内外

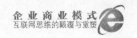
资源的效率和效能。

例如沃尔玛成功收购1号店，就是企业内外部资源整合的最佳案例。作为老牌的传统零售商，沃尔玛在中国国内电商道路上显得非常迟缓，仅仅是旗下的山姆会员店在小范围地试水。而通过现成的电商1号店，可以作为沃尔玛电商业务踏出坚实的一步，并利用已有的线上运营经验，加快拓展步伐。而1号店也借助母公司强大的采购能力，连番在2014年掀起一轮又一轮的活动热潮：生鲜大战、世界杯啤酒大战等。

第二，个体资源与组织资源的整合。企业资源整合还要考虑个体与组织资源的整合。一方面，零散的个体资源进行系统化、组织化，能够不断地融入组织资源之中，转化为组织资源；另一方面，组织资源也能够被迅速地融入个体资源的载体之中，能够激发个体资源载体的潜能，提高个体资源的价值。

微博就是很好的诠释。微博实际就是微型的博客。每条不能超过140个文字的小型信息，以草根化、个体化和碎片化的独特姿态，受到人们的热捧，使微博成为创建和整合信息的良好平台。一方面，单个用户可以随意发表各种信息，而众多的信息，被各种有效的规则进行汇总、分类、关联：你可以筛选、关注感兴趣的信息。另一方面，微博允许个别能复制转发信息，让某些信息获得组织内极大的传播。2014年3月底，新浪服务商大会数据报告显示，新浪微博当前活跃用户4500万，企业用户30万，其中3.5亿人关注过企业官微，平均每月1000万人和企业官微进行过互动，平均一个用户会关注8个企业官微，每天粉丝和企业官微的互动量在1500万条，每天用户对企业官微的阅读量高达16亿人次。

第三，新资源与传统资源的整合。新资源可以提高传统资源的使用效率和效能，反过来，传统资源的合理利用又可激活新资源，促进隐性技术知识等新资源的不断涌现，如此循环反复、螺旋上升。例如传统企业完全登上互联网，并且了解移动互联网的特色，构建了智能型的企业主体，从而进行传统资源和新资源的相辅相成，从而诞生一个新的商业模式。在这种模式下，企业主体的运作加快了速度，从而达到发展速度的提升。简单来说，这种整合使得商业模式中的每一个元素都具备了互联网的特色。

苏宁易购是目前较为成功的新资源和传统资源结合的企业。苏宁作为老牌的传统家电连锁品牌，旗下有3000多家实体店。从2005年苏宁开始从南京进行电商试水，9年过去了，苏宁易购已经远远抛开当时同时发展的国美库巴网，成为继天猫、京东后的又一个 B2C 专业销售 3C、空调、彩电、冰洗、生活电器、家居用品的网购平台。苏宁易购的发展过程，是新资源和传统资源的相辅相成的过程。苏宁易购依托着苏宁多年的品牌优势、上千亿元的采购规模优势、遍及全国 30 多个省 1000 个配送点和 3000 多个售后服务网点的服务优势，以极快速度获得平台化的发展，而在线上获得用户操作思维，也不断改善线下实体店的服务。例如 2014 年 6 月在全国 34 个城市门店推出"免费贴膜"活动，更是让业界眼前一亮，博得不少消费者的眼球。这个典型的互联网打法，再次让业界认可，苏宁易购是个不折不扣的电商领先企业了。

第四，横向资源与纵向资源的整合。横向资源是指某一类资源与其他相关资源的关联程度，纵向资源是指某一类资源的广度和深度方面的资源。它们的整合，对于建立横向资源与纵向资源的立体架构具有十分重要的意义。

从 2007 年开始，视频网站一直处在热火朝天的激战当中。就是这样竞争强度，促使视频网站行业快速灵活吸纳资源。以爱奇艺为例，和其他视频网站一样，打造同样的开放平台，通过视频内容的播放与分享来吸引观众，然后再积累观众数量和吸引广告商，并以此赢利。这是典型的以内容为发布核心的平台模式，横向链接着"内容"—"用户"—"广告商"。但随着视频网站之间的竞争越来越激烈，视频网站纷纷寻找各自的竞争优势。爱奇艺本着"人无我有，人有我优"的原则，不断对"内容"进行纵向的深挖。2013 年年末爱奇艺取得《爸爸去哪儿》、《康熙来了》、《快乐大本营》、《天天向上》、《百变大咖秀》五档综艺节目 2014 年的独家播放权；且不断扩充微电影和自制娱乐资讯节目的数量，甚至设立专门的频道和分类；而在 2014 年 7 月 22 日，爱奇艺宣布成立影业公司并推出"爱 7·1 电影大计划"，爱奇艺要做"新"电影，除了制片、发片、宣传外，爱奇艺将搭建网络播放平台、投融资平台、青年导演成长平台三大平台，为所有专业内容制作者提供强大支持，同时为观众推送更多最新最快的影视内容。

通过不断深挖"内容"的多元化和价值性，爱奇艺吸引了越来越多的用户。2013 年 10 月，爱奇艺和 PPS 去重后的月度用户达到 7620.6 万人，月度使用次数为 28.3 亿次，月度总有效浏览时间为 2.79 亿小时，继 2013 年 9 月后，再次实现移动视频三大标准数据行业第一，并以覆盖 55.2% 的移动视频用户，成为唯一覆盖过半移动用户的视频品牌。相比 2013 年 9 月，爱奇艺移动视频用户增长 917.4 万人，环比增长 13.7%，在保持移动视频用户第一的基础上，增长率也领衔全行

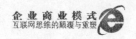

业，持续扩大领先优势。视频网站广告收入狂飙猛涨的背后是用户强有力的支撑。爱奇艺广告收入将由 2012 年的近 8 亿元增长至 2013 年的 12 亿元。

四、资源整合需注意的问题

互联网时代给企业的资源整合带来了前所未有的机遇和发展助推器，然而，并不是每个企业都能行之有效地利用互联网资源，对企业加以资源整合。整合互联网资源是一个动态的过程，企业在进行资源整合时需注意以下六点：认识企业自身能力、合作双赢的态度、确定整合目标、整合的可操作性、整合的系统性以及经济性，如图 4-6 所示。

图 4-6　资源整合注意的要点

1. 认识企业自身能力

企业资源整合是一项企业战略决策，主要是随市场的变化而对企业的各种资源进行整合与优化。这就要求企业能清晰认识企业自身的能力，特别是资源整合能力。根据企业资源论的假设，企业具有不同的有形和无形资源，这些资源可转变成企业独特的能力。企业是各种资源的集合体。未来的企业不一定看你占有多少资源，最主要看你的资源整合能力。互联网时代，企业边界越来越模糊，企业资源也开始变得无限大。对此，万科创始人王石就意识到，对于企业家来讲应该是一种均衡的资源整合者，均衡的资源整合者，就是把各种要素集合在一块创造产品、创造财富。可以说，认识企业自身能力是进行资源整合的第一步。做一个资源的整合者可以取得事半功倍的效果。

专栏4

做企业就是做资源整合者

志高空调创建于 1993 年，经过 20 年快速稳健的发展壮大，已经成为一家以家用和商用空调生产、销售为主的大型现代化企业

图片来源：www.china-chigo.com

集团。国内拥有两大工业园，并在泰国、越南、博茨瓦纳、尼日利亚等国家设有多家合作工厂，业务遍及全球 200 多个国家和地区。与此同时，凭借专业制造和技术研发优势，充分发挥集团的产业规模，志高不断扩大白电产品线，包括小家电、冰箱、空气能热水器、洗衣机等，逐渐构建起了完整的白电产品产业形态。为了跻身全球大型白色家电制造商，进一步推进产品多元化。

在 2012 年交出志高的权杖之后，在 2014 年志高成立 20 周年之际，志高创始人和掌门人李兴浩重新回到公众视线。尽管坊间纷纷在猜测是否因为财报不佳，但公众目光依然放在这个在空调行业一度最活跃的"大佬"身上，闭关 3 年后，李兴浩思考满 20 岁的志高下一步路在何方。

"能把一个企业做好是专家（专业经营者），能把不同的企业都做好才是企业家。真正的企业家，都是优秀的资源整合者。"李兴浩掷地有声。

相对于这几年炒得火热的互联网思维，李兴浩一直在从战略上思考着要超越竞争对手，如何创造出差异化的东西。差异化，只能从怎样更好地服务消费者的角度考虑。志高要做的不再仅仅是空调，而是要通过空调锁定用户，搭建起一个全方位服务用户的平台。

2013 年志高首次推出"云空调"概念。"云空调"不仅仅是空调硬件本身，它可通过网络将云服务平台、软件平台以及云空调设备链接起来，用户可以随时控制空调设备，并从云端调取自己需要的资源或信息，升级控制软件、个性化定制功能、获取家电运行情况、获取在线技术支持或售后服务等，很方便地帮助用户实现能源管理和智能控制。比如下班提前开启空调，到家即可享受清凉；上班匆忙忘记关空调，通过远程控制关机；身在外地，你却能遥控空调，为家中睡着的孩子、老人调整温度。

志高在 2014 年初，计划将"云空调"深入拓展，从 7 月份开始向有车的高端消费者送出累计 1000 万台"云空调"。送出 1000 万台云空调，志高的云平台就有了 1000 万个用户，就能服务 1000 万个中上层的家庭。有 1000 万用户，再做延伸服务。

这完全颠覆了传统制造业的业务模式。在传统的空调产品模式下，制造商扮演的仅仅是空调行业产业链整合者的角色。志高"云空调"绝非一般的产品创新，而是对制造业商业模式的重构。而借助"云空调"，志高空调将搭建一个超越现有产业链的开放式技术平台。这个平台整合智能手机、服务软件、外部设备等多种商业力量，最终形成一个不断升级，隐含着巨大商业价值的商业平台，志高的身份也成为资源整合者。一方面，志高通过云平台来集合各种资源，使得自身置于一个价值网络中；另一方面，由于产品实现了模块化、软件化，使得消费者的超级细分需求可以得到满足，从而实现了制造业梦寐以求的"一对一营销"，创造性地解决了个性化需求与大规模制造之间的矛盾。

在传统空调产品模式下，志高是制造商。云平台有了流量之后，拥有海量用户，整合线上线下的资源，用户服务为志高提供了"利润长尾"，而整机制造占总体利润的比重日渐缩小。我们完全可以说，志高正在成为一家服务公司，谋求更加持续的盈利。

2. 合作双赢的态度

合作双赢的态度，是企业凭什么去和其他企业合作的基准和胸怀。对其他企业没有利益的整合，其他企业也就不可能跟你合作。作为资源整合的发起人，你必须要做到：让你的合作伙伴先挣钱，然后你挣钱；让你的合作伙伴先发展，然后你发展！这是企业合作双赢最起码的态度。正如英国前首相丘吉尔曾说：世界上没有永远的朋友，也没有永远的敌人，只有永远的利益。在互联网时代，需要更加注重企业之间的这种合作，通力合作，共谋发展。长虹多媒体产业集团董事长叶洪林在接受光明家电专访时就表示，对于电视厂商与互联网厂商的合作，长虹一直是保持开放的心态，如果要问是不是在和互联网企业接触，回答是一定的，长虹随时都在与互联网企业谈合作。可见，合作双赢是企业盈利模式的一大基础。

3. 确定整合目标

企业资源整合体现出来的是一种多要素之间的合成能力，通过配置、排序，实现目标所需的各项资源、方法的有效利用。在整合过程中，其核心是目标，只有明确了目标，才能产生整合的效力。企业资源整合必须围绕某一目标而推进，否则一切的整合都毫无意义。企业资源整合必须集中、明晰地围绕目标而进行，只有明确了目标是什么，整合才具有了部署的方向，才能取得最佳效果。若不然，资源的配置常常是顾此失彼、脉络不清。各种资源、方法未经筛选，难以达到整合的有序，更谈不上产生整合的效果，其根本就是偏离了进行整合的目标，无端浪费了资源，给企业造成危害。

没有目标的整合就没有存在的价值，整合就失去了意义。目标是整合的一大原则，有目标才能使资源及方法的配置有的放矢，使整合发挥出应有的作用。但需要注意的是，目标的确立并不是随心所欲的，需要确立以下三个条件：其一，是企业能力、企业资源力所能及的，各项能力、各种资源的配置必须满足目标要求；其二，围绕目标而进行的资源整合能形成企业能力、企业资源的整合优势；其三，能够体现整合的目标价值。也就是说，如果企业资源整合无法达到目标所需要求，无法形成实现目标的优势能力，则需考虑降低目标企望与目标设置。

例如，青岛海尔在"网络化"战略指导下，组织层面进一步开放，为整合全球资源，实现互联网时代全球白电行业引领者与规则制定者的战略目标，公司引入具有国际化战略视角和思路的合作伙伴——KKR。海尔公司公告，与私募股权机构 KKR 签署战略投资与合作协议，拟向 KKR（卢森堡）定向增发 2.99 亿股，KKR 成为公司战略股东。截至 2013 年 6 月 30 日，KKR 集团管理的总资产达到 835 亿美元，累计投资 4700 亿美元，在全球的投资公司已达 200 家以上，拥有先进的管理理念和资本市场经验。海尔引入战略投资者 KKR，一方面通过引入具有国际视角的合作者，进一步促进公司建立开放组织；另一方面，双方合作基于共同的战略目标、一致的文化和理念，以及对物联网智慧家电市场的高度认同。

4. 整合的可操作性

企业资源整合还需要简便易行。一般来说，资源整合可操作性强，有助于企

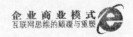

业关注主业。对于企业来说，资源整合可操作性强，企业资金压力就会小点，企业资源整合的难度也就大大降低。可操作性主要体现为两点：一是资源整合有一个具体可操作性的方案，而不会只是解决所谓的战略问题。二是资源整合方案是切实可行的，容易整合，这样整合的成功率会大大上升。

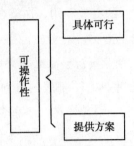

图 4-7　可操作性的两个方面

特别是在互联网并购中，企业收购更多的还是为了更容易整合，否则收购失败也是理所当然的事情。因此，为保证方案的可操作性，重组一般是按先易后难、注重可操作性的原则设计。

就拿企业营销来说，要整合一个项目或整合一个市场，需要通过不同的渠道来把这个做出去，但是接触到的媒体也好，渠道也好，都发生了变化，以前可能是电视、广播、杂志，现在是离不开你的 iPhone，现在的手段变化了，用的手段也越来越多了，所以这对于企业营销来说既是一个挑战，也是一个机遇。平台更多，但是整个变成了一个更大的范围。

5. 整合的系统性

企业各项资源往往是零散的、分离的，一旦目标锁定之后，就要把各项资源纳入到一个为目标服务的统一体中。所谓资源整合的系统性，就是要把本来分散的资源有所取舍，通过有序的配置，体现出为目标所用的整体效果。整合的系统性要求把各种分离的资源纳入到围绕目标而进行的一个整体中来考虑，注重各项资源、方法之间的有机联系。要注意整合过程中容易出现的四个问题：其一，虽然进行了整合，但只是局部的整合，没有整体的整合，各部分之间不协调；其二，整合过程中，材料的筛选是盲目的，使融入整合的许多资源都不能体现出资源的有效价值，资源整合不经济；其三，因为缺少了必须具有的资源项目，整合不够完整；其四，最主要的一点，偏离了目标方向，或离目标太远。

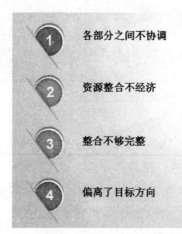

1 各部分之间不协调

2 资源整合不经济

3 整合不够完整

4 偏离了目标方向

图4-8　整合过程中容易出现的问题

因此，企业资源整合不是一个部分，而是整体，一切资源、方式的取舍、配置，都必须服从整体需要。基于这样的认识，我们得出整合的系统性的两个结论如下：其一，重视企业资源的统筹兼顾，各资源、方法之间是多元的有机联系，而不是彼此分割的，要注重思维的整体和连贯性；其二，强调资源整合的有序性，避免出现错序和倒序，重视各资源、方法之间的横向有序和纵向有序，并根据目标实施的轻重缓急，予以有序调度，达到整合的效果。

6. 整合的经济性

说到整合的经济性，首先要知道，企业的资源是有限的，如何使有限的资源发挥出最大的效果，这就需要在整合的过程中，注重资源的可利用性。把握好整合的"度"，即"分寸"，这是整合的经济性的第一要求。在进行整合思维时，为了提供更多的决策选择，相关的资源和信息当然越多越好，但在解决问题时，只要能够达到目的，资源利用的成本越经济越好。

企业资源整合的经济性，要求企业在目标设定和资源配置时，量力而行。有人较为形象地比喻为："小企业下跳棋，中型企业下象棋，大型企业下围棋。"说的是：小企业的资源能力弱，生存问题是最重要的，就要以抓住机会为主，以巧取胜；中型企业有了较为稳定的经营领域，有了相对确定的竞争对手，以注重市场开发、树立产品品牌为主，培育企业的核心能力；大型企业之间的竞争，往往是产业制高点的竞争，占有"先手"是主题。

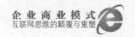

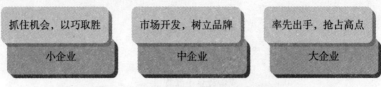

抓住机会，以巧取胜	市场开发，树立品牌	率先出手，抢占高点
小企业	中企业	大企业

图4-9　企业的目标设定和资源配置

　　企业资源的有限性，决定了企业必须采用经济的方法求得自身的发展。然而互联网的出现，一切都将发生改变。很多企业可以非常有效地利用互联网来获取机会。同时，为了实现目标，在整合过程中还会根据需要就资源适当补充。总之，企业根据企业目标的实际需要来考虑整合的经济性。

　　综上所述，资源整合只有密切关注以上六大问题，才能真正做好企业资源整合。资源整合是统一的，统一在企业这一共生体上的。互联网时代，企业应充分用一切可利用的资源，对资源加以有效利用，从而产生最佳的整合效果，真正实现向互联网转型升级。

五、开放业务平台

　　互联网时代，企业进行资源整合，不再仅限于同领域、相关领域了。也就是说，在互联网环境下，构建开发平台，或者具备"平台思维"能帮助企业以更广视野、更高效率进行资源融合。那什么是"平台战略"、"平台思维"？

　　其实平台的概念深入在我们生活的方方面面，包括网络购物、社交网络、包裹快递、第三方支付等。这种商业模式中的某种产品或服务，当其使用者越来越多时，每一位用户所得到的消费价值都会呈跳跃式增加。比如QQ、网上社区、微博——通过使用者之间关系网络的建立，达到价值激增的目的。

　　从企业模式来看，平台商业模式是指链接两个（或更多）特定群体，为他们提供互动机制，满足所有群体的需求，并巧妙地从中赢利的商业模式。例如，亚马逊Kindle阅读器链接了书商和读者，红酒交易中心则链接了各种酒的拍卖方与买方，同时，微软的Windows为上千万个程序开发商提供大展才能的舞台，不停地壮大自己的用户群，而电子商务巨头淘宝网则链接了商品的卖家和买家，让他们满足彼此的需求。

平台模式的战略本质是：企业自己并不做全部内容，只是作为一个载体，进而成为综合服务平台，通过一种服务去维系一个顾客群体，变成这个顾客群体的综合服务提供商。许多企业的战略转型恰恰就是通过这种方式走向成功的，成为平台型价值链的领导者。我们把这种商业模式，称为平台战略。

关于平台战略，有这样一个经典案例。最初，IBM 把微软引进到个人电脑中来，但其很快发现，随着 PC 的普及，微软公司反而赚走了更多的钱。一开始，微软只是作为 IBM 产品的一个互补者。但通过个人电脑，微软自己搭建出一个完整的平台，成了电脑软件这个行业的平台组织者，所有的电脑应用程序，都要通过 Windows 系统来运行。"你每眨一下眼睛，全世界就卖出 4 部诺基亚手机！"这句话熟悉吗？10 年前诺基亚就是这样牛，没人能想象它会被颠覆。但是苹果出现了。苹果之所以成功，正是因为它将产品做成了一个平台，或者说平台才是它真正意义上的产品。

在这个以平台为中心的产业当中，平台的参与者越多，平台越具有价值。换句话说，上网的企业越多，百度越有价值；上网做贸易的公司越多，阿里巴巴越有价值；用 QQ 的人越多，腾讯越有价值……在网络效应下，平台上往往出现规模收益递增现象，强者可以掌控全局，赢者通吃，而弱者只能瓜分残羹。如果平台企业在初创期能迅速锁定用户，就能在行业竞争中占据起步优势：微软曾占据 PC 操作系统 95% 的市场占有率，起点中文网占在线出版行业的 71%，淘宝占在线购物的 70%，携程网占在线旅游行业的 50%，前程无忧占网络人才招聘的 30%……

更为可怕的是，这些平台型企业在成长过程中都有一个临界点：成立之初，由于用户数量少，平台并无威力，若达不到临界规模甚至无法生存，一旦用户规模超过临界容量，就会呈现出惊人的扩张速度。并且，随着客户数量的增长，它的边际成本越低——越扩张越省钱。而凭借庞大的用户数量和精确的用户数据，这些企业可以进一步渗入其他产业，建立新商业模式，从而使自己具有超级成本优势。平台型企业特殊的成本结构，决定了它们对扩张的嗜好。所以我们看到，阿里巴巴、腾讯会对用户数量永不满足。

但现在要重新建立一个平台，成本越来越高，越来越难了。商业界流传着这样一句戏言：互联网上，百度垄断了信息入口，腾讯垄断了社交入口，阿里巴巴垄断了交易入口……在这"三座大山"的笼罩下，新进入企业要想做一番自己的

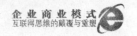

事业，太难。

那么，怎么办？在能力范围内，用平台思维进行重组整合，即平台战略是一个非常灵活思维模式，在企业内部、企业外部、整个供应链都可以使用平台思维，利用上所有的资源！

一方面，开放平台可以帮助企业摆脱传统思维模式，摒弃产业链是单向垂直流向的看法，这对于资源整合非常重要。哈佛商学院战略教父迈克尔·波特所提出的产业分析架构，常被企业高管与商学院教授当成实施战略决策时的根本依据。他在"产业五力分析"中假设每个厂商都会面对"上游供给商"与"下游买家"；上游供给商制造并提供产品，下游买家则付费购买那些产品。然而随着平台商业模式的普及后，这样的思维已不再适用于所有产业。

以宝宝树的 Baby Box 为例。宝宝树网站是中国规模最大最受关注的育儿网站，宝宝树旨在搭建独一无二的全方位平台，让父母们在这里进行有价值的经验分享以及育儿方法，得到愉快的和有意义的育儿及成长体验，为千万新手爸爸妈妈提供资源共享的交流平台，同时满足他们多层次、全方位、适应时代进步的育儿需求。Baby Box 是宝宝树联合众多优质母婴品牌，根据会员妈妈的孕育状态及宝宝的年龄提供不同的关怀礼包，会员只需填写完整准确的申领资料，即可在家收到众多名优母婴用品（新品或者试用装），从礼品到快递全程都是免费的。

在 Baby Box 中，有母婴用品消费的会员看似是下游消费者，却无须付费就能享受到宝宝树所提供的全程免费的便捷服务，而厂商提供了产品，却还承担付费者的角色。这是否有些矛盾？显而易见的是，在平台产业里，以传统的眼光所定义的直线性产业结构不再适用了。平台视角认为，会员与母婴厂商都是宝宝树的"使用者"，双方对母婴社区平台的发展有等量的贡献，因此平台企业（如宝宝树）必须同时吸引这两方截然不同的用户需求者与提供者以维持事业的发展。

另一方面，开放平台帮助越来越多的企业改变了赢利的着眼点——由传统的制造加工，转变为从产业需求与供给之间的连接点寻找赢利契机。不同以往的是，硬件设备与有形的产品已不再是获利的关键。越来越多的企业变换其商业模式，从硬件销售转而将自己打造成扮演某种媒介角色的平台。最明显的例子是苹果公司。它的赢利点已从早期硬件产品的贩卖转向以搭建平台生态圈（如 iTues、APP Store）来赚取佣金。这种现象带来了更深远的影响，以苹果智能手机 iPhone 为例，它对手机产业、电信产业、众多内容供应产业皆造成了冲击。无数的软件开发商纷纷投入 iPhone 的软件平台，为其撰写程序。截至 2010 年 10 月，APP Store 已为用户提供超过 65 万种软件；到 2014 年 7 月，这一数字已激增为 90 多万。

　　无论哪个领域的开发平台，最关键是有能力"让各边用户提供最多利益与最能满足各边用户的需求"。首先必须摆脱"只专心服务单边使用者"的传统思维框架，将平台事业定位为可以服务"多边"群体的机制，然后通过一连串系统化的机制，引发网络效应，促进生态圈的成长，凝聚各方成员的互动，并使其产生归属感，然后决定补贴模式，设定谁是"补贴方"，谁是"被补贴方"。同时建立用户过滤机制，决定对每一边群体实施多少开放程度，以维护生态圈的质量，然后小心审视最重要的赢利模式——在各群体对彼此需求最强大的关口设置赢利的机制，并且有效挖掘用户数据，以探索更多元的赢利渠道。

　　然而，一个成功的平台企业并非仅提供简单的渠道中介服务。平台商业模式的核心，在于打造一个完善的、成长潜能强大的"生态圈"。它拥有独树一帜的紧密规范和机制系统，能有效激励各方群体之间互动，达成平台企业的愿景。综观全球许多重新定义产业架构的企业，我们往往就会发现它们成功的关键——建立起良好的"平台生态圈"，连续两个以上群体，弯曲、打碎了既有的产业链。苹果就是经典的案例，它以全新的方式对产业进行重组，凝聚音乐、出版、电信等各个环节，甚至创造出新的跨界产业。平台生态圈里的一方群体，一旦因为需求增加而壮大，另一方群体的需求也会随之增长，如此一来，一个良性机制便建立了，通过此平台交流的各方也会促进对方无限地增长。而平台企业通过平台模式达到战略目的，包括规模的壮大和生态圈的完善，乃至对抗竞争对手，甚至拆解产业现状，重塑市场格局。

　　阿里巴巴就是这样发展过来的。其初始意义上的平台仅仅是一个"交易平台"，大家汇聚在一起，可以实现交易。当参与交易的人要求平台给予某种程度的"资格审查"、"认证"、"管理"、"保险"性质的价值的时候，就转化为一种"信任平台"了，这是"交易平台"的升华，但不否定交易平台——这就是"规则"的作用。乃至后来马云在阿里展开的轰轰烈烈的反腐败运动，也是为了保证这一属性。另外，如今的淘宝在基础设施功能的建构中已经体现出开放的格局，平台使用者的概念已经不仅限于买家和卖家，在其中消费者、零售商家、增值服务商、物流商、电子支付供应商、商品供应商、品牌持有者和自由职业者都能找到

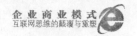

自己的商业价值，有容乃大才组成了一个丰富的商业生态系统。淘宝在平台发展中所恪守的一条原则是只提供基础设施，不是什么都自己做。物流配送每年会给淘宝带来几百亿元的收入，会是淘宝很大的一块利润源，但是淘宝自己不做，而是把这块业务开放给合作伙伴。这并不是一个姿态，而是一个合理的商业选择。淘宝的决策者所考虑的是，淘宝不可能什么都做好，如果全都自己做，最后只能做成二三流的服务水准，平台也不能成为一流的平台，其结果是寸草不生。只有开放给由竞争而胜出的一流服务公司，让用户用脚投票，才能形成行业的标杆效应。

事实上，平台商业模式通过多方共同创造价值，使平台形成整体价值体系。每一方创造各自的价值，寻找各自的利益点，并且通过每一方的价值不断增多，平台的整体价值也不断增大，每一方所获得的利益也更多。这是一种良性循环的商业模式，一种好人有好报的商业模式。

最后，平台思维表面是"圈地"，实际上是为了"圈人"。从分众占据写字楼，到百度把网民"黏"在基于搜索引擎呈现的网站中，再到腾讯运用其超过12亿的QQ用户数量发展出包含电子商务、游戏、搜索、微型博客、社交等应用的综合性平台，在基于用户数量这一核心资产之上，平台型企业可以不断地创造新商业模式，颠覆现存的成熟商业模式，同时不断袭击各种相邻产业——甚至是毫不相关的产业，并且以极快的速度和方式迅猛扩张、变化。例如，百度会渗入电子商务，淘宝会渗入搜索。百度98%以上的收入来自关键词广告，这种广告形式按点击次数收费，这意味着，点击了广告而没有购买，同样会计费。如果像淘宝这样的电商平台提出按实际交易抽成付费的模式，很可能会瞬间对依赖点击广告收入的百度造成极大的冲击。

专栏5

诚品书店打造"商业平台"转型之路

很多人去中国台湾，一定会去一个书店——诚品书店。"到台北，逛诚品"已成了许多游客的一句口头禅。如果说101大楼是台北的建筑地标，那么诚品书店俨然是台北的文化地标。它是中国台湾乃至整个亚洲最知名的实体零售书店。

在电子商务的冲击下，实体书店面临越来越严峻的生存压力：一边是节节攀升的门面租金，一边却是不断下滑的销售压力。两方面因素叠加起来，全世界的书店都活得很辛苦，诚品书店凭什么笑到现在？

图片来源：www.eslite.com

其实，1989~2004 年，诚品书店都是处于亏损中。2000 年，诚品书店破除传统书店的老做法，硬是用"另类"手法转型。

"我们做的不是书店，而是一个文化平台，一种未来的生活形态。"台湾诚品书店创始人之一廖美立说。

这里诚品正是运用了商业"平台"的概念，利用上佳的地理位置和零售书城的口碑吸引顾客，然后引入美食街、艺术品商店、精品特色商店来吸引更多顾客。一方面，成为平台的诚品，能更好地汇聚人气，台东就是最好的例子。好比一个新网站，势必要冲出流量，才能讨论如何建立商业模式与盈利。现在的诚品，就是人潮的同义词。在中国台湾，任何一个城市开发新商圈，要找来人潮的话，第一个想到的对象就是诚品。

另一方面，这个平台实际上是一种新的商业模式。把不同的业态组合在一起，用文化上的议题切入，真心诚恳地去做，让来到这个平台的人，不管是客户或者是艺术家、创作者，都能获得感动。诚品旗舰店更像是一个 Shopping Mall，楼上七层，楼下两层。除了书店外，每一层还有无数的创意礼品店、台湾特产店，甚至还有一些自由品牌和私人定制的服装店、时尚用品店，顶楼有画廊、互动空间，楼下有餐厅、咖啡馆、超市、鲜花店。凡是与文化创意、生活品位能搭上界的，它都卖，典型的复合经营，门店收租，很像做商业地产。再者是坚持做文化、做活动，比如"诚品讲堂"，有品有格，有免费公益的，也有做成报班收费的；作为文化平台的衍生，诚品每年差不多要举办 500 场演讲与展览。而诚品总店的布局让人感觉以书店为主，同时也有咖啡馆、超市和创意礼品店，但规模稍小。两个店的共同特点是顾客多，无论是中午的旗舰店，还是深夜的总店，熙熙攘攘，摩肩接踵，读者或凭案颔首，或席地而坐，沉浸感极强。

可以说，诚品"书店"其实是不赚钱的，靠"商场"才获利，目前商场

的营收早就超过书店，分别是六成、三成的比率。诚品深谙"有人常来光顾，人流带来财流，剩下才是寻找盈利的方法"这种商业模式，不禁让我联想起成功的电商网站，何其相似。能够盈利的最大前提是客户流量，初期为培养流量，只做最有黏性但利润空间单薄的商品——图书，而当读书人都把诚品作为买书和读书的圣殿时，诚品恰如其分地引入了符合读书人品位和诉求的其他创意服务和餐饮等增值服务，让这一客户群体感受到更好的一站式体验。诚品书店希望塑造精英文化，但现在走向平台化经营后，顾客走向多样性，从学者到家庭主妇都有，消费人群同步得到扩展。如今，平台化后的诚品书店业态涵盖商场、零售、餐饮、品酒、文化活动，内涵远超书店。诚品每年大约有 9000 万人次光顾，而中国台湾人口才 2000 多万。

横向比较一下，京东最初做 3C，当当最初做图书，但当形成一定流量和品牌后，都开始向综合型电商发展，从垂直走向水平，从自营模式走向平台服务。我们看看诚品书店和京东等电商成功今日的来时路，两者的发展路径似曾相识！但区别是出发点和方向的差别，一个从线上垂直到线上综合，另一个从线下垂直到线下综合可能再到线上综合。从未来的趋势看，诚品书店的经营模式在渠道上来得更立体，线上线下客户导流的前景看好。

六、社会化运作

相信很多人都有这样的经历：遇到不清楚的事情，或者很难解决的问题，第一时间到互联网找答案，"有问题，百度一下"不仅仅是广告，还是代表了现在人们对互联网的依赖程度。同样，企业经营管理和业务发展，包括资源整合的过程，也需要充分利用互联网的力量。

企业之间的竞争，从某个程度来说是，就是速度和时间的竞争。在全世界范围内，互联网的时界和地界变得模糊，不管是世界何处的用户和组织，都能通过互联网联络上对方，无论是通过邮件还是开发平台，只有互联网才能做到这一点。互联网让世界无界限，让企业以前所未有的速度来获取最大范围的社会化资源。于是，出现"众包"这一新型协作模式。

传统模式的社会化运作是将一个复杂的任务由一个公司或者组织协作完成。而众包和众筹协作，则是制定一个规则，将一个大任务分发给一个社会网络来完成。

中国人寿广东省分公司的万店合作计划就是通过众包模式来进行社会协作的例子。2014年初中国人寿在全国范围陆陆续续提出百万商户合作计划，即以城市为单位，以现有区域员工为核心，向区域内的个体商户发出加盟邀请。这些合作商户五花八门，有洗车美容店、咖啡厅、汽修厂、便利店、药店、美发店、美容店、文具店、健身房、舞蹈室、茶叶店、私人诊所、税务所、律师事务所、家政公司、私立幼儿园、物流公司、换证公司等。只要加盟商户填写相关资料，参加保险培训并通过考试，即可获颁中国人寿的特约授权加盟商。通过前期的试点运营，使得当地的人寿业务量和利润快速提升，并逐步扩充其潜在业务来源面。

这次众包协作活动的巧妙之处，把当地优质的个体商户的潜力激发出来。对于中国人寿而言，充分发挥个体店主具备的天然优势：经营意识和创富意识强、在社区有着较高的信任感、个人热情勤奋；并以较低的人力和管理成本来获取更多的业绩产出。对于个体商户而言，这种跨界经营，能帮助其扩大人脉网络、增加收入渠道、提升经营魅力。

总体来说，中国人寿的这次众包协作有一个明显的协作特征：成就了自己也成就了别人。这也是众包模式和外包模式最大的不同。

专栏6

111Bar 众筹搭建资源整合平台

2013年9月，瑞安市111名年轻人每人出资5000元到2万元不等开了一家咖啡馆，以实际的例子很好地阐释了"众筹"的概念。而在市区，还有一家利用众筹模式开设的咖啡酒吧111Bar即将开始试营业，只是，与瑞安众筹为圆梦的理念不同，这家咖啡酒吧除了希

图片来源：www.zj123.com

望做好餐饮本身外，其在众筹模式下还搭建了一个另类资源整合平台，让来自不同行业的股东们在这里能够资源共享，强强联合。

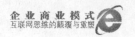

一、86 个老板来自 86 个不同行业

111Bar 的创立来自"百商联盟"的理念，他们希望通过众筹的方式做一家专业的、有特色的咖啡酒吧，同时还能搭建一个平台，将各行各业的精英人士聚集起来，成为又一个资源整合的方式，让大家多沟通多交流，以便彼此的资源能够共享，而不重复的原则是为了避免同行之间可能出现的矛盾冲突。

2013 年 10 月，李达等 5 名最初发起人确定下"百商联盟"的理念后，开始通过各种渠道将信息发散开来，并在极短的时间内得到了很好的响应。2013 年 11 月 30 日，"百商联盟"召开第一次股东大会，40 多名股东聚集在一起参与讨论相关事宜，2014 年 4 月 4 日，111Bar 进入试营业阶段，而此时，其股东数量已达到 86 名。

二、股东构成吸金"利器"

"我认为我们的众筹模式最大的吸引力就是我们的股东，他们的不同身份标签标志着不同的资源，吸引大家加入我们这个团体。"最初着手众筹模式时，连咖啡酒吧的具体定位、选址之类的策划内容都没有确定下来，只是单凭"百商联盟"的理念，就吸引了众多人士的参与支持。截至目前，已经聚集在一起的 111Bar 的 86 位股东分别来自金融服务业、餐饮业、精品酒店业、传统制造业、建筑设计行业等，此外还有律师、医生、教师等专业人士。

"我就是因为喜欢这样的一个团队，才加入的。"出身钟表世家的陈瑞祥是温州屈指可数的几位腕表玩家之一，符合"股东是其所在行业精英人士"的要求。他表示，111Bar 的"百商联盟"理念与温州人的抱团精神一致，在这里他可以跟众多不同行业人士交流沟通，进行"智慧"碰撞。"我教他们鉴表，他们教我品酒、理财，这一个多元的世界，随时能够创造出无限可能"。

三、资源整合增加运营优势

"桌子、沙发、酒水等你看得到的所有需要花钱的地方，全都由不同股东提供相应的资源支持，得到了最大的优惠。"店里的沙发由从事家具行业的股东定制而成，酒水由经营酒水商行的股东特供，111Bar 的运营在起跑线上便已占得不少先机。"一方面可以保证店铺各方面的品质，另一方面不同专业人士的渗透，也能促成店铺特有文化内涵的形成，专业之余还有自己的风格"。

当然，联盟平台的资源共享不仅为 111Bar 的运营带来优势，同时也为股东成员带来机遇。店铺特设的客服部，除为来店内消费的普通市民提供服务外，还会为各位股东组织各类活动。"像为股东办生日会、组团到股东企业实地走访等，我们已经举行过多次。个别股东也因为我们这个平台，进行资源整合后取得双赢。"111Bar 一位经营国际物流的股东与另一位酝酿在海外成立物流公司的荷兰籍股东一拍即合，最后促成了一笔价值 3000 万元的生意。

"对很多股东来说，111Bar 已经是他们的另一个家，为了将其更好地经营下去，我们也花了一些心思，创立特别的管理模式。"众筹项目常会带来人多口杂决策难定的弊端，为了避免这样的情况发生，111Bar 采取集权管理以及监察机制，由其作为主要管理者，打理店铺日常运营事项，同时股东大会选举出三位监察成员，随时检查店铺运营状况及财务状况。"我们的股东多为 30~40 岁的青年，有一定阅历，也有一定的拼搏尝试精神，会比有些众筹项目只为玩一玩或圆梦的股东构成成熟许多，容易理解店铺管理模式，出现分歧的情况也会相对少一些。"对于 111Bar 的前景，发起人很有信心，因为最初的"百商联盟"理念已经在实践之中出效果。

【章末案例】

海尔：家电制造的互联网思维转型

一、公司介绍

海尔集团（以下简称海尔）是全球领先的整套家电解决方案提供商和虚实融合通路商。海尔 1984 年创立于青岛，一直以来，海尔坚持以用户需求为中心的创新体系驱动企业持续健康发展，从一家资不抵债、濒临倒闭的集体小厂发展成为全球最大的家用电器制造商之一和全球白电第一品牌。2013 年，海尔集团全球营业额 1803 亿元，在全球 17 个国家拥有 7 万多名员工，海尔的用户遍布世界 100 多个国家和地区。

2013 年 12 月 22 日，世界权威市场调查机构欧睿国际（Euromonitor）发

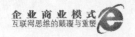

布最新的全球家电市场调查结果显示,海尔在世界白色家电品牌中排名第一,海尔大型家用电器 2013 年品牌零售量占全球市场的 9.7%,第五次蝉联全球第一。同时,在冰箱、洗衣机、酒柜、冷柜分产品线市场,海尔全球市场占有率继续保持第一。同时海尔还拥有"全球大型家用电器第一品牌、全球冰箱第一品牌与第一制造商、全球洗衣机第一品牌与第一制造商、全球酒柜第一品牌与第一制造商、全球冷柜第一品牌与第一制造商"共 9 项殊荣。

二、海尔正在推进网络化战略转型

没有成功的企业,只有时代的企业。海尔踏准时代节拍为用户提供超值体验,先后经历了名牌战略、多元化战略、国际化战略、全球化战略、网络化战略五个发展阶段。2012 年 12 月,海尔宣布进入第五个发展阶段:网络化战略阶段。2013 年 7 月 28 日,在创新全球论坛上,海尔正式发布了步入网络化战略阶段之后品牌的新形象。海尔公布了全新的企业标识和口号,其中新口号是"你的生活智慧,我的智慧生活"。

网络化战略阶段,海尔顺势第三次工业革命,从大型企业向平台企业转型,以 3 个无的观念推进企业无边界(开放交互)、管理无领导(人人创客)、供应链无尺度(中心转换),与用户、分供方、合作方等利益攸关方构建共创共享的商业生态圈。

在 2014 年两化融合管理体系企业宣贯大会上,海尔电器流程信息中心总监刘长文介绍称,在管理方面,海尔通过人单合一双赢模式创新使组织充满激情与创造力,让员工在为用户创造价值的同时实现自身的价值。其组织架构从"正三角"颠覆为"倒三角",并进一步实现组织的扁平化,即形成以自主经营体为基本创新单元的动态网状组织,组织中的每个节点接受用户驱动而非领导驱动,通过开放地连接外部资源来满足用户需求。

这一创新模式因破解了互联网时代的管理难题而吸引了世界著名商学院、管理专家争相跟踪研究,并将海尔人单合一双赢模式收入案例库进行教学研究。

三、张瑞敏的互联网思维

说起海尔的互联网思维,必须要提及海尔董事局主席张瑞敏和他的互联网思维。张瑞敏堪称"中国制造第一人",将海尔从一个地方小厂打造成一个营收过千亿的家电巨头。

2013 年 12 月 9 日，阿里巴巴集团宣布对海尔集团旗下海尔电器（HK：01169）进行总额为 28.22 亿元港币的投资。有人认为海尔将放弃制造业，向服务业尤其是现代物流服务业转型。张瑞敏认为，这是外界的一种误读：海尔不是放弃制造业，而是换一种思维，用"互联网思维"做制造业。

这是张瑞敏与传统制造业大佬的最大不同之处。他甚至也迥异于其合作伙伴马云，马云强调"互联网工具"，认为传统行业触网的最佳模式是与诸如淘宝、天猫合作，利用电商渠道以及网络营销即可。

张瑞敏的这一提法与小米科技的雷军类似，只是两者赋予的内涵略有差别，雷军强调生态链打造，张瑞敏则强调制造业的管理。

张瑞敏的"互联网思维"包含两个层面：一是并行生产，即消费者、品牌商、工厂、渠道、上游供应商利用互联网技术全流程参与；二是经营用户而非经营产品，传统制造业的模式是以产品为中心，未来制造业需要通过自己的产品找到用户，与用户互动，了解用户的需求，然后确定新品开发，周而复始。对于互联网思维，海尔张瑞敏有几点很独到的观点，值得我们关注和学习。

第一，互联网思维和传统思维最大的不同主要有两点：一是零距离，二是网络化。其实，这里的关键词是"零距离"，这是互联网带给我们最大的冲击。在没有互联网之前，企业和用户之间是有距离的，信息是不对称的，企业是中心，企业营销就是对用户发布我的信息，而广告成了一个最主要的渠道。至于用户，是被动接受企业发布的信息。但互联网时代不一样了，现在用户成了主动的，不管你企业有多少信息，我到网上一看都有了。互联网时代"我"是主动的，你们都摆在那儿由"我"来挑选。

零距离给企业带来了什么？其实就是网络化，网络化说到底就是没有边界了，原来的企业是有边界的，现在则是无边界。所以说，在移动互联网时代我们的生存取决于用户手尖的移动：他手尖移动到你，你就可能胜；不移动到你，你不可能胜。在某种意义上，市场竞争在线下的时代取决于地段，谁在一个好的地段这个产品可能就卖出去了；到了互联网时代就是流量，谁的流量大谁就有可能占先机。

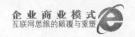

零距离、网络化对海尔来讲，是非常大的颠覆。在线下时，我们曾经算是做得比较好的，在很多地段都有优势，在全国有3万多个自己的店，像毛细血管一样，渗透到镇里头甚至村里面。但是在线上，在移动互联网时代，我能不能真正地争取到用户的时间呢？过去靠发布争取用户，谁的声音大，谁能够占一点便宜。但现在，在设计阶段可能用户就参与进来了。这对于我们来讲可能就是一种颠覆，某种意义上说，企业过去的一些资产，现在很有可能变成包袱或者负债。

第二，互联网思维使企业无边界、管理无领导、供应链无尺度。张瑞敏认为，我们自己就是传统企业，我觉得互联网思维对传统制造业企业可能就是意味着一种颠覆。我理解这种颠覆是"三无"：企业无边界、管理无领导、供应链无尺度。

一是企业无边界。原来企业是有边界的，为什么有的事儿你可以干得好，有的事儿你干不过别人呢？因为企业里头人员不行。企业的边界大小取决于企业人力资源能力的高低。在互联网时代，网络打开了一扇门，可以使得企业无边界，人力资源不再局限于企业内部，你可以网上整合你想要的人。所以企业无边界是从靠企业自身资源求发展颠覆为并联平台的生态圈。

二是管理无领导。管理无领导要颠覆的是从原来的员工只是一个执行者，变为现在员工成为一个创业者。其实就是从原来听你上级的指令改成听用户的。过去管财务的做好账就行，用户是谁我不知道；生产线的工人能超额做出产品就很好，用户是谁我不知道。现在不行，现在每一个团队都应该是直接面对市场的，它一下子变成很多小的经营体，我们内部叫员工的"创客"化。企业过去是管理和控制，今后我们希望企业变成不是管控组织而是创业平台。管控组织给员工提供工作岗位，我们给给员工提供的是创业机会。

三是供应链无尺度，用户从被动的购买者变为主动的参与体验者。供应链原来是有尺度的，因为你不是供应给用户，是供应给经销商的。传统的企业销售往往是分给省级代理，省级代理再批给市级代理，是一层层批发零售的形式。现在供应链无尺度产品谁都可以要，你都应该满足他，网上如果一个用户就要一个产品你也应该满足他。供应链无尺度倒逼企业全流程都要无尺度，从研发到制造全流程都要有改变。

第三，传统企业要善于"外去中间商、内去隔热墙"。张瑞敏认为，我们提的"三无"其实是对企业在观念上、组织结构上彻底的颠覆，在互联网时代传统企业的颠覆和改变，实际上等于向自己开刀。

海尔内部现在提的一个理念叫做外去中间商、内去隔热墙。内部隔热墙是什么？就是原来的管理人员。比如配送，海尔现在有9万辆车，但这9万辆车都不属于我们，而是谁有车谁可以加入到海尔这里来。这在互联网叫做轻足迹，在企业就是轻资产。海尔原来有个考核班子和很复杂的评价体系，做这个工作的就是传统企业中的管理人员。现在把这个去掉，变成用户来评价。海尔规定按约送达，约定5点送达却没有送达，这一单货不能要钱了，那谁负责呢？谁造成的谁负责。这个考核是最厉害的，如果有问题，用户就对你提出批评，收入要受影响；有的点赞很多，可能收入就会多。而且那个订单要他自己在网上来抢，不是来分配。过去负责分配的组织其实就相当于隔热墙，市场的热度企业感受不到。

再说"外去中间商"。过去采购、销售我一定要有中间商，现在能不能去掉呢？比方说采购，过去有一个班子专门去研究谁能进、谁不能进以及什么价格，非常复杂。现在海尔正在尝试建立利益共同体，没有那么多评价体系了，你的零部件有竞争力就进来，下一步可能有更好的替代你。在营销上，过去是产品给了经销商，经销商再销售。现在网上直接有用户了，海尔想直接到用户那里去，没有必要经过这个经销商。海尔就把这个叫做外去中间商，没有中间层，和用户之间是直接零距离。

可以说，海尔的互联网思维都或多或少受其领导人张瑞敏的思想影响。而且正是张瑞敏对互联网思维的正确解读，带领海尔从一个家电制造企业向一个具有互联网思维的 IT 企业转型。

四、海尔互联网思维的应用实践

海尔这个企业从诞生到现在就有破坏式创新的基因，也是中国企业中最具有管理思想的，最会独立思考的。它不断地折腾自己，不会认为自己只是卖白家电的，总是要突破现有家电行业的产品与服务形式。所以，海尔具备互联网思维也就不奇怪了，这是有先天基础的。同时海尔有个张瑞敏这样爱琢磨的当家人和好的创新文化，这也是非常重要的影响因素。海尔最具有互

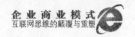

联网思维有以下几个原因：

第一，价值本位的思考。互联网思维的出发点是价值本位，因为互联网改变了价值的生产方式、价值存在的载体、价值传播的渠道、用户对价值的感知与判断，以及价值产生的过程等，所以能不能在这个事情中有价值成了基本的原点。而过去我们判断的原点是什么？是利润，可能有些事情利润是不错的，但本身却毫无价值。过去利用信息不对称的获利，未来很难有了或者很难一直有了，所以现在就要改。海尔的判定依据就是如此，所以他们会自己放弃一些东西，会将所有简单交易关系升级。

第二，价值生态圈的构建。互联网思维就是要构建一个以我为内核的系统，而且是自运行自治的，同时也是开放而互联的，我们称之为插线板式的企业。价值生态圈的构建不是拉一群人，自己组建一个圈子，而是要从根本上消除价值距离，这个价值距离是你与用户的距离、你与合作伙伴的距离、你与员工的距离、内部部门间的距离、不同流程间的距离、流程中不同活动间的距离等。而且，这个系统应该是对内外都开放的，不是封闭的，这样你才能真正无边界、才能真正产生迭代、才能真正关注到用户体验、才能将个性化需求产品化、你的员工也才会真正创新。从原来的 SBU 到人单合一到现在天樽产品的交互平台等，海尔在这方面一直在努力尝试，他们称之为并联的生态圈。

第三，价值网络的驱动。价值网络构建起来还要能自治地运行才算好，海尔通过利益共同体的方式实现，其本质是将整个价值生产过程打造成为一个个平台，进行平台化的运作，而对于员工来说整个平台也不是一个操作环节，而是一个创业环境，这样才能催生真正的创新与自律。这是一种组件化的企业运行组织，说扁平是不确切的。海尔对于员工的评价标准也是从价值生产和推动价值网络运行两个维度去考察的，这解决了局部与系统的矛盾，也打破了企业本身与组织本身的边界。海尔不仅有自己的 1.6 万员工在服务企业，还有更多的用户、外部专家，甚至旁观者在为它服务，并在此过程中交换价值，实现共赢。员工在互联网思维下是创客，而不是指令执行者，员工的互联网价值也得到了释放和尊重。另外，一个价值网络的驱动方式是来自产品自身的，海尔的观点是未来电器都应该成为网器，不联网的产品就跟现在不插电的电器一样无用，这其实是价值一体化的思路，未来产品是具有功能价值、延伸价值、媒体属性、驱动价值的流量入口，是大数据的分布式实现而已。

第四，全流程体验。极致化的用户体验一直以来都被当做是互联网思维的精华，甚至达到了"语不惊人死不休"的境界，一定要超出用户的想象，实际上我认为这有点跑偏。在某一点上比如客服、销售、产品设计上惊到用户可以获得一时的美誉和口碑，但这不持久，容易审美疲劳。可靠的方式是全流程调动到用户的参与感与需求满足感，使之成为信仰一般的习惯。但这需要对企业的价值流程进行再造和重组，还要帮助用户发掘需求背后的需求，这不是宣传就能实现的，而是要真的去做到，比如海尔的天樽空调从设计初衷到最终销售，甚至包括产品命名、价格定位、用户体验等每一个环节，互联网均贯穿其中。效果怎么样呢？据说12月26日，天樽空调以单品2万元高价在全国八大电商平台实现全网销售，首日销量1228套，等同于各平台1.5万元以上空调产品一年半多的销量。

以上几点可以看出来，海尔的互联网思维是一个非常系统的实践，这里面环环相扣，经营思路、战略、实现路径、组织支撑、流程再造、员工HR等都涉及了，最本质的是对互联网思维的应用实践。

目前海尔正在从家电制造企业向一家具有互联网思维的企业转变，在掌舵人张瑞敏的领导下进行一场互联网时代的大迁徙。海尔集团旗下两家上市公司，青岛海尔主管家电制造业，负责在新型制造业方面的探索；海尔电器，主业渠道，即日日顺物流，负责新型物流的探索。携手马云，张瑞敏意在探索"实网+虚网"的无缝O2O融合，打造O2O时代离用户最近的互联网入口。

除了制造业的"互联网思维"，张瑞敏领导下的海尔还在尝试无灯工厂（无人工厂）、虚拟制造、3D打印等制造业的前沿技术。目前，海尔集团已经在沈阳等地试建无灯工厂，未来会投入洗衣机等产品的生产。

互联网时代，制造业前景不被看好，张瑞敏却认为这是制造业最好的时代，互联网对于任何产品来说，将超过电的意义。电发明后，保存食物的柜子变成冰箱，后来大部分装备都变成电器；互联网之后，大部分装备都将变

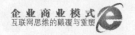

成网器。可见，海尔已成为一个开始用互联网思维来思考的成功企业。

五、结论与启示

可以说，海尔是用互联网思维的企业典范。它的互联网思维也是值得传统家电企业学习和借鉴的。主要有以下几点启示：第一，互联网思维不能停留在口头上，而必须要用具体的实践来加以阐释。正是由于海尔的互联网思维实践，让海尔的互联网思维更加有生命力。第二，企业的互联网思维很大程度上就是企业家的互联网思维的延续。正是因为张瑞敏对互联网的精准解读，让海尔的互联网思维更为准确，更加有效。第三，企业互联网思维，体现出来的是企业各种资源整合的具体外化表现。虽然我们讲的是思维，其实是对资源整合的再解读。正是凭借互联网思维下的资源整合，企业才能实现真正的互联网思维。

第五章

盈利模式

【开章案例】

彩生活：实现零业务收费新模式

一、公司介绍

深圳市彩生活服务集团（以下简称彩生活）成立于 2002 年 6 月 18 日，总部设在深圳，是花样年集团（中国）有限公司控股企业，是一家集物业服务、楼宇智能、资产运营、社区服务为一体的科技型、综合型物业

图片来源：www.colourlife.com

服务运营集团。2012 年，彩生活的品牌价值 1.69 亿元，各类专业服务人员 5000 余人，服务面积约 1 亿平方米，彩生活已发展为国内享有盛誉的物业服务企业之一。2014 年 6 月 16 日，彩生活宣布全球发售 2.5 亿股于香港联交所主板上市，自此，彩生活成为中国内地社区运营第一股。2009~2012 年，彩生活服务集团连续四年荣获中国房地产 TOP10 研究组颁发的"中国优秀物业服务品牌企业"及"中国物业服务百强企业"，彩生活物业服务体系形成了全国五大区域的布局，成为中国最大的社区服务供应商。为了给社区居民提供更优质的服务，彩生活服务集团进行了积极的探索与创新。

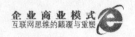

二、彩生活的商业定位："社区电商"平台

在我们传统的认知中，大多数的物业管理往往仅是对小区内公共场所、公共设备进行管理和服务的一种模式，主要提供保洁、保安、保修等服务，依赖收取管理费而生存。而物业管理一直是个烫手山芋，一方面物业公司在不断攀升的物业管理成本与日渐微弱的盈利中挣扎，另一方面，住户的满意度始终在低水平徘徊，由于物业服务不到位、不及时，以及沟通方面也存在诸多问题，对住户来说，物业费的收缴与享受到的服务始终不成正比，所以往往容易导致物业公司与社区居民之间的对抗性关系。物业管理，由此成为婆婆不爱、公公不喜，两头不讨好的包袱。

彩生活本着"为客户创造价值"的核心理念，将物业管理由"对物的管理"转变为"对人的服务"，不仅首创了"彩生活服务体系"，而且开放运营彩之云平台。彩生活基于"把社区服务做到家"的品牌理念，以社区服务为中心，运用移动互联网、云计算等高新技术，打造一个全新的社区电子商务平台——彩生活社区服务平台（彩之云），为业主和住户提供更加便捷、周到与更多增值的服务。彩之云平台以物业管理服务为基础，围绕小区基本服务和配套生活服务，为业主和商家提供对称的信息与交易平台，以网络技术结合本地服务为主，为业主和住户打造一个一站式的本地生活服务平台。彩之云平台现提供物业服务、房屋银行和打理服务、周边商家订购服务、机票酒店充值等线上服务、生活用品电子商城与团购服务、饮用水营养早餐等本地连锁服务共六大类服务，能够满足业主吃喝玩乐衣食住行等主要居家生活服务需求，成为大家的生活好帮手。

第一，彩生活清晰定义两类物管服务，以传统的社区服务为基础，并根据住户需求，提供增值服务（见图5-1）。在彩生活新的商业模式的出发点不是为了"收物业费"，而是回归到物业管理的宗旨——为住户服务，来定义自己的服务内容和范围。首先常规的物业管理服务，例如维修管理、清洁绿化和安保维护等，是个必要的服务底线，住户的基本需求得到满足，是模式得以运营的基础。除了常规的服务费用交纳等传统的物业服务项目外，彩生活增加了各类生活服务，来提升综合服务水平和客户满意度，成为综合服务供应商。这样的服务理念的设置，是整个模式至关重要的一环，能帮助彩生活拥有高质量的客户群及大数据。

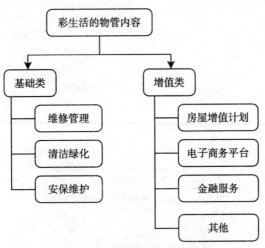

图 5-1 彩生活提供的物管服务

第二，以打造社区电商平台为目标，构建住户、商家、彩生活的生态圈。彩生活基于移动互联网与云计算技术推出社区居民的移动掌上 APP——"彩之云"，集成物业基本缴费咨询业务，以及衣、食、住、行、娱、购、游等各领域商户服务资源，把小区住户和小区周围 500 米范围内的商家主动吸引到这个平台上。一方面业主经常到彩之云上交管理费，业主通过彩之云或是拨打"400"电话，就能直接享受到各种方便快捷的增值服务，从而，彩生活就拥有了海量客户资源和数据基础；另一方面就开始扩展服务内容和服务触点，利用对商家的吸引力，开始构建商业平台。在目前淘宝、天猫、京东、苏宁易购已经占据主流消费市场，但是彩生活却找到其存在的领域——社区电商；作为 O2O 典型的模式，它与住户的物理距离交易频率为它找到一个和商业实体店与电商之间的空白地带，一个新的蓝海，如图 5-2 所示。

此外，除了彩之云线上平台，彩生活服务集团还打造了彩支付体系护航，这是一个领先的独立第三方支付平台，先享受再支付，根据服务满意度进行评分，既方便又安全，又能维护消费者权益。

三、以规模优势打造共生生态圈

彩生活的盈利模式已经不再是传统的物业费，而是实现一种跨界盈利，彩生活与周边商家、住户之间会建立起一种共生的生态圈，如图 5-3 所示。

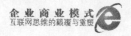

那么，彩生活具体又是怎么运作的呢？

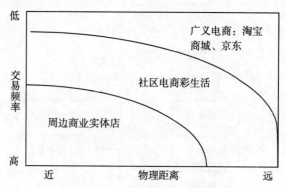

图 5-2　彩生活的蓝海：社区电商

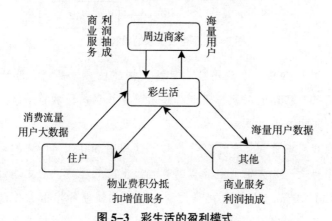

图 5-3　彩生活的盈利模式

　　传统的物业服务只是一种手段，彩生活的盈利模式终极目标是通过这种物业服务获取海量用户，从而为搭建这种商业平台作为流量资源。有了这种客户流量和客户数据后，就可以吸引周边商家及其他富有广泛想象力的商家，从而通过客户流量来赚商家的钱，从而最终形成一个多方共赢的商业生态系统。

　　对大量社区用户而言，通过彩生活平台消费获得积分，减免物业费；在体验全方位的综合性优质服务的同时，社区用户还可通过"彩之云"实时了解社区周边商家的各种优惠活动，获取集成在彩之云中不同商家带来的服务和资源，体验线上线下的服务。此外彩生活还推出了顾问式社区服务。社区生活管家定期上门家访，与家庭面对面沟通，深入了解社区住户家庭的各种生活需求,并随时将这些需求与服务集成于"彩之云",通过定制最符合家庭需求的解决方案,为业主提供全家全生命周期的陪伴式服务,从而增强社区居民的生活品质与美好体验。据了解,未来养老、金融也将逐渐在彩生活社区落地,真正实现为社区居民提供全家全生命周期的服务体验。

对于平台上的商家而言,则扩展了其商业经营的边界。因为传统实体店由于消费内容和距离的原因,没有办法互联化,但是通过社区商业平台,则几乎可以把绝大部分服务线上化消费,商家获得了周边更多的客户群。

通过上述的三角形运营,彩生活构建了一公里生态圈,从传统管理者的角色转换为社区服务者,将对"物"的管理提升到对"人"的服务。通过彩生活这个双边平台,一方面,彩生活对服务的每个家庭非常了解,家庭人口数量、缴纳费用情况等,为商业的定点营销提供了条件;另一方面,彩生活对供应商进行严格的控制、管理和识别,使这些进入彩生活服务平台的产品和服务品质优良,能够满足用户的需求。通过这种模式,社区住户、商家与物业实现了三方共赢。

四、总结与启示

花样年物业最初提出"零物业费"的彩生活模式时,曾引发了行业热议,但在全行业亏损严重的背景下,花样年物业却从成立第一年就实现了盈利,年利润率增长率超过100%。据统计,花样年物业所服务小区90%以上的业主享受了个性化服务,并且已经逐步形成了稳定的客户群。彩生活案例给我们带来了如下启示:

第一,勇于打破传统思维和偏见,利用互联网思维来寻找新的盈利增长点。由于行业成本飞速上涨,企业面临入不敷出的窘境,我们越来越多地听到提高物业费标准的声音。这尽管短期满足了企业的愿望,但长期来说,用户产生诸多的抱怨,但是否能寻找到"通向罗马的另一条道路"呢?革新运营模式,就是一种可供选择的途径。传统企业,往往是做一卖一,最终陷入产品功能化竞争的泥潭。互联网注重对于消费者需求的延展性开发,这种开发更多要从服务、内容等入手,就如同乐视、爱奇艺和TCL推出的智能电视一样,内容、广告和体验才是其真正卖点。传统企业需要思考的是,如何挖掘消费者围绕产品的需求链条并通过更多的服务形式和体验来满足他们的

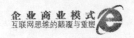
需求。

第二，紧紧围绕自己的优势，寻找商机。物业做社区服务，有一大天然优势，即对用户数据掌握极其详尽，即拥有社区住户的大数据，他每天早上几点开什么牌子车出去，晚上几点钟回来，都能记录。作为物业还知道他的产权状况，他的房子是什么时候买的，按揭的状况。所以社区金融、社区教育、社区养老都跟物业有关系，在遵守国家法律前提下，这些数据就是最值钱的盈利武器。

第三，拥有开放的心态，积极拥抱屌丝业务。在"彩之云"APP看到，既有打的、租房、洗衣服、买彩票这样满足屌丝需求的服务，又有金融理财产品等高大上的服务。像这种停车、洗车、开锁、打孔、疏通马桶、请保洁阿姨等"小生意"，在大型的社区，才有大市场。这种典型的长尾思维，需要"大佬成屌丝"，积极开拓相关的商家，就能获得盈利的可能。

本章从互联网时代要重塑盈利模式开始，深入剖析盈利模式，进而探索互联网时代下的盈利模式及其设计。

一、互联网时代重塑盈利模式

互联网时代的到来，企业边界已经模糊不清，企业开始要做并联平台的生态圈，传统的科层制将变成一个利共体生态圈。与此同时，互联网时代是用户驱动企业。一切以用户为中心，要有用户思维，才能实现盈利。相比较传统盈利模式，互联网时代要求重塑盈利模式。

1. 全渠道时代的来临，跨界融合是大势所趋

全渠道零售是指企业为了满足消费者任何时候、任何地点、任何方式购买的需求，采取实体渠道、电子商务渠道和移动电子商务渠道整合的方式销售商品或服务，提供给顾客无差别的购买体验。市场的变化促使全新的商业模式必须诞生，以往商业模式中，各行各业都拥有自己的独立市场，即便相关相邻，两者之间的界限也十分明确。而如今，所有行业的市场，都可以统称为互联网市场，各

大行业都在一个大市场做买卖，那谁的市场份额多就要看综合实力的强弱，如果我们还保守地坚持单一方向发展呢，那么即便我们不侵犯他人，他人也会来侵犯我们。

让我们先来看一下互联网行业（新兴）和金融行业（传统）。2013年6月，阿里巴巴旗下的支付宝与基金公司合作，推出"余额宝"，打通"支付宝购买基金、基金余额抵扣支付宝"的双向通道。"余额宝"的大热带动了大批互联网企业迅速投身理财服务领域。一时间，以货币型基金为主要载体的现金宝、零钱宝、活期通、钱袋子等各种"类余额宝"产品层出不穷。据不完全统计，目前市场上仅直接取名为"××宝"的理财产品已达30余种。余额宝的出现，就像跳进金融市场的一个搅局者，它将对利率市场化起到倒逼作用，在2013年末，各大银行纷纷出招提高利率基准，留住自己的客户。

2014年1月，中国工商银行"融e购"电子商务平台正式营业，该平台是整合了用户与商户，链接支付与融资，统一物流、资金流与信息流的电子商务平台。它和淘宝、京东商城相似的是，都是搭建着众多用户和商家的交易平台，不同的是，其特定范围的用户（银行储户）具备更加真实的购买力，以及可运用信贷进行购物，这一点更加吸引购买欲望强的用户和商户。目前，融e购商城已汇集数码家电、汽车、金融产品、服装鞋帽、食品饮料、珠宝礼品、交通旅游等十几大行业，数百个知名品牌，近万件商品。

不论是互联网行业染指传统行业，还是传统行业逆袭，都无疑说明了，竞争无边界，盈利来源也是无边界的，关键看你如何组合，如何实现了。

2. 企业经营范围需要更加多元化设计

多元化战略是相对企业专业化经营而言的，其内容包括：产品的多元化、市场的多元化、投资区域的多元化和资本的多元化。企业是一个以人为主体，由物资、机器和其他资源在一定目标下组成的开放系统。它受环境的影响，也影响着环境。它与顾客、竞争对手、供应者、政府及各种机构都有一种动态的相互作用。因此，企业应通过制定目标，进行计划、组织和控制等必要的活动来积极适应环境，从而实现追求的目标。

从企业外部分析，互联网时代使得用户需求、营销技术和竞争态势发生了本质的变化，整个市场规模随着时空界限的越来越模糊，在成倍增长，全新的市场

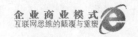

空白代表着全新强烈的需求和丰厚的利润。这些因素结合在一起，吸引着众多企业以多元化的形式进入全新的市场空间，目的是为了瓜分更多的市场份额。从企业内部分析，当企业的资源仍未被充分利用或者还有拓展项目实力时，就成为企业进行到多元化经营的动力。特别是互联网中，新业务试水成本相对较少，多元化模式可以分散企业发展的风险，实现最大限度的经济效益，更充分使用企业内部资源。

在国内目前的企业发展中，基本每一家成功的企业都是有多元化经营的影子，阿里巴巴投资新浪微博、沃尔玛收购1号店等，通过这种多元化模式的设计和经营，企业主体也在不断构筑持续获利的基础。

3. 互联网特别是移动互联网越来越普及，用户互联化程度决定商业模式的获利程度

用户是企业发展和获利的基石。在互联网时代的商业模式，其盈利水平对用户体验、用户黏性的要求越来越高。首先大多数的获利往往是建立在良好的用户体验之上的，这与传统的商业模式市场战略存在着重要的差别。在传统商业模式市场策略中，尽管也提及了消费者研究等策略，但大多数是利用产品对于用户带来的第一直观感觉来吸引客户，或者将企业主张单向传达给消费者，称之为"卖点"；而互联网时代更加强调的是"买点"，产品不仅是看着好、听着好，还有用户用得好、感觉好，才能让企业有活力。我们放眼望去，当今成功的大型企业，无一例外都是建立在良好的客户体验之上，只有为用户带来便利、乐趣甚至惊喜，才能获得成功。

2014年7月25日，京东CEO刘强东在中欧国际工商学院发表演讲，在演讲中他谈到了团队的重要性、为何要投巨资做物流、物流的设计原则以及指导消费零售行业的甘蔗理论。长期以来，京东和淘宝、当当网等一直在相互竞争，而京东却坚持自营物流体系，从2007年便着手布局自建物流。截至目前，京东自营城市已延伸至全国360个城市，地级城市覆盖率已超过70%，可实现211限时达、次日达和晚间配送。此外，京东还在自营城市开通了自提点，采取自营、社区合作、校园合作以及便利店合作等形式，以满足消费者不同的配送需求。

这样持续地投入"最后一公里"，终于开始尝到甜头：由于第三方快递公司春节提前放假，淘宝众多店铺以及中小型B2C网站均受到影响，网上零售业务

被迫中断；而同期京东商城受到的影响较小。在日常订单中，基于产品同质化、价格同质化，越来越多消费者为追求快速收货，而选择京东，哪怕多付几块钱。

二、盈利模式

追求盈利是任何企业一个永恒的实现目标。而要实现企业盈利，就必须要构建起一套属于自己的盈利模式。目前，对盈利模式的认知，更多的是对成功企业的经营管理经验进行总结而得出来的。一种观点认为，盈利模式是对企业经营要素进行价值识别和管理，在经营要素中找到盈利机会，即探求企业利润来源、生成过程以及产出方式的系统方法。另外一种观点认为，它是企业通过自身以及相关利益者资源的整合并形成的一种实现价值创造、价值获取、利益分配的组织机制及商业架构。无论是哪种界定，其实都是为实现企业盈利这一根本目的而服务的。

1. 盈利模式的定义

盈利模式，是指按照利益相关者划分的企业的收入结构、成本结构以及相应的目标利润。简单来说，就是指企业利润来源及方式。从谁那里获取利益？谁可以分担投资或支付成本？相同行业的企业，定位和业务系统不同，企业的收入结构与成本结构即盈利模式也不同。即使定位和业务系统相同的企业，盈利模式也可以千姿百态。

盈利模式是企业在市场竞争中逐步形成的企业特有的赖以盈利的商务结构及其对应的业务结构。其中，企业的商务结构主要指企业外部所选择的交易对象、交易内容、交易规模、交易方式、交易渠道、交易环境、交易对手等商务内容及其时空结构，企业的业务结构主要指满足商务结构需要的企业内部从事的包括科研、采购、生产、储运、营销等业务内容及其时空结构。业务结构反映的是企业内部资源配置情况，商务结构反映的是企业内部资源整合的对象及其目的。业务结构直接反映的是企业资源配置的效率，商务结构直接反映的是企业资源配置的效益。任何企业都有自己的商务结构及其相应的业务结构，但并不是所有企业都盈利，因而并不是所有企业都有盈利模式。在深入探讨盈利模式时，我们需要再

厘清一些常见的误区。

第一，盈利模式不等同于商业模式。盈利模式指的是企业的收支来源与收支方式。换言之，盈利模式需要回答的是以下几个问题：收入从哪里来？成本向哪里支出？怎么收入？怎么支出？因此，盈利模式与商业模式并不等同。商业模式是利益相关者的交易结构，涉及交易对象、交易内容、交易方式与交易定价等内容，而盈利模式主要关注的是交易定价的问题。商业模式的内涵无疑更加丰富。换言之，同样的盈利模式，其背后的交易结构（商业模式）可以千差万别。当然，类似的商业模式，其盈利模式也可以有不同的设计。

第二，盈利模式不只是定价。把盈利模式等同于定价高低是另外一个误区，误区的背后，映射出商业创新思维的匮乏。传统商业模式中的定价，主要指的是"定量"，即确定收支来源，确定收支方式下的价格高低。这也是为什么同行业中企业之间价格战层出不穷的原因所在。

越来越多企业并不只是单一地采用一种盈利设计方式，更多的是两种或多种盈利模式相结合，以达到企业利润最大化的目的。例如手机报，除了向订制用户进行收费时，还通过广告进行"二次收费"，即将订制用户的注意力资源转售给广告主，实现第二个利润来源。由此延伸出来多种具体业务方式：一是把财经、体育等频道做成企业冠名栏目；二是企业点播、赞助活动或提供奖品等；三是分类服务信息，包括旅游、美食、电影、家政服务、房屋租赁等。

多元化设计盈利模式，不仅能最大限度利用客户资源获取最大收益，而且还能帮助企业分散经营风险；通过不断开发基于相同和不同盈利模式的新产品，加强用户黏性，以达到保有并扩大用户资源降低经营风险的目的。

专栏 1

顺丰"嘿客"或成为新的盈利模式

通过大尺寸的平板电脑，进入电商网站，指尖在屏幕上滑动挑选中意的商品，最后下单，这一组网上购物的流程，近日被快递企业顺丰搬进了社区便利店即"嘿客"便利店。微信圈中甚至流传"嘿客，马云害怕的事终于出现了"，也有人说"嘿客影响

图片来源：www.sf-express.com

的不仅是马云的网购，它影响的是所有的平台类电商"。事实上，电商与物流业曾经互为上下游的关系，正被打破。电商早已开始涉足物流业，如今顺丰通过嘿客对上游的"逆袭"，这对电商以及物流业又将产生怎样的影响？

一、快递行业进入电商领域

快递也开始卖货啦？有人发现在北京通州小区底商开了一家名为"嘿客"的门店，这家"嘿客"属于顺丰速运旗下。顾客可以预购店内展示商品，通过电子触摸屏平板电脑下单，快递就会送货上门。"嘿客"利用手机二维码扫描等手段提供了新型虚拟购物方式。这种购物模式，对商家而言，以店面为介质可以解决商品销售和售后问题，但又可以提供精准的供应链甩掉库存包袱；对消费者而言，可弥补网购非直观感受，增强用户体验。

艾媒咨询CEO张毅在接受媒体采访时说，"嘿客"由物流逆向做商业，体现出未来快递末端配送多元化的趋势。"嘿客"的出现是很大的创新，它的主要贡献点在于把物流优势和未来的电商需求结合在一起，这一点有着很大的优势。

二、有戏没戏存争议

"嘿客"开始试运营后，业内分歧明显。有人在体验后，宣判"嘿客"死刑，缓期一年至两年执行。也有人说，顺丰创始人王卫在下很大一盘棋，会让阿里巴巴的马云颤抖。产生分歧的原因之一，即是一直以速递物流为核心业务的顺丰，在电商行业，是实实在在的新人。坚持自营战略的顺丰，除了高成本的挑战之外，如何才能吸引消费者入场，帮助社区居民解决传统的"最后一公里"配送难题，并让消费者接受"零库存"、"实体店预售"等消费形式，对顺丰而言更具挑战。

电子商务观察者、万擎咨询CEO鲁振旺并不看好顺丰"嘿客"的模式。"以后都会无线化，顺丰在店里配备电子设备，成本高，价值又一般。电商本身都是低成本，'嘿客'的利润要从哪里来，谁会为店里的纸片埋单。在店里体验网购，订了货同样要等，与自己网购并无区别，还不如手机方便。"不过，长期研究供应链的黄刚坚持看好这一模式。他表示，几年前，做物流的顺丰选择了配送要求最高的生鲜食品切入电商，没有人看好，但现在已经运营成熟。

三、物流与电商能否融合发展

在黄刚看来，顺丰推出嘿客是一次跨界经营。将来的大运营体系将是"商贸+物流+互联网+大数据+金融支付+线上线下体验的综合体"。业内人士预测，物流做电商，电商有物流，预示着将来两种行业融合为一体化的趋势。

融合有不同形式。一种是企业业态外延，形成网购到配送的完整体系；一种是通过利益链条，企业之间项目持股，达成业务共同体。电子商务当前的问题是，配送环境制约着电商的持续发展，所以一些电商已经开始建立自己的物流体系，那么，如果电商今后都朝着自建物流的方向发展，未来会蚕食单一物流企业的市场，所以，物流企业也开始试水电商。

在姚建芳看来，嘿客的服务对象是立足社区的，当前与嘿客合作的还只是大的商家或者电商，如果将来平台可以拓展，能够承担社区用户之间的C2C交易，以及社区商家针对用户进行的B2C服务，对社区居民而言，则提供了更为便捷的社区在线销售方式。在敖杨店里的二维码购物区中，摆放着樱桃、荔枝等新鲜水果的展示图片，只要顾客用手机扫中图片上的二维码，就有顺丰速运前去收购。它能够将农产品和"嘿客"便利店直接对接，这对开发农村电商市场和加速农产品的电商步伐都将有促进。

2. 盈利模式的特征

企业需要选择一个适合自己的盈利模式。那么，怎样才是成功的盈利模式呢？由于各行业宏观和微观经济环境处于不断变化的状态中，没有一个单一的特定盈利模式能够保证在各种条件下都产生优异的财务结果。美国埃森哲咨询公司对70家企业的盈利模式所做的研究分析中，没有发现一个始终正确的盈利模式，但却发现成功的盈利模式至少具有三个共同的特点，如图5-4所示。

第一，成功的商业模式要能提供独特价值。有时候这个独特的价值可能是新的思想；而更多的时候，它往往是产品和服务独特性的组合。这种组合要么可以向客户提供额外的价值；要么使得客户能用更低的价格获得同样的利益，或者用同样的价格获得更多的利益。例如，美国的大型连锁家用器具商场Home Depot，就是将低价格、齐全的品种以及只有在高价专业商店才能得到的专业咨询服务结

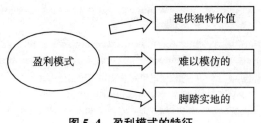

图 5-4　盈利模式的特征

合起来，作为企业的盈利模式。

　　第二，胜人一筹的盈利模式是难以模仿的。企业通过确立自己的与众不同，如对客户的悉心照顾、无与伦比的实施能力等，来建立利润屏障，提高行业的进入门槛，从而保证利润来源不受侵犯。比如，直销模式，人人都知道其如何运作，也都知道戴尔（Dell）公司是此中翘楚，而且每个商家只要它愿意，都可以模仿戴尔的做法，但能不能取得与戴尔相同的业绩，完全是另外一回事，这就说明了好的商业模式，总有一个环节是很难被人模仿的。

　　第三，成功的盈利模式是脚踏实地的。脚踏实地就是实事求是，就是把盈利模式建立在对客户行为的准确理解和假定上。比如说，企业要做到量入为出、收支平衡。这看似不言而喻的道理，要想年复一年、日复一日地做到，却并不容易。现实当中的很多企业，不管是传统企业还是新型企业，对于自己的钱从何处赚来，为什么客户看中自己企业的产品和服务，乃至有多少客户实际上不能为企业带来利润反而在侵蚀企业的收入等关键问题都不甚了解。

3. 盈利模式的作用

　　任何企业都有自己的商业模式及其相应的业务结构，但并不是所有企业都盈利，因而并不是所有企业都有盈利模式。盈利模式是企业商业模式的核心环节，对企业利润获取直接带来作用。盈利模式的作用如图 5-5 所示。

　　第一，盈利模式决定任何行业企业的生死。迄今为止还没有找到一个明确的盈利模式的企业是没有任何前途（钱途）可言的，无论企业的规模有多大，只要找不到正确适合的盈利模式注定过眼烟云、烟花一现。例如前几年的团购热，在全国各地出现了大大小小的本地商家团购网站，但最终由于缺乏一个好的盈利模式而纷纷倒闭。

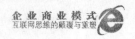

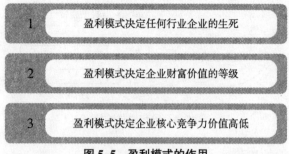

图 5-5　盈利模式的作用

第二，盈利模式决定企业财富价值的等级。在同一个行业中，往往存在着多种盈利模式，而不同的盈利模式也决定了不同的获利水平。例如在中国的家庭连锁行业里，全美巨头百思买进驻中国，采用的是差价模式，即从家电厂家直接批量采购，而由自用员工通过零售渠道销售出去，赚取差价；而国美苏宁等本地家电连锁，对厂家收取的费用包括进场费、销售分成佣金以及各种店庆促销等推广费用。这两种盈利模式收到的效果显著不同，最后以百思买退出中国为结局。这里需要指出的是，哪些盈利模式获利更大很大程度是跟当地市场的环境相关，如果百思买和国美、苏宁的故事发生在美国，那也许是百思买的获利水平更高。

第三，盈利模式决定企业核心竞争力价值高低。盈利模式分为自发的盈利模式和自觉的盈利模式两种，前者是自发形成的，企业对如何盈利，未来能否盈利缺乏清醒的认识，企业虽然赚到钱，但盈利模式不明确不清晰，其盈利模式具有隐蔽性、模糊性、缺乏灵活性的特点；后者是企业通过对盈利实践的总结，对盈利模式加以自觉调整和设计而成的，它具有清晰性、针对性、相对稳定性、环境适应性和灵活性的特征。在市场竞争的初期和企业成长的不成熟阶段，企业的盈利模式大多是自发的，随着市场竞争的加剧和企业的不断成熟，企业开始重视对市场竞争和自身盈利模式的研究。那些能比同行竞争对手率先找到并设计出更加高效盈利模式的企业，才能获得更加持续的竞争优势。

4. 盈利模式的构成要素

研究企业盈利模式，有必要借助有效的分析手段，我们在长期研究成功企业的盈利模式时，归纳和总结了企业盈利模式分析和设计的五个要素，几乎所有企业的盈利模式都是以某一个或两个要素为核心的各要素不同形式的组合，如图5-6所示。

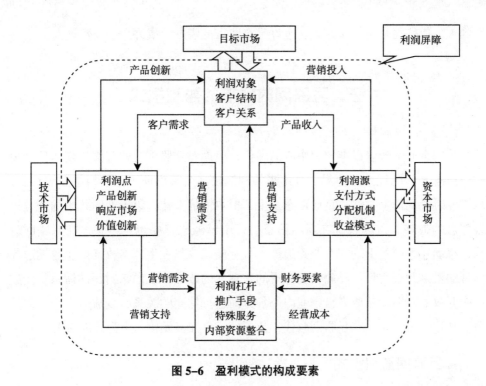

图 5-6 盈利模式的构成要素

第一，利润源。利润源是指企业提供的商品或服务的购买者和使用者群体，他们是企业利润的唯一源泉。利润源分为主要利润源、辅助利润源和潜在利润源。好的企业利润源，一是要有足够的规模，二是企业要对利润源的需求和偏好有比较深的认识和了解，三是企业在挖掘利润源时与竞争者比较而言有一定的竞争优势。

第二，利润点。利润点是指企业可以获取利润的产品或服务，好的利润点一要针对明确客户的清晰的需求偏好，二要为构成利润源的客户创造价值，三要为企业创造价值，有些企业的产品和服务或者缺乏利润源的针对性，或者根本不创造利润。利润点反映的是企业的产出。

第三，利润杠杆。利润杠杆是指企业生产产品或服务以及吸引客户购买和使用企业产品或服务的一系列业务活动，利润杠杆反映的是企业的一部分投入。

第四，利润屏障。利润屏障是指企业为防止竞争者掠夺本企业的利润而采取的防范措施，它与利润杠杆同样表现为企业投入，但利润杠杆是撬动"奶酪"为我所有，利润屏障是保护"奶酪"不为他人所动。

第五，利润家。利润家是指企业内对企业如何盈利，具有极强的敏感和预见

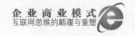
性的人，他往往是企业家本人，也许是企业家的盟友，或许是职业经理人。

三、互联网时代下的盈利模式

传统企业都奢谈以客户为中心的定价，但面对互联网时代突然出现的免费模式，所有基于既定企业边界设计出来的利润模式全部崩溃了。其根本原因在于，从工业时代到信息时代，企业形态发生了根本性的变化，以工业时代中的企业思维造就的战略、盈利模式在新的信息时代中已经或将要走到尽头。在互联网时代，移动互联网的出现，企业无边界，盈利模式自然发生根本改变。企业无边界体现的就是开放交互。开放交互体现的是观念的改变：从原来封闭的体系，变成一个开放的体系；从原来与企业内外各方面进行博弈的关系，变成一个交互的关系。从这一点上说，在互联网时代，盈利模式更加多元化，更为开放自由。

1. 互联网盈利模式

互联网的盈利模式，不外乎是通过提供服务，如广告、娱乐游戏、交易平台、利用信息交易，或是交易平台，将钱抓住的，都可算作是互联网的盈利模式的一种方式。具体来说，互联网盈利模式基本可分为流量获取和流量变现两大部分。互联网企业通过聚合内容，向用户提供服务，以此换取用户流量，并且通过一定的变现方法，将用户流量转变为收入。其中，流量获取的基础是满足用户的需求。一般来说，面向普通消费者的互联网产品，一般在信息、社交、娱乐和购物四个方面满足用户需求。相关的互联网产品及其满足的需求见图5-7。

不仅如此，还出现了一些平台型产品，满足了用户需求。其中包括内容分发平台和电商导购平台。内容分发平台是在用户与内容生产者之间建立桥梁，帮助内容生产者将内容传递给用户，帮助用户找到优质的内容，满足用户信息获取、娱乐、社交和购物等需求，如移动MM和APP Store。而电商导购平台，本身并不销售商品，通过将各种电商购物网站的信息搜集聚合，帮助消费者方便找到目标商品的产品形式，例如，团800、一淘就是这类代表。

与此同时，互联网流量变现路径并不多，一般只有广告、增值服务和交易佣金三大类。

产品形态	代表产品

信息
- 新闻资讯 · 搜狐、网易、新浪、腾讯、凤凰
- 搜索服务 · 百度、360、搜狗、谷歌、搜搜、必应
- 垂直信息 · 智联招聘、百合网、搜房网、虎扑网、中关村在线

社交
- 论坛 · 天涯社区、豆瓣网、猫扑
- 即时通讯 · QQ、微信、飞信、阿里旺旺、YY语音
- 邮箱 · 139邮箱、网易邮箱、QQ邮箱
- 社交 · 微博、QQ空间、人人网、朋友网、开心网

娱乐
- 游戏 · 传奇、征途、穿越火线、地下城与勇士、天天酷跑
- 视频 · 优酷、土豆、奇艺网、搜狐视频、迅雷看看、腾讯视频
- 音乐 · 酷我、酷狗、QQ音乐、虾米音乐、百度音乐、多米音乐
- 阅读 · 起点中文网、纵横中文网、17k小说、腾讯文学

电商
- 直接销售 · 京东、亚马逊、1号店、易迅网、苏宁易购
- 电商平台 · 淘宝、天猫
- 团购 · 美团网、大众点评网

图 5-7　互联网产品及其满足的需求

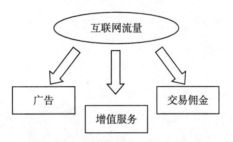

图 5-8　互联网流量的三种变现路径

第一，广告。广告是一种最容易变现，但变现能力相对较低的模式。只要有流量，就可以通过广告进行变现。广告是很多互联网企业最主要的收入来源。互联网企业都会提供各种形式的广告服务，如门户网站新浪、搜狐、腾讯等的Banner广告，Google、淘宝搜索页面的匹配广告，Facebook、广点通等社区广告。

第二，增值服务。增值服务是难度最大但变现能力最强的模式。增值服务在国外又称为Freemium模式，其核心在于为大多数用户提供免费的服务，然后通过收费的增值服务获取收入。增值服务的具体表现形式有很多种，常见的如虚拟形象、游戏道具、VIP特权等。这种模式的核心在于降低用户使用门槛，满足用户的基本需求，然后有技巧地设计增值服务内容，这种模式对于企业的产品设计能力要求较高，若操作得当，能获得极高的收益。

第三，交易佣金分成模式。佣金和分成都不是互联网发明的名词，这些形成

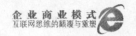

已久的商业秩序在互联网行业被沿用，形成了互联网的盈利模式之一。这种互联网盈利模式，是帮助客户达到某种目的，然后收取佣金或者按照一定的比例从客户的收入中分成。交易佣金模式在互联网发展早期比较普遍，当时的代表就是易趣网。随着免佣金的淘宝网崛起，交易佣金模式在面向普通消费的互联网产品中很少使用（面向企业的交易服务依然存在）。然而，随着移动互联网的兴起，交易佣金模式在移动数字内容的销售中焕发新生，代表产品为 APP Store。以 APP Store 为代表的应用商城通过数字内容的交易获得大量佣金收入，其中，苹果在 2012 年全年来自"iTunes, Software and Services"类别（含 APP Store 等 Store）的总收入达到 135 亿美元。一般来说，交易佣金分成模式有许多具体落地方式，如电商平台、团购与优惠券。

专栏 2

融 360 打造闭环 O2O 打造四种盈利模式

一、公司介绍

融 360（www.rong360.com），北京融世纪信息技术有限公司，成立于 2011 年 10 月，总部在北京，另在上海、深圳、天津设有区域中心。融 360 是融资贷款及

图片来源：www.rong360.com

信用卡的搜索、推荐与服务平台，为小微企业和个人消费者免费提供便捷、划算、安全的金融服务。

在融 360 平台上，金融产品来自包括国有银行、股份制银行、外资银行、城市银行、小额贷款公司等金融机构。用户只需录入自己个人基本情况，就可以得到符合条件的多家银行的贷款产品、利率水平等信息，从而实现个人需求与金融产品的高效匹配。截至 2013 年底，融 360 全国城市覆盖将近 100 个，用户累计申请融资金额近 3000 亿元，获得批准近 300 亿元。其中，经营性贷款的申请金额累计过千亿元，审批通过约百亿元，成功率在 10%左右。

二、融 360 发力金融垂直搜索，打造闭环 O2O

与其他互联网金融模式 P2P、众筹等有所不同，融 360 等金融搜索平台

旨在撮合金融产品和客户，并不介入金融产品的设计和创新，而在金融服务领域中深挖，这种商业理念不仅能有效地规避激烈的市场竞争现状，也能避开监管政策上的红线。融360具体的商业逻辑是，通过线上化过程，减少资金供需双方的信息不对称，从而降低供需双方的交易成本，提供金融产品更为精准的供需匹配，核心在于对大数据的有效运用，即"搜索比价"。

在前期发展过程中，融360的本质其实是一个融资产品的聚合器，在个人客户和小微企业的融资需求上集中火力，试图解决贷款市场的双边需求。贷款者只需在网站上输入贷款金额、还款期限、自身收入等基本信息，即可得到相应金融机构（银行和其他信贷机构）提供的符合条件的贷款方案；贷款者可以在比对各方案额度、利率、月供、放款时间、放贷成功率等各项指标后，自主选择方案并一键提交申请，无须前往线下物理网点办理。目前，与融360合作的金融机构近6000家，贷款产品达15000种，信贷经理超过10000人。

在推进线上搜索产品的同时，线下的大量运营工作同样必不可少，为了满足资金需求方的海量选择，促成线上贷款申请的最终落地，平台网站需要O2O工作的大力推进。通过改造传统的融资申请流程，融360正在搜索、比价、申请和洽谈方面形成一个O2O业态。

与此同时，金融搜索平台在搜索比价的基础上不断延伸服务，2013年7月，融360推出信用卡服务，在公司网站可以浏览各家银行的信用卡信息，还可以申办信用卡及申请信用卡贷款。2014年6月，融360正式上线理财搜索和比价服务，向用户提供包括银行理财、互联网理财和网贷投资等金融产品信息，让用户找到自身可承受风险与预期收益的平衡点，并给出客观中立的产品测评。

截至目前，融360已完成了从贷款、信用卡到理财服务的闭环打造，但用户体验仍存明显不足，投资者还不能从理财网站上完成交易，融360在下一步应加速闭环交易平台的开发。

三、融360的四种盈利模式

就盈利模式而言，搜索引擎巨头百度还停留在竞价排名为主的时代，而融360决定回避竞价排名这一手段，通过其他方式来创造收入。据融360创

始人叶大清介绍，融360的盈利模式主要有四种：第一，向金融机构推荐贷款客户，并收取50元到100元的推荐费，这一部分盈利来源需要平台的细致匹配来支持。第二，撮合交易。在用户申请贷款过程中，融360帮助用户完成整个贷款流程。贷款获批后，融360收取贷款额的0.5%~3%作为返佣。第三，金融机构投往该网站的广告费，需要依托海量流量产生，但广告收益并不是融360收入的重点。第四，给金融机构做客户信用评估的收费服务，即给风险定价，或者是协助金融机构给风险定价。对用户行为数据进行挖掘和分析，再出售给对口的金融机构。

对此，叶大清指出，风险定价并不是什么新概念，银行的核心就是给风险定价，但是做得不够好，很多拿不到贷款的中小企业资质其实很好，融360将通过互联网和金融垂直搜索去解决信息不对称问题，未来该部分将成为重要收入来源。

2. 移动互联网盈利模式

中国已经成为全球最大的智能手机市场。随着智能手机的普及，手机应用已经逐渐改变人们生活的方方面面，移动互联网浪潮已经到来。移动互联网将取代桌面互联网，将融入主流生活与商业社会，成为每个人连接世界、认知社会、传播智慧的首要渠道。在CSDN 2012移动开发者大会上，李开复在谈到移动互联网盈利模式的时候表示，和互联网一样，移动互联网有四种盈利模式，即一靠入口或者门户；二靠游戏或者虚拟货币、虚拟道具；三靠商业服务；四靠广告。无独有偶，360周鸿祎认为：无论是互联网还是移动互联网，其盈利模式只有三个，一个是广告，另一个是向用户直接收费，还有一个就是向用户卖东西，其中就有O2O和电子商务。可以说，移动互联网盈利模式还处在摸索阶段，每个人的看法都不尽相同，但反映的都是对移动互联网盈利模式的思考。

目前，移动互联网产品的主流盈利模式大概可以分为三类：广告、IAP、Freemium。这三种盈利模式有各自的特点，在针对的收费人群以及收费策略上也各有不同。

第一，广告。应用内嵌入广告的盈利模式可以说是移动互联网产品使用的最普遍的一种盈利模式了，我们见到的一部分应用和大部分游戏均采用这种盈利模式。应用内嵌入广告的模式操作起来相对简单，只要将广告条放置在应用界面的固定位置（通常是顶部或底部）即可。同时，不同的应用还提供了不同的去广告方式。有通过付费下载去广告版应用来实现向厌烦广告的一部分用户收费的目的，也有较为温和的通过求捐助的方式在博得用户同情的基础上提供去广告服务。糗事百科的 iPhone 客户端就是求捐助去广告方式的一个典型的例子。

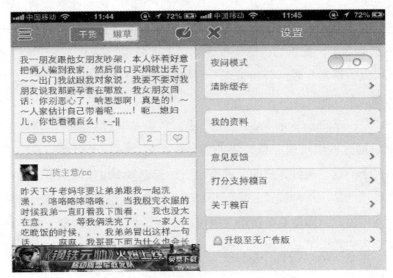

图 5-9　糗事百科的 iPhone 客户端界面

应用内嵌广告的方式缺点非常明显。内嵌广告质量参差不齐；大多数广告与应用本身并不存在任何联系；内嵌广告占用了用户的可视空间，影响了用户体验；盈利效果并没有想象中的那么好。虽然缺点明显，但仍然有相当一部分移动互联网公司采用广告这种盈利模式，在无法为自己的产品找到更好的盈利模式之前，内嵌广告只能算作是一个权宜之计，无法长久维持。

第二，应用内购买 （In-App Purchase，IAP）。IAP 的模式更多见于手机游戏中，提供购买的也基本上是游戏中需要花费的金币或其他消耗品。也有其他应用尝试采用 IAP 的盈利模式，前一阵 APP Store 应用推荐榜上有名的 Repix 就是一个很典型的使用 IAP 盈利模式的应用。Repix 中初始包含了十分有限的一小部分滤镜画笔提供给用户进行体验，而更多的滤镜画笔包则设定为内购解锁的形式。内购模式的基本思路是在应用中将最基本的功能开放给用户使用。一旦用户对应用的功能产生了兴趣或形成了初步的使用习惯之后，应用内的内购可为用户提供

高级功能或附加特性的解锁服务。IAP 模式对用户的初期体验依赖非常强烈，如果开放的基本功能不能很好地吸引用户或给予用户较好的使用体验，很难再让用户进一步为这个应用花费更多金钱。

相比其他类型的应用，手机游戏使用 IAP 模式更为普遍，且效果相对来讲也更好。游戏相对来说可以更轻松地使特定用户群（即针对特定游戏类型的玩家）产生一定的黏性，同时也能更方便地利用游戏玩家的心理和性格软肋，再设置适当的内购价格，效果会明显好于其他类型的应用。而工具类应用若不能很好地抓住用户的根本需求，提供的内购很难达到预期的效果，甚至会遭到用户的诟病。IAP 模式可以为移动互联网公司带来一定的收益，但这种收益并不稳定，效果也不尽如人意。

第三，Freemium。所谓 Freemium 模式，意思是通过一部分免费服务来吸引用户，而后通过提供增值服务，将一部分免费用户转化为付费用户。Freemium 模式最常见于网盘、邮件客户端、网络相册、云记事本以及网络电话等多种不同类型的互联网产品。这种模式的优点非常明显，免费服务可以在最大限度上给用户最好的使用体验，即使是免费用户也可以很好地使用应用的绝大部分功能，当一部分免费用户产生了足够的黏性后，有更高需求的用户自然会转变为付费用户来享受增值服务。

Freemium 模式与 IAP 最大的区别就在于理念。IAP 试图通过限制较大部分的功能和附加属性来强迫用户付费，用户使用这类应用时会有一种被绑架的感觉；而 Freemium 遵循的是"二八定律"，即 80% 的用户均为免费用户，仅有 20% 或更少比例的高端用户会成为付费用户。通过一个较长的使用过程，让一部分用户在毫无压力或没有被强迫感的基础上自然地转变为付费用户，花钱购买增值服务。因此，使用这个模式的应用在初期有一个用户积累的过程，在这个过程中几乎没有付费用户产生。当用户量积累到一定程度的时候，使用习惯也基本形成了，此时付费用户量才会开始增长。而仅仅是一小部分的付费用户为公司带来的收入即可弥补初期阶段提供免费服务带来的前期支出。

Evernote 作为成功应用 Freemium 模式的最典型案例，为互联网公司树立了很好的榜样。用户可以免费使用 Evernote 的绝大部分功能，但云端空间拓展以及诸如移动设备密码保护等高级增值功能需要付费使用。Evernote 的付费用户比例并不高，但单月收入已经让很多互联网公司望尘莫及了。Freemium 模式目前被普遍认为是一种较好的互联网公司盈利模式，同时也是最适合移动互联网特点的一种盈利模式。

专栏 3

TV189"创视·云"平台，引领互联网视频全新盈利模式

一、公司介绍

天翼视讯传媒有限公司（以下简称天翼视讯）于 2011 年 3 月 25 日在上海挂牌成立，公司前身为中国电信的视讯运营中

图片来源：www.tv189.com

心，负责中国电信集团范围内所有移动和在线视频业务的运营。2012 年 6 月 2 日，天翼视讯完成首轮私募，独家经营中国电信旗下的视讯业务。天翼视讯通过先进的移动流媒体和视频下载等技术手段，为中国广大互联网及移动互联网用户提供内容丰富、高质高清的在线播放和下载服务。秉承"合作、共赢"的理念，三年间，天翼视讯已同全国近 130 家合作伙伴达成了广泛合作，协同产业链上下游企业，共同推动中国视讯产业的集聚和发展。天翼视讯已经成为中国最大的付费视频服务平台之一，成功实现了用户付费观看的商业模式。

二、天翼视讯推出领航者计划，启动 TV189"创视·云"平台

2013 年 4 月 11 日，天翼视讯召开发布会，正式宣布启动"领航者计划"及"创视·云"平台的上线。这标志着天翼视讯将通过开放平台策略，积极推进视频行业收费模式。此次适时推出"领航者计划"，为的是向合作伙伴提供全方位的视频及收费解决方案。

作为中国领先的在线视频付费平台服务商，全新上线的 TV189"创视·云"B2B 云平台，凭借其领先的技术优势及运营商级平台能力，通过开放 API 接口，将视频鉴权计费、流媒体服务、海量超清视频资源及天翼用户识别能力同广大互联网视频及应用服务合作伙伴深度共享，为合作方提供安全可靠的视频服务及分成平台。

TV189"创视·云"平台将传统视频云的第三方视频服务能力与视频付费能力融合于一体，为合作方提供一站式的视频化及用户付费转化能力。通

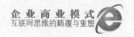

过接入"创视·云"平台，合作伙伴将获得海量超清视频库，基于个性化视频内容轻松实现一键付费。同时，依托天翼视讯强大的 CDN 分发加速能力，为用户提供清晰、顺畅的视频播放体验。

三、"领航者计划"吹响行业集结号，开拓移动互联网的价值蓝海

对于网络视频的未来发展，多数人看好却看不透。继乐视网等互联网公司抱团试水收费在线观看电影视频后，越来越多的视频网站选择加入了收费阵营。基于行业趋势，作为国内最大的付费视频服务平台，天翼视讯一直致力于摸索在线视频赢利之道，并致力于为广大互联网视频及应用服务合作伙伴提供安全可靠的服务及分成平台，从而达成产业链各方参与者的共赢。

天翼视讯正式运营上线以来，借助运营商通道，始终坚持"正版＋收费"的经营模式。通过三年多时间的精细化运营，目前天翼视讯已同全国近130家合作伙伴达成了广泛合作。天翼视讯手机平台用户数已超过9000万，付费用户数接近1300万，成功实现了用户付费观看的商业模式，也用自身的发展壮大验证了用户愿意为优质内容付费的理念。

与此同时，内容免费加广告模式盈利前景暗淡，越来越多的视频网站选择加入了收费阵营。互联网视频收费俨然已成为业界共识。基于行业趋势，依托强大的视频服务平台以及稳定完善的付费模式，天翼视讯此次适时推出"领航者计划"，致力于为合作伙伴提供全方位的视频及收费解决方案。

"未来移动互联网业务的竞争，必然需要全平台运营的能力。天翼视讯推出领航者计划，相信合作伙伴都能看到我们的诚意和其中蕴藏的商机，希望大家一起做，共同把市场份额做大！"天翼视讯总经理康剑如是说。天翼视讯在打造新业务和新平台时，将考虑三方面的能力结合：一是需要完善的收费分成平台，这是合作共赢的前提；二是需要有差异化优质内容，这是用户愿意付费的基础；三是需要开拓渠道汇聚流量，做大影响力。三者缺一不可。

四、互联网时代盈利模式设计

盈利模式创新、设计的背后有一定的规律可循。如果能够把握其背后的机理，则盈利模式创新、设计可收事半功倍之效；反之，则会徒劳。为了对互联网盈利模式进行设计，我们从盈利模式的四定分析入手，解构互联网盈利模式的内在运作机理。

1. 互联网盈利模式的四定

很多人一谈起"盈利"，就马上联想到定价，其实互联网盈利模式内涵之丰富，远远超过定价。概括而言，盈利模式包括"四定"，如图 5-10 所示。

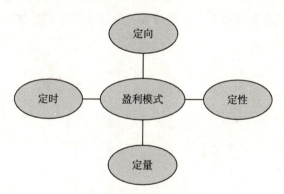

图 5-10 盈利模式的四定

第一，定向。价值的流向如何表现，具体是，收入从哪些利益相关者获取，成本支付给哪些利益相关者，有哪些成本由其他利益相关者承担等。例如腾讯 QQ 用户分有普通会员和收费会员，普通会员免费使用 QQ 平台的基本特权，但如果用户想要更多特权，例如头像个性化、最高 2.7 倍等级加速、每天 19 点成长值、聊天气泡、出场动画、消息记录全员永久漫游、最高 2000 人群等尊贵特权，收费为每月 20 元。反过来，在银行系统，普通账户转账的手续费高，而存款较大的 VIP 账户免费享受各种服务。

第二，定性。收支是按照时间计价、按照使用量计价还是按照价值计价等。例如之前的彩英手机版，一般采取对订制用户收取包月订阅费的方式，包月费一

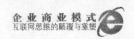

般在 3~20 元不等。而 WAP 手机报则根据用户浏览网站的时间或者流量计费。中国移动目前的 GPRS 流量计费标准为 0.03 元/KB，如果要长期浏览 WAP 手机报，还可以办理 GPRS 流量经济套餐，WAP 不计流量，20 元包月。

第三，定量。同样是按照时间定价，是每天 100 元，还是包月 500 元，就是同一个定性里面的不同定量。这个就容易理解，例如某些大型小区小巴，每次乘坐交纳 7 元，而针对上班族，车队提供一种月卡，包月 300 元，不限次数。

第四，定时。同样一笔收入，是提前支付，还是分期付款，或者是分段支付等，支付的时间不同，企业的现金流结构将有差异，会直接影响企业价值。这个最典型就是购买商品房，房地产公司可提供一次性付款和分期付款等政策让不同购买者选择。

通过"四定"来设计盈利模式的，最典型就是中国移动和中国联通等运营商的收费服务，以中国移动为例，根据用户价值、通讯内容偏好来制定不同的"四定"组合，设计出面向商务人士的全球通、年轻人群的动感地带、低消费人群的神州行。

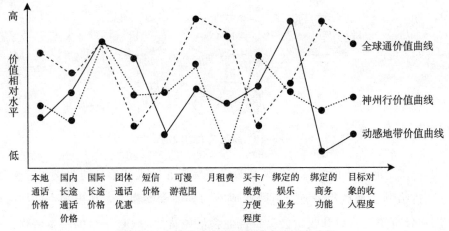

图 5-11 中国移动产品盈利模式的四定分析

2. 互联网盈利模式设计

任何行业的利润都是由于企业盈利要素"价值匹配度"的不同而分成不同区域的，如高利润区、平均利润区、低利润区和无利润区。在不同的利润区盈利模式是完全不同的，自然利润状况也不同；与此同时，企业处于何种利润区是盈利模式决定的。盈利模式是探求企业利润来源、生成过程和产出方式的系统方法，俗称商业模式。因此，一个企业只有在盈利模式设计完成的前提下，才能进行业务规划设计、营销模式规划、财务预算、人员管理考核方式设计等相关运营层面的规划，否则就会出现各种"脱节"现象：业务与财务脱节、销售与品牌建设脱节、人员能力与考核脱节、销量与利润脱节、生产研发制造部门与市场营销部门脱节等。

一般来说，盈利模式设计包含价值发现、价值匹配和价值管理三个关键技术，如图 5-12 所示。第一，价值发现——决定利润的来源；第二，价值匹配——决定盈利水平高低；第三，价值管理——决定盈利能力的稳定性。可以说，这是盈利模式构建的三步骤。

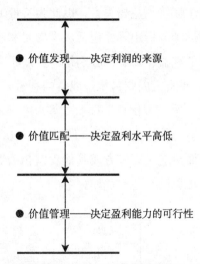

● 价值发现——决定利润的来源

● 价值匹配——决定盈利水平高低

● 价值管理——决定盈利能力的可行性

图 5-12　盈利模式设计包含的三个关键技术

基于互联网思维的盈利模式表现很多方面，如海尔的定制化冰箱，它是按需定制，厂商提供满足用户个性化需求的产品即可；如淘品牌"七格格"，它是在用户的参与中去优化产品，每次的新品上市，都会把设计的款式放到其管理的粉丝群组里，让粉丝投票，这些粉丝决定了最终的潮流趋势，自然也会为这些产品埋单。可以说，互联网下的盈利模式设计，主要是对企业的收支来源和收支方式进行规划和设计。其中，收支来源，包括收入来自（或者成本支付给）哪些利益相关者、哪些产品或者服务（或者哪些业务）、哪些资源能力等。收支方式，是按照消费资格（进场费）、消费次数（过路费）、消费时长（停车费）、消费价值

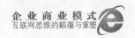
（油费）、消费增值（分享费）的方式收费，以及免费等。

首先要界定盈利模式中的利益相关者。商业模式本质上就是利益相关者的交易结构。在商业模式理论利益相关者有内外之分，内部利益相关者是指企业的股东、企业家、员工等，可以是个体，也可以是特殊的部门群体。而外部利益相关者指的是企业的顾客、供应商、其他各种合作伙伴，包括企业的直营店控股公司参股公司和纯市场合作关系的公司或机构等。这些内外部利益相关者在一个商业模式架构下通过各种交易活动相互联结起来：各取所需，各有所得，为彼此创造一个独特的商业价值体系。

那么该如何去划分这些利益相关者，使之真正体现他们潜在的价值并为整个商业模式系统贡献一己之力呢？这就要从企业盈利的角度出发，即企业收入和成本的来源分别归属于哪些利益相关者，以此为考量来设计一个企业的盈利模式。

我们可以设定一个分析矩阵，包括成本支付和收入来源两个维度水平方向表示为企业贡献收入的利益相关者，分别是"直接顾客"、"直接顾客和第三方顾客"及"第三方顾客"；垂直方向则为承担成本的利益相关者，可以分为"企业"、"企业和第三方伙伴"、"第三方伙伴"以及"零可变成本"。这样就得出一个包含 12 个子区域的盈利模式矩阵，如图 5-13 所示。可以看出，收入来源可以不是直接顾客或主营业务，而可能是第三方或其他利益相关者。成本和费用也不一定是企业自己承担，可以转移给其他利益相关者。

成本支付		直接顾客	直接顾客和第三方顾客	第三方顾客
	零可变成本	PM9	PM10	PM11
	第三方伙伴	PM6	PM7	PM8
	企业和第三方伙伴	PM3	PM4	PM5
	企业	PM0	PM1	PM2
		直接顾客	直接顾客和第三方顾客 收入来源	第三方顾客

图 5-13　盈利模式分析矩阵

限于篇幅，这里选择 PM1、PM5 进行详细介绍，其他象限同理推导。

（1）PM1：企业投入成本生产产品或者服务，从直接顾客和第三方顾客均获取收入。比如，杂志向读者收取订阅费用，同时向在其上发布广告的商家收取广告费，在这个盈利模式中，广告商的目标受众是杂志的读者，因此是杂志的第三方顾客，而读者无疑是直接顾客。腾讯的互联网增值服务就采取这样的方式，虚拟的衣服、道具、宠物等都向直接顾客收费，而这些产品的边际成本几乎为零，同时腾讯也向嵌入其网络游戏或其他应用即第三方顾客收取服务费。

（2）PM5：企业和第三方伙伴承担生产成本，第三方顾客支付价格，直接顾客免费。在这里，第三方伙伴和第三方顾客可以作为同一主体出现。例如，在2012年最火的电视娱乐节目"中国好声音"中，浙江卫视和节目制作方作为企业和第三方伙伴共同投入、共担风险、共享利润，加多宝提供赞助和宣传，中国移动同时作为第三方伙伴和顾客提供彩铃下载服务，与浙江卫视和制作方利润分成，全国手机用户作为第三方顾客通过下载彩铃为企业贡献收入，电视观众则免费观看节目。

明确利益相关者后，从利益相关者的角度思考盈利模式，关键在于寻找利益相关者之间的关联性，思考以下问题：他的利益诉求是什么？谁能够影响他？在什么条件下他愿意参与这个商业模式？等等，只要在众多利益相关者之间形成价值闭环，他的需求有人提供，他的成本能够承担，他的收益可以保证，他的优势可以发挥，这就是一个完整的盈利模式循环。

除了收支来源外，互联网盈利模式设计往往也要考虑收支方式。互联网盈利模式收支方式中，消费资格（进场费）、消费次数（过路费）、消费时长（停车费）、消费价值（油费）、消费增值（分享费）等收费方式都有现实的应用意义。

第一，进场费。进场费顾名思义授予了消费者某种资格，通过支付进场费消费者获得了某种权利，如会员费、订阅费、自助餐费、一次性销售等。消费者通过支付会费获得参加某个活动或者享受某项服务的权利；订阅费更是如此，通过订阅某一数据库获得在规定时间内无限次使用该数据库的权利。

第二，过路费。过路费则依据消费次数而定，消费的次数越多收取的费用也就越多：如按点击数收费的搜索广告、按健身次数收费的健身费，以及投币洗衣机。停车费是以消费时长为计算依据向消费者收取的一种费用。如最常见的话费就是按照消费时长来计费的，除此以外，按在线时长收费的网络游戏也是采用停车费这一计费方式。油费则是根据其为消费者提供的价值多少来确定的。如按成本定价网络游戏销售道具、计件定价都是向消费者收取油费的具体形式。

第三，分享费。分享费要属这几种收费方式中最为新颖和高级的一种了，它以价值创造为基础向消费者收取费用。具体的实施案例有加盟费、能源合同管理

以及投资基金等，消费者通过支付分享费来分享某一项目实施后所创造出来的价值。

【章末案例】

万达发展电商，找到互联网盈利模式

一、公司介绍

大连万达集团（以下简称万达）创立于1988年，2013年，企业资产3800亿元，年收入1866亿元，净利润125亿元，已开业88座万达广场、55家五

图片来源：www.wanda.cn

星级酒店和超五星级酒店、1247块电影屏幕、78家百货店、84家量贩KTV。目前万达已经形成商业地产、高级酒店、文化旅游和连锁百货四大核心产业。

万达商业地产股份有限公司是全球商业地产行业的龙头企业，已在全国开业93座万达广场，持有物业面积规模全球第二。万达商业地产公司拥有全国唯一的商业规划研究院、全国性的商业地产建设团队、全国性的商业管理公司，形成了商业地产的完整产业链。万达集团酒店管理公司目前已在全国开业运营59家五星级和超五星级酒店。同时，万达拥有全资的万达嘉华五星级酒店、万达文华超五星级酒店和顶级的万达瑞华酒店品牌。万达文化产业集团是中国最大的文化企业，注册资金50亿元，资产440亿元，2013年收入255亿元，已进入电影院线、影视制作、影视产业园区、舞台演艺、电影科技娱乐、主题公园、连锁娱乐、报刊传媒、字画收藏、文化旅游区等多个行业。截至目前，共拥有1247块电影屏幕、89家量贩KTV。万达百货已在北京、上海、南京、成都、武汉等地开业83家百货店。

万达的核心理念是"国际万达，百年企业"。万达致力于成为一家企业规模、管理、文化达到国际级，成就世界一流企业，做一家追求基业长青的"百年企业"。北京时间2012年9月5日凌晨，万达集团宣布完成对AMC娱乐控股公司价值26亿美元的收购，成为全球最大影院运营商。2015年目标：资产5000亿元，年收入3000亿元，净利润200亿元，成为世界一流企业。

二、万达的互联网思维，探索 O2O 线上线下融合模式

提起万达的互联网思维，我们不禁想起 2012 年万达董事长王健林与阿里巴巴创始人马云的那场对赌，王健林说：我跟马云先生赌一把，10 年后如果电商在中国零售市场占 50%，我给他一个亿，如果没到他给我一个亿。之后，万达集团董事长王健林也表达了自己的互联网思维。他说，所谓的互联网思维就是创新思维，创新思维不是互联网公司才具有的，很多公司都具有创新思维，万达做商业地产，从住宅地产到不动产，这些都是创新思维。

为了迎接互联网时代，王健林要求万达人必须要有互联网思维。在公司里，王健林的观点是 10 年后没有单纯的实业企业，也没有单纯的互联网公司，一定是线上线下结合。他相信最终的发展趋势是融合，没有完全特色鲜明的单一的实业或互联网企业。

在万达未来布局中，王健林表示，将全力发展电商公司，做真正的 O2O。在王健林的架构中，万达的 O2O 定位是智慧广场，核心是大会员体系。根据王健林报告中的描述，成为电商会员后，消费者会获得一个二维码电子卡，只要人距离商场一公里，系统就可以感应到，到商场之后系统会自动跟踪记录会员的消费行为。会员在卡内充值，消费时手机扫描就可以扣款，省去了刷卡流程。会员通过消费换得的积分，可以在万达全国的酒店、商场、度假区折算使用。在支付环节，王健林说，可能跟淘宝或腾讯任何一家合作，如果不合作，"我们就再买一个支付系统"。

目前万达已拥有下半环，正打通上半环，即线上线下融合。王健林透露，万达正在六个万达广场试点，至少试水半年才能确定，简单说是会员数据运营，从 2013 年到 2014 年，会员平均一年进万达广场 10 次以上。万达思考的是，如何提供更高增值服务，包括提供信息、订票等合作，把这些结合到一起，使会员活跃起来，消费产生大数据，反过来支持对前期招商的调整，把上面的半环给画上，这个过程也许要两三年定型，万达今年底或明年初会正式宣布电商商业模式。

2013 年年底，万达电商产品"万汇网"及手机客户端"万汇"上线试运行，与天猫、京东等 B2C 电商不同的是，万达电商就被定位为"O2O"（Online to Offline）的电商模式。

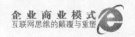

万达在探索O2O模式过程中也借用外力。被问及是否会与腾讯或者阿里合作时，王健林很肯定地说："肯定以我们为主，还会有行业兄弟哥们帮忙，最后万达电商O2O出来可能是一个合作的模式，因为我们也是希望有经验的兄弟跟我们一块来干更好"。

三、成立万达电商，找到盈利模式

2014年7月17日，万达集团董事长王健林在2014年万达集团半年工作会议上做了最新报告。在报告中透露，万达将联合中国最大的几家电商成立万达电商，首期投资50亿元。万达电商的规划包括：将联合中国最大的几家电商成立万达电商；万达电商的核心工作就是用3年左右时间找到盈利模式；让万达电商成为O2O的代名词；不允许万达各系统单独做电商等。到2020年，万达电商将与不动产、文化旅游、金融、零售一起构成万达的五大业务板块。

在万达董事长王健林工作报告中，万达要全力发展电商公司，并在报告中制定了具体对策。

首先，所有网上资源全部给电商公司。这不是要求，而是纪律，今后不允许各系统单独搞电商，资源要集中，所有网上资源统一划给电商公司。同时，万达电商要在一两年左右，让大家一说万达电商，就立刻联想到是真正的O2O。万达电子商务模式的物理形象要尽快展示出来，要回答万达电商是什么。

其次，找到盈利模式。万达电商的核心工作是用3年左右时间找到盈利模式，即使不盈利，也要看到盈利方向。万达2014年线下消费人群将突破15亿人次，按数学模型测算，到2020年，万达线下消费人群将超过50亿人次，如果每人每年在万达消费12次，就是4亿多人。2020年中国城市人口如按8亿计算，意味着一半中国城市人口都是万达的消费者。这么大的消费人群如何转化为盈利，这是万达电商要认真思考的。

最后，放手让电商发展。王健林表示，从我到总裁到分管副总裁，大家一定不要用万达传统的管理思维管电商，不能用房地产思维模式来思考电商发展，要给电商创新、决策、财务的自主权，会后尽快把管理制度定出来。但放手并不意味着放任，还要强有力的监督。电商要有考核目标，包括全年目标、半年目标，集团按目标考核，如果一两次完不成目标，就要调整思路；连续完不成，就要调整人，万达事业从不等人。

万达电商应该怎么玩？万达电商采用的是基于线下资源的虚实结合模式，即"大会员、大数据、大支付"三位一体模式，最好地发挥万达集团的线下优势。这种模式怎么走？

第一，发展大会员。这是万达电商发展的基础。它可以通过谈判将所有的入驻商家纳入它的会员体系，以积分、折扣等手段吸引用户注册。

据万达集团的预计，2015 年有 140 个万达广场开业，年客流超过 20 亿人次，到 2020 年有近 200 个万达广场，年客流约为 40 亿人次。万达用二三年的时间，发展 1 亿左右的用户，是非常有可能的。

万达发展电商的目的，首先应该是服务线下生意成长，其次才是创造新的盈利。即使会员体系的建立发展不能带来直接的效益，它对万达系的提升服务、完善售后、优化体验的作用也是显而易见的，我国购物中心泛滥，万达广场凭什么胜出？还是要从环境、服务、互动、体验等方面做文章，万达发展大会员无疑是提升自身竞争力的有效举措。

事实上，万达集团也正在这么做，万汇网、手机 APP 已经上线，与入驻商家的合作谈判正在进行。这当然不会一帆风顺，需要有一个过程。很多人以为万达电商已偃旗息鼓，无疑是错的。

第二，提取大数据。假定万达的注册用户突破 1 亿人，它的会员体系将产生巨大的价值。万达可以通过自动登录 WIFI 等模式对顾客的行为进行定位、采集、分析，提取有用的数据。一旦将 1 亿顾客的行为转化成数据，给每一个顾客贴上了标签，计算出每一个顾客的购买的概率，将对万达广场的招商、营运、服务、管理、体验以及与顾客良性互动等产生极其深刻的影响，可实现精准招商、精准调整、精准营销、精准服务、精细管理，这些数据，对万达实施差异化、特色化经营，对吸引客流提升竞争力，都有莫大的好处。即使它只能带来 1 个点的销售提升、1 个点的费用下降，就是几十个亿。

万达系的大数据，其作用也不会局限于提升自身的经营业务，同样可以给商家提供大数据服务，基于大数据在万汇网、APP 上卖广告，为商家导

流，走淘宝、天猫的盈利模式。万达的合作商家中，很多不仅在万达开店，也有万达以外的店铺，万达的大数据对它们同样有价值。庞大会员体系建立后的广告收益，也是万达电商的盈利方向之一。

第三，开展支付业务。对自身经营业绩的提升，以及广告收益，都是万达电商的盈利方向，但这只是它"有戏"的理由，仅凭这些还不足以成为巨头，而要真正成为O2O巨头，万达电商还需大力发展支付业务，走上支付宝一样的发展道路。阿里巴巴现在很赚钱，它的收益中，恐怕相当大的部分是来自支付宝、余额宝等金融产品的衍生收益。

王健林说要推"一卡通"，很多人还不大瞧得起，认为那不是O2O。其实叫什么无所谓，是不是O2O也不要紧，万达电商成为巨头的支点，恐怕还是这个"一卡通"的支付功能。

这个"一卡通"不必单独发卡，可以与万达会员卡合二为一，还应申请网上支付业务许可证，开通网上支付功能。卡的发行可以有两个渠道：一是各个万达广场、度假区，二是万达银行（王健林说考虑投资一家银行，由这家银行统一发卡，假定它的名字叫万达银行），这一块的业务就相当大。如果再过几年，万达真能做到200家万达广场、10家左右的度假区、100多家酒店、近200家万达百货店以及数量众多的大歌星，而用这个卡消费又可以享受购房、购物、度假等诸多优惠和增值服务，吸引力将非常强劲，发行个1亿张甚至几亿张都极有可能，如按每卡余额20元计算，1亿张就会为万达集团沉淀资金20亿元，5亿张就过100亿元，这可了不得！

|| 第六章 |
营销模式

【开章案例】

东莞美宜佳：粉丝的力量

一、公司介绍

美宜佳便利店有限公司（以下简称美宜佳）是广东省东莞市糖酒集团控股的连锁商业流通企业，自1997年成立以来，坚持"务实、专注、创新、共赢"的企业精神，以优质便利、亲切时尚为服务宗旨，以开好店、多开店为店铺发展原则，以特许

图片来源：www.meiyijia.com.cn

加盟为主要发展模式，努力构建消费者四位一体的家庭生活服务中心。经过十六年的创新发展，美宜佳已获得中国特许奖、中国零售业十大优秀特许加盟品牌、中国特许经营管理创新奖、广东省东莞市商贸龙头企业等荣誉称号。店铺遍布东莞、深圳、广州、中山、惠州、佛山、江门、河源、清远、珠海、肇庆、汕尾、云浮、梅州广东14个城市，成为广东省极具影响力又极具投资价值的便利店品牌，并已成为中国以特许加盟模式发展的规模较大的便利店系统。

二、建设立体化生活服务中心

一直以来，美宜佳始终坚持品质优良、实惠方便的服务宗旨，坚持家庭生活服务中心的市场定位。在家庭生活服务中心的市场定位下，美宜佳不断完善其生活服务中心的内容，在始终坚持为消费者提供便利服务的经营过程中，美宜佳得到了快速发展。截至2013年底，美宜佳门店总数超过了5200家，这个数字超过了上海农工商便利集团（拥有好德、可的）和7-11（内地）的总和，美宜佳已成为中国最大的便利店系统。

在店铺选址上，主要选择在住宅区、商业综合区，尽量贴近家庭消费者，尽量为顾客提供购物方便；在商品上，严格实行商品统一采购配送，保证商品质量，让消费者买得放心、用得安心；在服务上，美宜佳已经建立了一个包括充值、缴费、支付、取货、彩票、类金融、票务等多种内容的便民服务平台。通过不断地尝试和努力，目前美宜佳已逐步形成了由社交平台、会员营销平台和网点平台三维构成的立体化生活服务中心，如图6-1所示。

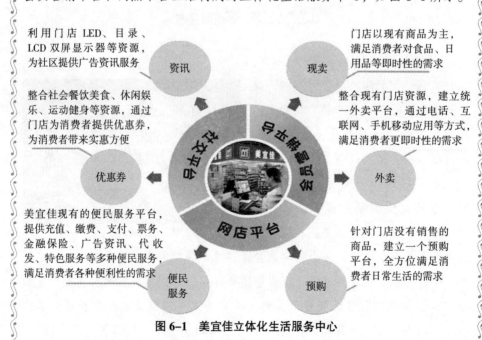

利用门店 LED、目录、LCD 双屏显示器等资源，为社区提供广告资讯服务

整合社会餐饮美食、休闲娱乐、运动健身等资源，通过门店为消费者提供优惠券，为消费者带来实惠方便

美宜佳现有的便民服务平台，提供充值、缴费、支付、票务、金融保险、广告资讯、代收发、特色服务等多种便民服务，满足消费者各种便利性的需求

门店以现有商品为主，满足消费者对食品、日用品等即时性的需求

整合现有门店资源，建立统一外卖平台，通过电话、互联网、手机移动应用等方式，满足消费者更即时性的需求

针对门店没有销售的商品，建立一个预购平台，全方位满足消费者日常生活的需求

图6-1 美宜佳立体化生活服务中心

三、线上线下融合，实现粉丝营销

在互联网时代，不断创新推出新的营销模式、加载增值服务已经成为发

展的一条全新道路。美宜佳便利店有限公司就是其中的典型代表之一。为了化解传统零售门店的客流问题，美宜佳正尝试线上线下融合问题。近年来，随着O2O概念的出现，美宜佳开始与电商网站合作，结合自己的线下门店优势，推出电商包裹线下自提点、线下门店进行电商新品和优惠信息展示等服务，开始逐渐打通O2O链条中各个环节。

2012年，美宜佳开始与天猫等一些电商平台合作，其线下数千家门店开始代收电商包裹，进而吸引这些网购者进店消费。美宜佳市场总监蔡杰峰表示，这种自提点模式让美宜佳从物流方面切入了O2O。目前，每月代收的包裹达10万个。之后，美宜佳通过在门店内对电商网站上一些商品信息和优惠信息展示，将线下门店的顾客引入线上，从信息流上切入了O2O链条。而通过这样的方式产生的部分电商包裹也将进入美宜佳自提点。

随着支付宝钱包和微信支付等移动支付工具的大规模推广，美宜佳借助两大平台，开始建立自己"完整"的O2O闭环。2013年开始，美宜佳借助支付宝钱包和微信搭建自己的O2O闭环。2013年12月22日，美宜佳与支付宝展开合作，通过支付宝钱包可在美宜佳的5600家线下门店进行支付。这一次自建O2O，美宜佳的突破口在资金流。

可以说，美宜佳的O2O之路，其实就是培养粉丝之路。在一部手机上，美宜佳与用户建立直接联系，打通线上线下形成闭环，然后通过对会员数据的分析，进而实现精准营销，最终将线上用户引入线下门店消费。

美宜佳其实最主要的任务还是先让更多顾客成为美宜佳公众账号的粉丝，然后提供让粉丝尖叫的产品和服务，逐步培养用户的消费习惯。可以说，美宜佳的快速成长得益于其大批忠诚粉丝的支持，美宜佳的成长过程其实就是其打造粉丝之路的过程。截至2014年6月26日，广东美宜佳便利店微信公众账号的粉丝数已突破17万大关，并且每天以净增1万名以上的粉丝的速度发展；其生活馆的微博的粉丝已达到19万多，并以极快的速度增长。另外，据美宜佳市场总监蔡杰峰透露，其目前运营支付宝钱包账号的粉丝已达到40多万，微信的公众账号也近30万。从美宜佳的粉丝的总量和发展态势来看，越来越多的消费者正关注着美宜佳的点点滴滴，成为该公司发展中的生力军。

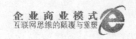
四、结论与启示

综上所述，美宜佳自创业以来精心耕耘十多年，终于找到了一种以实体店为基础，借助电子商务平台和通信技术，虚实结合的O2O线上线下融合的商业模式。目前，美宜佳已发展成广东省的著名便利店品牌，也成为了我国较大的便利店系统，并为相关企业带来了诸多启示：

第一，从顾客需要出发，走专业化经营之道。在当今的互联网时代，机会无处不在、无时不在，而要把握这种机会的重要之道就是学习美宜佳的从顾客需要出发，走专业化经营的策略。美宜佳一直坚持"家庭生活服务中心"的市场定位，处处为顾客着想，已经赢得了广大消费者的信赖。美宜佳自1997年伊始，就紧扣顾客需求，不断给顾客带来惊喜，努力构建消费者的生活服务中心。在此过程中，美宜佳专注便利店，做精、做宽便利店。

第二，线上线下虚实结合，创新营销模式。美宜佳通过线上线下结合，不断创新其营销模式，走进顾客的心里，这是一种"识时务为俊杰"的做法，非常值得同行效仿。当然，不能一味地照搬其营销模式，要根据自身的情况，灵活运用为上策。美宜佳与电商网站合作，结合自己的线下门店优势，推出电商包裹线下自提点、线下门店进行电商新品和优惠信息展示等服务。

第三，不断挖掘和维护粉丝大军。俗话说"得人心者得天下"，而在今天的互联网时代，可以说得粉丝者得天下。

营销模式的创新对企业在市场中保持并提升竞争力至关重要，在互联网的环境下更是如此。企业要适应新的互联网的竞争环境，就必须认识和了解互联网时代营销的新特征，并根据企业自身特点选择适合自己的互联网营销模式，通过营销模式的转变和创新获取企业的竞争优势。为此，本章将从快速反应、产品极致、用户体验、粉丝思维、屌丝思维等方面分别展开论述。

一、快速反应

在互联网时代，快速反应已成为企业在竞争中制胜的重要法宝。而这就要企业在日常经营中做好以快制胜的各项准备；遇事时果断出击，不断试错发展自我，让快速成为公司前进中不可阻挡的力量。

1. 互联网的竞争法则：以快制胜

效率和效果一直是企业经营关注的两个焦点，当今企业要在互联网上生存就必须时刻重视"时效性"。所谓"时效性"，即提高自身的效率，通过使用正确的方法来缩短时间，从而能够快速地应对千变万化的环境。在互联网这一新的时代舞台上，企业要避免"快鱼吃慢鱼"的命运，必须视"快"为制"胜"的竞争法则。

马太效应认为强者越强，弱者越弱。在互联网时代，马太效应会更加凸显，这必然会出现"赢家通吃"的现象，那些缺乏时效性的企业即使拥有再好的基础和实力也很容易被后来者赶超甚至淘汰，如曾经被外媒誉为"中国最热门的电子商务站点"的 8848 因不能及时应对互联网的风云变幻而被迫消失在了历史舞台。摩根士丹利执行董事季卫东曾在艾瑞高峰论坛上指出，互联网是中国竞争最激烈的行业，中国的互联网企业平均寿命为 3~5 年，平均每年死亡率达 20%~30%。如此高的淘汰率背后揭示了速度竞争这一本质。

大量的事实证明面对激烈竞争的互联网环境传统企业要想获得更多的发展空间就必须具备快速适应变革的能力。随着互联网特别是移动互联网时代的到来，传统企业的生存空间正在逐渐压缩，传统企业如果不能适应必然无法避免"快鱼吃慢鱼"的悲剧。

2. 让快速成为力量

快速反应关系到一个企业是否能及时满足顾客的服务需求的能力。信息通信技术与互联网的结合为企业快速反应带来了福音，使得企业能将自己所想所欲通过快速行动变为现实。一般来说，快速可以在领先地位和成长速度两个方面为企业带来竞争力：

首先，表现在领导地位方面。如果企业能够在人员、技术和内部结构上根据互联网环境的变化进行快速的变革，才能保证企业在决策、行动、产品更新和研发上处于领先地位。处于领先地位的企业一方面可以及时满足消费者的需求，另一方面又可以在价格方面获得优势，例如企业可以凭借自身的领先地位在产品刚

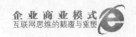

投入市场时采用高价的撇脂定价策略,在其他竞争者进入市场后又可以通过低价来占领市场份额。总之,快可以使企业牢牢地掌握市场的主动权。

在 Internet 时代,华为和小米是中国企业中以快取胜的典型代表,纵观华为的发展史我们不难发现华为之所以能有今天的成就与其对市场的快速反应是分不开的。以华为手机为例,在这个消费者的需求不断攀升的时代里,华为在手机设计方面时刻以彰显消费者品位和内心诉求为理念。根据消费者的需求变化快速做出反应。最近推出的华为 P6、P7 就因快速准确地抓住了消费者对清纯优雅、高贵自然、小巧和纤薄的追求而快速得到市场的认可。再如,小米公司凭借互联网的"七字秘诀"(如图 6-2 所示),不断地推出新的产品如小米、红米,并获得了企业巨大的成功。七字秘诀其中一个字就是"快",所谓"天下武功,唯快不破",快意味着产品更新换代的速度很快,当速度慢下来的时候问题暴露出来的可能性也就越大,如果速度足够快就可以在问题出现前进行更新,这就可以将原有的问题淘汰掉,小米凭借这一理念在实现的产品的不断更迭中得到了巨大的力量。

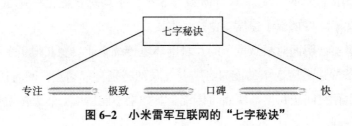

图 6-2　小米雷军互联网的"七字秘诀"

其次,快速反应在一定程度上可以加快企业的成长。企业在具体的生产经营过程中进行决策、行动、产品更新和研发的速度与问题出现的数量存在正相关的关系,即决策、行动、产品更新和研发的速度越快,当中出现的问题也会随之而增加。这就意味着企业在快速的反应中解决问题的能力也在不断提高。号称互联网"四小龙"的美团网的快速成长,就体现了企业的快速反应。2010 年,美团网才创立,到 2013 年,美团网的交易额已经由 2010 年的 1.4 亿元扩张到 2013年的 160 亿元,预计 2014 年将达到 450 亿元。美团网之所以能如此快速成长,主要还是得益于对市场的快速反应。2010 年,美团网以团购为切入点,经过一年多时间,成为团购领域的老大。为了获得更大的发展空间,美团网横向发展,深入渗透进入酒店、电影、外卖等垂直领域,打造了连接人与商户的本地生活服务平台。目前美团网已成为国内第一大电影票分销商以及领先的酒店分销商。

在企业快速发展中，企业能快速发现问题，并找到方法解决问题，进而获得成长的动力。例如，在将某种新产品投入市场的过程中必然会出现这样或那样的技术不足，企业如果能对这些问题及时地采取措施就会促使自身技术的进步。相反，一个反应迟钝的企业往往停留在对一些常规化的问题解决上，这些问题凭借程序化的步骤就可以很好地解决，可以说基本没有挑战性。显而易见，一个快速反应的企业会在解决那些非常规化的问题中得到较快的成长。

3. 小步持续快跑

在互联网经济条件下寡头垄断通常是一种常见的市场结构形式。所谓寡头垄断市场结构（见表6-1）是指少数几家大企业对产品的生产和销售起着决定性的作用。这就意味着寡头企业之间的影响会很大，当其中任何一个企业采取行动时都会对其他企业产生很大的影响，进而使整个市场发生变化。在这种环境下，"快鱼吃慢鱼"的现象经常发生，企业要想生存下去必须快速抢占先机，一方面企业要快速地向市场投入新的产品；另一方面要时刻保持警惕以免被其他企业超越。因此，在互联网经济条件下"小步快跑、快速迭代"是企业制胜关键。

表6-1　中国部分互联网行业市场集中度一览表　　　　　　单位：%

绝对市场集中度（%）	门户网站行业（以净营业收入为计算口径）	搜索引擎行业（以净营业收入为计算口径）	网络游戏行业（以净营业收入为计算口径）	即时通信行业（以用户数为计算口径）
CR1	68	31	38.50	63.40
CR2	80	59	57.60	80
CR3	87	72	64.10	86.20
CR4	94	81	70.30	90.70

注：绝对市场集中度（CRn，该表中 n 为 1~4）为该细分行业中市场份额最大的 n 家企业份额总和占整个行业的比例。根据贝恩的划分，CRn<40 为竞争型，40≤CRn<70% 为低集中寡占型，CRn≥70% 为极高寡占型。

由于互联网环境的快速变化和消费者需求的模糊性，快速迭代要求企业在产品研发时严格按照"上市—反馈—修改—上市"的过程对产品进行反复更新。快速迭代可以避免企业产品滞后于市场需求。在迭代过程中"反馈"是来自市场上消费者对产品需求的新的信息，"修改"是指企业根据来自市场的新信息对产品进行的必要升级，并再次投入到市场中接受同样的过程，以保证企业能够处于领

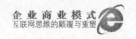

先的地位。

4. 想到马上去做

执行力可以说是一个企业成功的秘诀，在这个"快鱼吃慢鱼"的互联网时代，速度就是生命。只要有好的行动方案就应该快速地采取行动，否则就很容易错失良机。所谓"想到马上去做"就是要求企业要提高自身的执行力，但是强有力的执行力并不意味着蛮干，企业在采取行动的时候必须保持理性。

在互联网的环境下，企业更加提高反应速度，有想法立即行动，通过"干中学"不断使自己成熟。例如，小米公司就是在员工有新的想法时，就立马行动，设计新的手机产品，推向市场，然后再完善。

5. 错了就改

在互联网经济下企业的生产经营活动比过去具有更大的不确定因素，企业对市场预测的准确性也必然会大大下降。失败对于任何企业在任何时候都是存在的，企业一方面应将失败当做一种必然，即做好应对失败的准备。与此同时企业必须要学会如何在失败中得到教训，避免遭受同样的失败。

显然，在互联网经济条件下企图成为永远的赢家犹如白日梦永远不可能实现。传统企业通常试图将所有的可能都考虑进去，结果反而被那些条条框框所束缚寸步难行。企业要想快速地做出反应必须敢于面对犯错误，这样企业才能放开手脚进行准确而有效的决策活动。

错了就改要求企业敢于尝试错误。尝试通常有两种结果：第一种是通过自主探索或借鉴他人的成果，在不断地摸索中最终被市场所接受进而逐步走出具有自身特色的成功道路。另一种是在不断地尝试中失败，这种情况下企业最终学会了哪些道路是走不通的并终止那些无意义的活动。在不断地尝试过程中其实也是企业不断积累成功经验的过程，在经历多次的失败后企业对外部反应的灵敏性也必然会增强，这便可以使企业在面对决策时快速地排除那些无用的方案，快速做出正确的反应。

6. 怎样做到快速反应

在互联网经济下，企业要做到快速反应，一般先要来个三板斧，即企业内部的组织结构、企业人员以及技术应用三个方面，如图 6-3 所示。

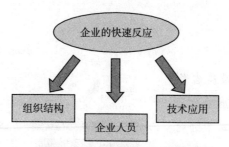

图 6-3　企业的快速反应三板斧

第一，组织结构。企业应尽量将组织设计成有机式组织结构，在这种结构中组织的运行很少受到僵化的部门、职能及职位等级等因素制约。这样一方面有利于信息在组织内部有效地流动，成员之间为了实现共同的目标而共享信息并及时处理这一过程中出现的问题；另一方面可以保证企业能保持对市场的敏感性，尤其是企业能够针对市场的需要及时地对内部进行必要的调整。

第二，企业人员。人员是一个企业的核心，人员包括内部人员和外部人员。企业要做到快速反应必须通过内部员工的具体工作来实现。可以通过招聘甄选那些学习能力强、灵活性的员工，加强员工培训等方式来提高培养员工对市场的反应能力。如果企业的员工整体素质普遍较高，就可以保证决策的及时性和执行时的效率和效果，高素质的员工还可以使企业提高对市场的预测能力，使企业的研发走在前列。同时，企业还要借助外部诸如顾客的利益相关群体来实现快速反应，例如小米就借助顾客对产品的反馈来及时保证产品的活力。

第三，技术应用。著名管理学大师罗宾斯认为任何企业的生产经营活动的实质都是将投入转化为产出的过程。技术便是将投入转化为产出的手段，为做到快速反应企业在技术方面必须具有超前性，以避免企业研发的新产品投入市场后竞争对手又开发出更新的产品到市场导致企业研发的无效。为保证技术超前性有能力的企业可以加大对基础技术的投入，而实力较弱的企业可以通过建立合作联盟的方式或业务外包的形式来保证技术的先进性。

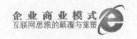

专栏 1

"舌尖上"的天猫

2012 年，一部美食纪录片《舌尖上的中国》感动无数中国人，但是其中的商机当时并未引起人们足够的重视。时隔两年之后——2014 年 4 月 18 日，《舌尖上的中国 2》（以下简称舌尖

图片来源：www.tmall.com

2）再次回归央视荧屏，电商们则做足了功课，快速反应，抓住其中的商机。舌尖 2 在电视荧屏出现后，在播出当晚天猫商城就上线了剧情中的食材。

当然，快速反应的一个重要前提就是要提前做足功课，这一点天猫商城也深得其理。4 月 17 日晚 9 点前，天猫"舌尖上的中国"专题页面就提前登场，21 点整舌尖 2 第一集播出后，专题正式页面也迅速推出，纪录片中所展现的食材全部都在专题页面获得展示，消费者可以边看电视，边购买相关食材。

实际上，电商们的这种反应不仅仅只是为满足顾客的"食欲"，他们还看重通过此种方式营销顾客，广泛宣传自己。舌尖 2 的红火对电商们来说无疑是一次绝好的营销盛宴。

其实，电商们的快速反应得益于互联网和现代通信技术所搭建的平台；当然，从整个生态系统来看，背后也离不开供应商和众多物流企业的大力支持。

我们写作这个案例的时候正逢四年一度的足球世界杯在巴西举行。为此，天猫商城也推出了"舌尖上的世界杯"活动，让广大足球迷们在欣赏精彩比赛的同时，"一饱口福"，当然众多电商们从中获利颇丰。

如今《舌尖上的中国》已经引发各种风潮，产生了一系列的"蝴蝶效应"。如"舌尖体"的流行，该潮流成为纪录片最成功的副产品之一。无数"文学青年"正在效仿简单平实的纪录片对白，给自己的家乡、自己的母校写饮食传记。当然，和纪录片一样，吃在其中不过是引子，浓浓的乡情和思念，才是"舌尖体"流行的原因。

二、产品极致

在互联网环境下，注重用户的体验，让用户成为产品经理，满足用户的心理和生理的需要，是企业将其产品做到极致的重要途径。

1. 互联网产品

互联网产品的概念是从传统意义上的产品概念延伸而来的，在传统消费理念中，产品更多的是指一个非常清晰的实体，例如冰箱、洗衣机等实体产品，或者是人们可以感觉到其质量的服务。然而在互联网行业中，由于互联网环境发生了与现实市场明显的变化，或者说，互联网是将现实的市场虚拟化，互联网行业产品的概念也发生了变化，一方面，互联网产品是指在互联网中销售的产品，这种产品与传统行业产品的概念是一样的，仅仅是因为该产品在销售的过程中使用的互联网作为渠道；另一方面，互联网也提供基于互联网本身特性而产生的虚拟产品。随着电子商务的发展，互联网产品的种类和交易量有了显著的提升。

从产品形态上进行区分，可以将互联网产品分为实体产品和虚拟产品，如表6-2所示。在表6-2中可以看到，实体产品大部分是传统商业领域产品，但是实体商品通过互联网作为渠道进行销售，其中民用产品是属于 BtoC 电子商务企业销售的产品，其销售平台为目前通行的淘宝、当当、京东等。而工业品和农业品则是 BtoB 电子商务企业经营的主要产品，如阿里巴巴、中国制造等。

表6-2 互联网产品按产品形态的分类

产品形态	销售品种
实体产品	民用品、工业品、农产品
虚拟产品	电子新闻、网络游戏、即时通讯、行业咨询、网络社交、网上预订等

在盈利属性上，我们可以将互联网产品分为非盈利产品和盈利产品两大类，如表6-3所示。需要注意的是，非盈利产品并非是不盈利的，而是通过为企业吸

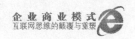

引足够的关注度和网站流量,所以从表面上看是免费产品,然而在最终依然是以企业获得利润而推广的,因此非盈利产品在需求属性上一般具有大众化需求的特点,目前各种网络产品,如 QQ、免费杀毒等产品,都是免费提供服务,通过服务,用于增加网站流量。盈利产品则通常为满足市场中消费者特定的需求,因此其属性方面具有定制的特点,通过满足消费者不同的需求来提高消费者体验,进而获取利润如新闻订阅、腾讯 QQ 的增值服务、百度的"推广"等。

表 6–3　互联网产品按盈利属性的分类

产品盈利属性	销售品种
非盈利产品	电子新闻、电子邮箱、搜索引擎、即时通讯、网络社交等
盈利产品	网上购物、电子图书、电子报刊、电子学术资料、网络游戏装备、网上预订、其他增值服务等

互联网环境中的用户与企业间的关系与传统市场中有很大的区别,传统市场中用户往往更关注于产品本身,而在互联网中,用户对于产品的需求更多地关注产品的整体体验,如产品延伸出来的种种体验。从这个角度来看,互联网产品应是一个综合的概念,其中涉及产品功能、设计、内容、盈利这四个重要因素(如图 6–4 所示),功能一般是指产品的核心,产品满足核心需要;设计是指产品外在形式,各种可以体验的特性;内容是产品的卖点,产品与其他产品不同的地方;盈利是指企业获得收益。互联网行业的经营者,应该以用户为中心,通过提升用户体验,来设计产品,推广产品,做好相关的服务,进而获得企业的利益。

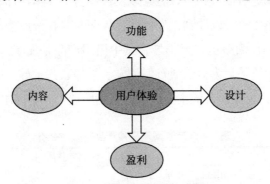

图 6–4　互联网产品综合概念图

2. 用户成为产品经理

产品经理制度一般认为最早出现于美国的宝洁公司,随着宝洁公司的成功,这种管理模式迅速地在各种行业中进行推广。从营销的角度看，产品经理制度通过设立某种产品的专门负责人，可以有效地对该产品的市场调研、设计以及最后的发布等各个流程进行有效的管理。目前各个优秀的互联网企业，如阿里巴巴、腾讯等企业，它们出色的表现与优秀的产品经理是分不开的。

作为一个好的产品经理，最重要的就是倾听、发现和激活用户的需求，用户购买的不是产品或服务本身，而是附加于产品或服务之上的各种产品体验。因此对于互联网企业的产品经理来说，就要让用户参与到产品的研发以及发布上来。让用户成为企业的产品经理，以用户的思维去做好产品，直接通过用户的体验来对产品进行各项性能的开发设计。因为用户是产品的实际体验者，只有迅速抓住客户的相关需求，并且从他的角度出发，才能发现企业产品的优点和缺点，进而做出更有效的判断。

专栏 2

豌豆荚的产品设计之道

正如豌豆荚总裁所言，为满足顾客的需求豌豆荚针对顾客的需要成立了职能团队。为了将自己打造成为满足顾客的手机管理软件，豌豆荚通过为顾客提供多种诉求的渠道来更好地了解顾客。在认真分析顾客的诉求上，豌豆荚开发的应用

图片来源：www.wandoujia.com

程序管理、应用下载、视屏下载和通讯录管理系统都得到顾客的好评。除此之外，豌豆荚还开发了一套手机与电脑之间传输数据的功能，用户可以方便快捷地在电脑上下载应用软件。更难得的是该职能团队内所有的员工都从事过软件设计工作，这就使得他们在与顾客进行沟通时能够较好理解顾客的实际需要，进而在进行产品的开发时确保产品符合顾客的需要。

豌豆荚之所以能够取得今天的杰出成绩就是因为公司十分注重聆听顾客的心声，设计师在进行设计之前总是要通过市场调查后反复地思考诸如"顾客遇到什么问题？""公司如何解决这些问题？"最后开发出满足顾客需求的软

件。例如，豌豆荚的手机截屏功能就是在充分的市场调查和分析的基础之上，开发出来的。由于认准了顾客对手机截屏功能的强烈需求（许多手机用户通常需要将手机或 QQ 上的一些信息快速地转发），公司开发的手机截屏软件一投入市场就引起了顾客的强烈反响，现在几乎80%以上的手机用户都在自己的手机上安装了豌豆荚的手机截屏软件。再如，豌豆荚的 WIFI 功能，公司充分抓住了顾客希望获得无线与电脑连接功能的心理，开发出了无线连接功能，用户只需输入密码和用户名就可以实现电脑与手机的链接，很好地满足了顾客的需要。

为了更好地将顾客的需求纳入公司产品的开发中，2014 年 4 月 30 日公司与社交平台 LINE 建立了正式的合作关系，通过与 LINE 的合作豌豆荚必将更好地整合顾客的需求信息，更好地将顾客的需求融入具体的产品之中。

3. 产品做到极致

在互联网市场与传统市场的区别上，互联网市场中产品的更新换代更快，这主要是因为互联网信息传播的速度极快，当用户发现产品好或者坏的时候，信息迅速地传播放大，就需要企业在做产品时具备追求极致的精神，通过对产品从消费者的角度进行要求，就要求产品经理以专注和专业的精神将产品做好，以达到或超越用户的预期。

以小米公司为例，其创始人雷军对于产品的细节要求到了极致，其在做产品细节时就是以"逼疯"自己与员工的架势把产品的每一个细节打磨到极致。进而使小米手机获得了市场的认同。从某种意义上讲，将产品进行精细化，将各个细节做到极致，这本身就是创新的极高境界。

4. 实现路径

企业将产品做到极致，不仅仅是精神上的极致要求，还需要采用正确的方法来达到产品细节的极致。一般来说，需要企业抓住用户的刚性需求、专注细节、强调创新。

第一，在用户种类繁多的需求中，企业要抓住用户的刚性需求。所谓刚性需求是指市场中用户的需求受价格影响较小的需求，一般来说，如果用户对于某种商品具有了刚性需求，这种商品就成为了生活必需品。需要注意的是，刚性需求并非指一般意义上的生活必需品，而是包含了因为社会精神需求导致的某种商品成为必需品，如手机在刚产生时为奢侈品，而现在为生活必需品，对于手机的需求也就成为了用户的刚性需求。企业只有让自己的产品成为了用户的刚性需求，才能说将产品做到了极致。

第二，企业在产品的开发推广中，要专注于细节。企业在产品的细节方面做到极致，这对于企业的创新来说特别重要，当产品的某个细节一旦为用户接受，由于网络市场的功能，其推广速度和利润也将会有着巨大的提高。这种细节的创新，被奇虎360董事长周鸿祎称为"微创新"，他认为："你产品可以不完美，但是只要能打动用户心里最甜的那个点，把一个问题解决好，有时候就是四两拨千斤，这种单点突破就叫'微创新'。"微创新强调对于产品一个个小细节的创新，进而引发实质的变化，这也是互联网产品发展的必然要求，也是企业进行产品研发必须遵从的法则。

第三，企业要强调创新。正如网络经济学中的摩尔定律一样，摩尔预测到单片硅芯片的运算处理能力每18个月就会翻一番。而在网络经济中产品的发展速度甚至更快。这就要求要敢于挑战传统思维，采用各种方式的创新，进而促进企业的发展。以奇虎360为例，当其他杀毒软件还采取收费模式时，它已经宣称永久免费，这样尽管受到传统的既得利益者的反对，然而迎合了用户需求，使该产品迅速地占领市场。自然，在考虑创新的时候，必然要考虑产品的盈利能力。

三、用户体验

企业可以借助互联网提供的便利给用户带来与众不同的体验，让用户成为主导者，拉近与用户的距离，从而最终获得用户认可，打造极致化的产品。

1. 让用户成为主导者

在传统经济中，存在着信息不对称，这种信息不对称，更多的是企业占有更多的信息资源，这就往往导致了企业会利用自己的信息资源优势，采取种种手段在交易的过程中占据优势地位，这样，即使消费者对于产品存在种种异议，也会

因为在维权过程中获取信息的巨大成本而放弃自己的权利。

互联网的交互性有效地改善了以往信息单项传播的境况，尽管依然存在信息不对称现象，然而企业所占的信息资源优势大大减少。消费者的地位越发地重要，企业用户通过自己的选择权，可以有效地进行各种产品在质量、价格、促销等方面的对比，这样在购买的过程中，其主动性愈加地突出，同时在消费的过程中，消费者可以自由地发布自己的使用感受，进而为其他用户提供借鉴。这些都有效地提高了用户的信息优势，而企业特有的信息优势尽管在这个过程中也得到了发展，然而其主导地位受到了明显的冲击，用户成为主导产品销售和使用过程的主导力量，用户成为了主导者。这就使得企业必须重视客户的需求，进而通过用户的使用意见和反馈，从用户的角度改善产品。

2. 拉近与用户距离

由于网络市场中主导者角色发生了变化，市场的主导者变成了用户，因此，在这种环境下，企业必然要拉近企业与用户的距离，进而实现企业的目标。通常情况下，企业拉近用户距离共同采用的是两种方法：一种是零距离沟通，另一种是双向沟通。

零距离沟通，是指企业在与用户的沟通中关注起自身的亲和力，通过消费者说出自己的真实感受，进而了解用户的实际情况，以建立起良性的沟通关系。寻求亲和力的标准是找到共鸣之处。这就要求企业做好客户信息的收集，通过各种网络手段了解用户真实的需要，进而通过满足用户真实的需要，来增强顾客对于企业的好感。一旦用户对于企业的好感增加到一定程度，成为刚性需求，企业与用户间的关系将更加密切，用户也会主动地通过自身示范等手段为企业做更好的宣传。

双向沟通是指企业与客户的沟通是双向的。企业不能仅仅重视自己对用户的宣传和介绍，忽视用户的反馈。企业必须关注用户对于产品使用过程中的种种问题和情况的反馈，只有企业与用户之间的双向沟通建立以后，才会让消费者感觉到重视，进而拉近与用户的距离。企业可以通过微信、微博等手段建立起交互的平台，为用户提供良性沟通的条件。

3. 用户认可

　　企业在拉近了与用户的距离之后，是否就能提高用户的满意度呢？这还需要获得用户的认可。而获得用户认可，一般指企业要通过用户的参与来达到。只有让用户参与到产品的各个环节，用户获得强烈的卷入感，才能更主动地帮助企业，会主动地对于产品提供建议，并进行必要的宣传行为。用户参与到企业中的方式主要包括两个方面：一是参与到产品的前端；二是参与到产品的后端。

　　参与到产品的前端主要是指让用户参与产品的研发阶段，主要指产品的研发阶段和设计阶段。在网络经济中，这种参与方式被称为 C2B 模式。传统市场中，往往是企业主动地宣传和推广，用户只能被动地接受产品，用户无法满足自己的需求欲。而 C2B 模式中，用户可以在试用的过程中提出自己的需求特性，进而使企业满足用户特定的需求，这样也有效地提升了用户的忠诚度和满意度。

　　而参与到产品的后端是指，企业不仅仅通过企业的商业活动进行宣传，而是要让用户通过其口碑营销，进而参与企业品牌的推广。用户可以在一定的网络平台上，将产品的使用体验等品牌相关信息传播开来，利用其可信性强的特点，通过用户与用户之间的信息传播来推广企业的品牌。由于网络节点数量的迅速提升，网络规模扩大，使得网络信息传播更加快捷，这就使得企业品牌的传播能有更大的功效和价值。

专栏 3

美乐乐：注重用户体验的互联网营销

一、公司介绍

　　美乐乐隶属于天津美维信息技术有限公司旗下品牌，是中国最大的家居电子商务平台。自创始之初，美乐乐一直走在电商创新的前列。2011 年，美乐乐率先开辟家居电商行业

图片来源：www.meilele.com

O2O 营销模式，并在 3 年内实现 10 倍颠覆式增长。2013 年初，美乐乐拓展海外供应链，成为中国唯一在海外建立大规模家具采购体系的电商。2014年，美乐乐进入飞速发展时代，首创家居电商行业"限时达"服务，全面启

动 O2O 平台开放、"全屋购"业务、大店计划、全国样板间征集战略举措，用互联网思维颠覆传统家具行业，奠定美乐乐中国家居电商第一品牌的地位。

二、美乐乐从 B2C 到 O2O 的成功转型

2008 年，美乐乐家居网正式运营，成为中国首家进入家居电商行业的 B2C 网站。2011 年，率先在国内实现由线上美乐乐家居网与线下美乐乐体验馆为基础的"O2O 双平台"营销模式，成为家居电商行业第一个吃螃蟹的人。

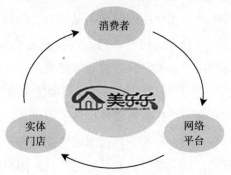

图 6-5　美乐乐 O2O 双平台

美乐乐家居网，是集装修、家具、建材、家饰家纺等多种产品与服务为一体的一站式家居综合平台，是中国家居领域最受消费者欢迎和最具行业影响力的电子商务网站之一。美乐乐家居网注册会员逾千万，覆盖了国内大部家居网购人群。美乐乐体验馆，是基于美乐乐发展模式所建立的实景体验店，通过无差别展示，让消费者能够在体验馆中切实体验、查看网络上所销售的商品。同时体验馆还作为美乐乐贴近市场和就近服务的"实体终端"。现今，美乐乐数百家体验馆遍布全国 190 余座大中城市，构成中国最大规模的 O2O 电子商务体系。

三、注重用户体验的互联网营销创新

美乐乐，一家典型借用互联网思维迅速成长起来的家具企业，凭借独特的O2O、大数据挖掘和百度推广营销平台，硬是做出了月销售额 1.5 亿元、年销售额超 20 亿元的惊人业绩。可以说，美乐乐以互联网思维实现了 3 年从 2 亿元到 20 亿元的颠覆式成长。美乐乐 CEO 高扬，一个具有互联网思维的"海归"，以颠覆式的玩法重新定义了家居电商行业。他认为，互联网的兴起大大缩短了与潜在客户接触的距离，也赋予了市场一个更具活力和挖掘

价值的新兴消费群。搜索推广能帮传统家具品牌找到潜在购买者，并通过大数据的能力发现和汇聚需求，最终实现订单的规模化生产、供应。

2012年，美乐乐开始大规模在全国范围内建立体验馆，目前已经形成了上百家的规模，让当初创始人们将线上的人流导入到线下的想法变成了现实。对此，美乐乐CEO高扬表示，线上消费始终属于非主流的方式，再加上家具商品自身的特点，消费者更倾向于实际触摸到产品质量再来下决定，体验馆就是提供了这样的一个平台。网上购物，产品的差异性十分影响消费者的购物体验，而体验馆主要起到展示厅的作用。美乐乐将最热卖的产品放在店里来做展示，后期的交易还是会回到网上。实体店的另外一项主要的功能便是实现电商服务的本地化。送货安装及相关的售后服务一直都是家具企业走上电商之路的障碍，美乐乐通过实体店的布局来解决这个问题。消费者在网上下单之后，会有专业的人员送货上门并且进行安装，完全不同于过去消费者去物流点自提商品并自行安装的模式，给消费者带来了极大的便捷。

不仅如此，美乐乐还以百度推广来进行互联网营销。美乐乐CEO高扬认为，"百度推广是一个生意的入口，用互联网思维帮企业找到了客户，美乐乐家具只不过将互联网经营的方式落了地，是一次成功的实践。"美乐乐的玩法很简单，用互联网思维的营销方式，将消费者与工厂对接，缩减中间的烦琐环节。一般来说，家具是大件，消费频次并不高，过去广撒钱、等购买者上门的套路推广成本极高，所以美乐乐放弃了传统推广方式，用10%的成本在百度平台做搜索推广，借助大数据挖掘，不断改善经营方式，结果发现获取精准用户的成本大幅降低，投入产出比是1:40，远远低于在家具城的硬成本，还可以"攒"一批订单，去定制化生产。这一模式上尝到甜头后，美乐乐迅速转轨，并进入了高增长通道。

在百度推广平台上的60万家中小企业，都在分享着互联网思维的经营"红利"。传统企业不妨借鉴一下，实际上并不难。第一步就是要找到用户，你的用户是谁，在哪里，怎么找到，这是首先要具备的用户思维，与用户直接对接起来，来决定企业的产品和营销决策。百度覆盖了95%的中国网民，提供了PC+移动的双入口，能帮助任何一家企业找到潜在客户。美乐乐CEO高扬坦言"每天从百度推广过来的意向客户人数在40万左右，客户转化率

达到 30%。"

　　其次要选择大平台，有全线的产品触点，还要有大数据的经营能力。美乐乐靠的就是这一点，用百度搜索大数据来发现客户购买需求，迅速反馈到工厂生产、库存、供应链环节，快速响应满足需求，结果单款能达到几百上千的订单量。没有大数据的洞察和决策指引，商机抓不住，产品库存挤占资金流，销售额的最大化也就成了泡影。

　　在运用互联网思维创新经营模式上，美乐乐家具已经进入了"深水区"，不再是初级选手。高扬认为，百度推广聚合用户的入口效应非常强，由这个"口"进入后，是一片尚未开垦的处女地，有太多的模式可以探索和尝试。

四、粉丝思维

　　目前，粉丝已成为助推企业发展的生力军。企业只有懂得流量价值和"微"营销的力量才能在粉丝经济中拔得头筹。

1. 粉丝经济

　　粉丝其实为英语中"Fan"的复数形式，原意为狂热者。后来成为报纸对一些追随和支持相关名人和明星的一类社会群体的特定称呼。当粉丝具有了特定组织，并将组织运作延伸到经济领域时，就产生了粉丝经济。我国较早的粉丝经济发源于 20 世纪 90 年代，当时粉丝主要是购买名人相关的产品、唱片等食物商品，粉丝经济也仅仅停留在名人相关的领域。随着粉丝经济的发展，粉丝对于品牌也建立了长久的情感投入，进而形成持久性的经济行为，这也就成为了粉丝经济的核心。

　　随着我国企业逐步认识到粉丝经济的重要性，很多企业开始通过粉丝经济的运动，来进行企业品牌的运作和实际产品的销售。具有代表性的有小米手机的"米粉"运作，以及湖南卫视的超女等节目，这有效地建构了品牌价值，并帮助了企业品牌宣传，推动产品发展。在互联网环境下，由于虚拟社区以及各种交流平台的建立，使得企业粉丝群体大大增加，企业可以通过相关的运作，加强企业粉丝的紧密联系，并且通过公布企业相关信息，提升产品的品牌影响力。

专栏4

《小时代》打造粉丝电影传奇

图片来源：www.sohu.com

2013 年一部《小时代》创造了 7 亿票房的佳绩，这部由新锐导演和新锐演员组合打造的电影一边饱受批评，一边却受到粉丝们的热捧，中国很多影评人提到《小时代》就说这是一个奇葩电影，市场给它的定义是，它是目前中国第一个线上的粉丝电影。

乐视影业作为这部电影的营销宣传承办方，在制定营销策略之前，调查了一些数据，《小时代》原著的读者大概是 2400 万个，《小时代》先导预告片的网上点击量大概是 4500 万次，主创的粉丝，也就是杨幂、郭敬明等当红小生的粉丝超过 1 亿个。根据这些数据，乐视影业宣传部得出一个结论，就是这部影片的粉丝量巨大，完全可以把粉丝和读者向电影观众的转化作为重要的策略，于是这部影片从一开始宣传走的就是粉丝策略。

乐视影视利用自己的预售平台，在全国地网覆盖的大概 100 个城市，让粉丝们进行投票或购票，选出投票数或购票数最高的 12 个城市，让影片中的 12 个演员分别到这些城市宣传，并在这些城市的影院进行提前观影活动。这个提前观影活动包括观众进到电影院应该穿什么样衣服，进去之后会拿到什么样的奖品，回到家应该怎么发微博，怎么告诉你的朋友，这一整套东西，乐视影视宣传部将其定义为《小时代》嘉年华。此外，还有青春不散场活动，因为上映档期恰恰是 6 月份，所以利用毕业季的氛围，拉动学生群体以班级为单位集体观影。

从 6 月初开始，《小时代》开始了线上全网密集传播。无论你打开手机、

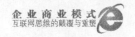

电视还是 Pad，小时代的宣传片几乎无处不在。为了让影片信息传递到更多目标受众，小时代充分地动员了原著小说粉丝，以"用实际行动影响他人"。在腾讯微博、人人网、乐视网上，很多号召组团"温习小时代"、"纪念我们的小时代"的活动层出不穷，这些论坛、微博、贴吧的流量最后有效地贡献成电影票房，实现了众人拾柴火焰高的局面。

距离电影上映还有两个星期的时候，《小时代》的各位主创和明星就开始在微博上晒图片博关注了。无论是制片方还是发行方，每个团队最不缺的就是公众人物和大 V 明星，以这些明星 V、舆论 V、媒体 V 聚集人气、调动粉丝的积极性是他们最擅长做的事，而这些大 V 互动起来就扩散，其宣传力度更是大到惊人。

2. "微"营销的力量

微营销是指通过移动互联网主要沟通平台，配合传统网络媒体和大众媒体，通过有策略、可管理、持续性的线上线下沟通，建立和转化、强化顾客关系，实现客户价值的一系列过程。微营销更强调"潜移默化"和"精妙设计"。微营销的本质是客户关系管理。微营销中具有代表性的营销方式是微博营销和微信营销。

第一，微博营销。微博营销以微博作为营销平台，企业利用更新自己的微博向网友传播企业产品信息，通过开展相关产品活动或发布最新热门话题增强用户和企业之间的互动关系，帮助企业树立良好的形象，进而达到企业营销目的的一种营销方式。该营销方式注重价值的传递、内容的互动、系统的布局、准确的定位，微博的火热发展也使得其营销效果尤为显著。微博营销涉及的范围包括认证、有效粉丝、话题、名博、开放平台、整体运营等，微博营销具有成本低、针对性强的特点，自 2012 年 12 月后，新浪微博推出企业服务商平台，不少企业陆续在微博上开展相关营销活动，同时企业也会借助明星、名人的微博平台，通过其对粉丝的影响力来开展营销。

第二，微信营销。2011 年 1 月 21 日，腾讯推出即时通讯应用微信，支持发送语音短信、视频、图片和文字，可以群聊。通过腾讯旗下各种产品的不断宣传和推广，微信用户也在逐月增加。截至 2013 年 11 月，微信注册用户量已经突破6 亿，成为亚洲地区最大用户群体的移动即时通讯软件。伴随着微信的火热，微信营销应运而生，微信营销是网络经济时代企业营销模式的一种创新，是一种网络营销方式。微信营销主要体现在以安卓系统、苹果系统的手机或者平板电脑中的移动客户端进行的区域定位营销，商家通过微信公众平台，展示商家微官网，并开展微会员、微推送、微支付等一系列活动来推广自己的产品，从而实现点对点的营销。微信营销具有高便利性、高曝光率、高精准度的特点，基于这些特点，企业纷纷开启微信公众平台，并不断尝试各种有效的微信营销方式。

专栏5

7天连锁酒店敞开胸怀，拥抱微信

2013年5月，7天连锁酒店（铂涛酒店集团旗下品牌）正式开通官方微信账户"7天会"（2014年5月升级为铂涛会），截至2013年年底，"7天会"粉丝数量达到100万，其中80%是7天的会员，正是依

图片来源：www.plateno.cc

托其强大的7000万会员资源，7月开通微信订房业务之初"7天会"微信订单数量就迅速增至单月10万单，年底更是超越单月15万单，大大高于OTA平台订单数量，其中2013年最后一天微信订房数量更是突破10000单，使用微信支付结账超过四成，退订比例也由之前的20%下降到4%。"7天会"取得如此成功，这在目前传统企业所运作的公众服务号中十分罕见。

7天连锁酒店开通微信账户之前，一直在找一个微信与酒店行业的最佳结合点，这个结合点就是客服。微信客服相对于传统的电话客服既具备延时应答、一对多应答的功效，且具有通话数据可存可查、住客方便管理的特点。它的推行大大提升了其客服的工作效率，以前100个人每天的电话接听量在5000个左右，而使用微信客服后，仅需30个人每天就能处理10000多次会话。

微信营销中如何以用户更愿意接受的方式向其传递信息非常重要。与多数品牌商采用图文消息进行回复的方法不同，"7天会"从用户的角度考虑

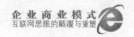

选择的是纯文字方式回复。原因是相比图文消息纯文字回复速度更快，不需下载过程；用户查看所需流量更少；内容更直观，不需用户阅读图文再体会其中意思。同时为了增加微信用户参与度，"7天会"抓住年轻人喜欢玩、喜欢分享的特点推出了"向用户约稿"活动。同时为了更有效地激励用户投稿，"7天会"对投稿用户还给予5000积分的奖励，受到广大用户的热烈追捧。

用户只要打开"7天会"，就能极大程度地查看到7天连锁酒店所有酒店预订相关信息。在预订酒店的子菜单里除了常规的通过地理位置找酒店外，还结合其自身特点设立了最新特价房预订栏目等。为了方便用户，提高营销业绩，7天连锁酒店在业内第一个接入了"微信支付"。顾客登录"7天会"，在微信里搜索酒店，并完成订房、支付，整个购买流程总共只需5秒钟。为了鼓励微信支付，酒店还推出了诸如微信支付用户享有"入住送旅行洗漱包、增加预订房间保留时间"等特权活动，这些活动大大提升了用户的微信支付比例。

3. 流量价值

对于互联网公司来说，衡量其网站粉丝量的一个重要指标就是用户流量。流量是有价值的，它是互联网企业生存的前提条件，当一个互联网企业有了较大的流量，就意味着其获得了足够的关注度。当今社会是一个信息过剩，注意力成为稀缺资源的时代，谁能吸引更过的注意力，谁就具有获得经济利益的潜力。企业的产品只有首先获得了足够的关注度，才具备了被购买的可能性。因此，许多互联网企业都是先从做大流量开始。如何做大流量？一般有两种方式：一种是抢占流量入口，另一种就是制造热点，吸引眼球。

流量入口是指互联网用户上网时一般都会使用的互联网应用服务，如当用户需要查找某些未知信息时，他们的第一反应是去找百度或Google；当用户需要网上购物时，他们会去浏览诸如天猫、京东等一些大型的电子商务网站；当用户需要即时通讯时，首先打开的会是腾讯的QQ，又或是到功能更强大的微信平台去了解更多的社交动态。"搜索"、"网购"、"社交"等这些典型的互联网应用就是流量必经之地，把握好这些入口，也就把握住了用户的去向。

娱乐圈从来不乏炒作，关于明星的一切绯闻、爆料大都有其幕后的操盘手在掌控，其目的就是为明星获取更多的关注度，有关注度的明星才能带来更多的商业机会。如今，在互联网环境下的企业也深谙此道，面对激烈的行业竞争，企业不惜花大力气制造各种新奇的话题，来博取更多的眼球，如小米的"百万壁纸"，雕爷牛腩的"苍井空来店"等，互联网时代，企业要以娱乐的精神去吸引企业的用户群体，只有具备了娱乐大众的能力，才具有了吸引更多流量的能力。

五、屌丝思维

屌丝最早来源于网络用语，属于中国大陆地区网络文化兴盛后产生的讽刺用语。该词于 2013 年 2 月出现于百度贴吧，时至今日，该词已经流行开来。2014 年 7 月 13 日，在百度网站输入屌丝一词，检索后，发现有 1 亿条相关新闻；同时搜索显示，在百度贴吧——屌丝吧里日活跃用户有 44 万人，累计发帖 440 条。

屌丝一般是指出生平凡、生活平淡、社会地位不高的小人物。郑佳佳和李步军（2013）认为 2012 年人们对"屌丝"一词还处于"摸索年"，2013 年则是这个词语使用的"爆炸年"。

可以说没有互联网，就没有屌丝一词的诞生，而随着该词在互联网和日常生活中为人们熟悉和接受，人们也日益使用屌丝思维来看待许多事情。而对于互联网环境下的企业来说，应充分重视屌丝群体所产生的能量和带来的效应。下文将从长尾经济、与屌丝建立联盟和让屌丝成为宣传者三方面展开。

1. 长尾经济

长尾理论是由 Anderson（安德生）于 2004 年提出的，目前，该理论被认为是互联网时代的一种新理论，也是一种全新的商业战略模式。学者们对此看法不一。但无论赞成长尾原理也好，反对长尾原理也罢，长尾原理的理念已经深深渗透进互联网时代的商业观念。

另外，安德生（2006）也提出了长尾理论的丰裕经济假设、多样性经济假设、文化经济假设和小批量定制假设四个假设，在此基础上，还提出了一个分析框架，如表 6-4 所示：

表 6-4　安德生的分析框架

经济假设	丰裕经济、多样性经济、文化经济和小批量定制
新生产者	生产上具普及，廉价生产
新营销	传播上具普及，低成本营销
利基市场	品种丰富性、低搜索成本和样本推销
供需连接	低搜索成本、口碑、畅销榜、博客等

注：本表来源于杨连峰 2010 年发表于《生态经济》的论文《长尾理论的经济分析》中的表 1。

　　长尾指的是许许多多小型市场聚合而成的大市场，它颠覆了传统商业中的"二八"法则，转而认为一直不受重视的 80% 的用户其实蕴含着巨大的市场和利润空间，蓝海战略的新型商业模式也是在这样的背景下产生的。徐剑（2005）在《成功经理人》一书给出了长尾模型图。

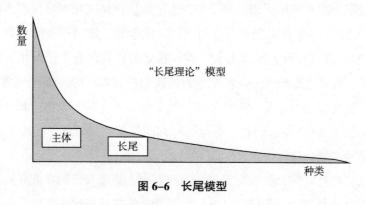

图 6-6　长尾模型

　　我国学者唐海军（2009）从四个角度阐述了长尾经济的原理，这四个角度分别是：供给角度、需求角度、营销角度和生产角度，如图 6-7 所示。应该说唐海

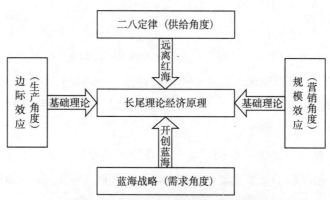

图 6-7　长尾经济的思维动态分析模型

军对于长尾理论的经济分析比较全面，为后续研究提供了良好的条件。

自互联网经济诞生以来，提供低价、免费产品冲击着整个商业生态，其本身也属于典型的长尾经济。这种经济特征也正迎合了大众的心理，符合屌丝族群的消费诉求。这也使得企业在市场定位中更多地考虑到了屌丝这一"长尾人群"。

2. 与屌丝建立联盟

屌丝这一称谓迎合了受众低层次审美情趣乃至感官刺激（董海军、黄启萍，2013），深刻地反映了社会底层群体对自身社会地位及生活状态的嘲弄和反讽，是对转型期我国社会分层现实的一种解构（李超民、李礼，2013）。因此，屌丝代表着社会部分群体，正如老话所说："群众的力量是无穷强大的"，屌丝就是互联网企业赖以生存的群众基础，他们虽然消费不高，但当无数个小微消费汇集在一起时，就变成了巨大的消费力量。既然屌丝如此重要，企业就要学会用屌丝的思维来做产品和营销，与屌丝建立紧密的联盟。下面从以下三方面展开论述：

首先，需要企业充分尊重屌丝族群，为他们创造与企业沟通交流的平台，让他们感觉到被企业重视；业界经常会说小米手机其实就是山寨版的苹果手机，山寨也好，模仿也罢，小米毕竟成功地打开了中国市场，小米的逆袭成功，其背后揭示的是，对强大屌丝族群的重视可为企业带来无限的商机。

其次，要充分利用微博、微信等工具积极与屌丝进行有效的沟通。史玉柱是深谙此道理的行家，他自称为屌丝，甚至注册了"屌丝"商标，并主动为国产DS5（屌丝车）做代言人，为此还写了一封致屌丝的信。

最后，要抓住屌丝带来的商机。从创立以来，阿里集团就把关注点一直放在弱势群体这一市场。阿里巴巴自创业伊始，就深明此道，把无数个中小企业作为服务的对象；此外，淘宝的创立初衷也是为无数个线下个体经营户服务，帮助他们打开更多的市场渠道。阿里巴巴和淘宝的成功很大程度上是因为阿里集团重视这些小微力量，重视这些屌丝，并为他们服务，与他们有效联合，从而造就了今天电商领域的阿里帝国。

3. 让屌丝成为传播者

目前研究网络流行语的传播路径的文章层出不穷，一般认为网络流行语的传播路径为："网络空间→网民效仿→网络语言的收编"，而赵伟（2013）在回溯屌

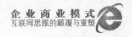

丝一词得以流行的传播路径与特征之后，认为屌丝的传播路径为："社会现实+
网络空间→网民效仿+网民混搭与误用→大众传媒复合传播→商业意识收编"，
如图6-8所示：

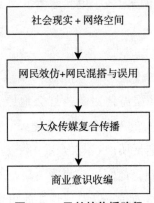

图6-8　屌丝的传播路径

企业应当积极关注屌丝的传播效应，善于借助屌丝的力量来传播企业的产品
和文化。屌丝本身是很容易满足的一群人，也是乐于分享的一群人。因此，当企
业的产品和服务获得了屌丝们的认可时，屌丝们会很乐意地将自己的心得体会分
享到他们的屌丝圈，屌丝圈的同族们又会将这些信息分享到更多的屌丝圈中，这
就会产生强大的口碑宣传力量。

如今互联网的发展，为每个人提供了更为广阔的社交平台。而且，微博、微
信等社交平台的产生，使得人人都可以成为自媒体，并为自己喜爱的产品做宣
传。许多企业正是意识到了这一点，纷纷通过自媒体平台吸引屌丝的注意，并借
助屌丝们的力量做好企业的产品推广。比如小米公司在发展初期，就完全借助于
互联网渠道来推广自己的产品，通过论坛、微博、微信等屌丝经常出没的平台与
他们建立有效的沟通交流，给予屌丝们充分的参与感，让喜爱小米的屌丝们自发
地联合在一起，通过口碑相传让小米的用户群获得爆发式的增长。

【章末案例】

黄太吉：用 O2O 模式卖煎饼

一、公司介绍

在很多人的固有思维模式里，煎饼是一个上不了"台面儿"的行当，然而有个人却把煎饼卖到了年收益 500 万的流水，仅凭借一家只有 13 个座位，营业面积只有十几平方米的煎饼铺估值已接近 4000 万元人民币左右，这就是黄太吉。黄太吉公司于 2012 年 7 月由赫畅创办，该公司主要经营地道的

图片来源：http://baike.baidu.com

煎饼果子、现吃现炸的无矾手工油条、独门秘制的醇厚卤汁豆腐脑、现磨醇豆浆、赫氏风味大卷饼、麻辣凉面与麻辣烫等产品，是一家独具特色的餐厅。目前，黄太吉公司已经拥有多家店面，预计 2014 年年底扩展到 20 家左右。该公司在 2013 年就宣称每天能卖出 1 万个煎饼果子，加上其他消费，每月的营业额超过 160 万元。进入到 2014 年，黄太吉的产品已受到越来越多的顾客喜爱，尤其是年轻人的钟爱。

二、赫畅的互联网思维

说起黄太吉的创始人，他就是赫畅，一个典型的"80 后"创业者。他是曾浸泡过百度、去哪儿、谷歌的互联网人，更是创建 4A 广告公司的创意人。可以说，他已经很习惯地用互联网的思维去思考问题。

从 22 岁起他先后在百度、去哪儿、谷歌担任品牌与用户体验管理工作，26 岁与英国传奇广告教父萨奇兄弟创办 4A 数字营销公司，28 岁创建数字创意公司DIF。黄太吉是他的第三次创业。相对于前两次创业，做黄太吉这事被周围的朋友泼了不少冷水，用赫畅的话说"除了我老婆，基本没有人看好我卖煎饼这事"。对于周围朋友的劝阻赫畅也能够理解他们的用心，但是在赫畅看来，卖煎饼是一件非常"接地气"的事，且餐饮行业又是与每个人息息相关的行业。

赫畅仔细研究了麦当劳、肯德基，发现其在全世界流行的一个重要原因

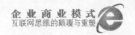

就是其产品形态，汉堡就是两片面包，中间夹什么都行，但是口味千变万化。披萨只要做好面饼，上面随便撒什么都行。这样既能满足消费者的各种口味需要，产品又非常容易标准化，有效降低了全球推广的门槛。中餐有其独特的口味，但包子、饺子、面条之类不容易标准化，因而很难竞争过肯德基。所以赫畅选择了中国的汉堡和披萨——煎饼果子和卷饼，通过标准化来制作公司产品。如制作一个煎饼果子，该公司将煎饼果子分成六个部分：一个面皮、一个油条、葱花、芝麻、鸡蛋和酱料。然后，对这六个部分实施标准化的操作。比如制作一个煎饼果子，要考虑锅的温度，摊一个煎饼用多少绿豆面，摊成多大的面积，酱应该刷几下，出来的时候一个煎饼的整个的饱和度应该是什么样的，这些都是该公司每天必须培训和考核的事情。

通过这种方式，公司已经将其产品做到了标准化，这将为该公司日后的发展奠定良好的基础。有一次采访中，赫畅就说过黄太吉的强"在于运营而非营销"。可见，这也是赫畅运用互联网思维下的产品标准化去满足不同消费者的体验需求。黄太吉从不想去控制顾客，而是希望去引领顾客，希望他们能像果粉迷恋苹果产品一样对黄太吉产生宗教般的依恋。他会告诉别人黄太吉为什么这么做，他会思考：为什么煎饼这事只有我能做成？怎么用互联网的思维做企业、做产品？甚至开发新的品类时黄太吉会邀请部分顾客免费试吃，根据顾客的意见和反馈不断改善，这也是互联网企业做产品时常用的迭代开发，不断根据用户的反馈改善产品质量。

三、让消费者主动传播

从事过互联网行业的黄太吉老板赫畅非常懂得运用互联网思维来营销产品。从该公司两年来的发展状况来看，他们主要借助微博、微信、大众点评LBS等互联网时代诞生的工具开展各项活动。这很容易为顾客建立一个"分享"的环境和氛围，让大家在用餐时就把自己"用餐经验"快速分享出去，传递给自己的朋友。

黄太吉非常注重借助微博、消费者自身、名人效应之势，来传播黄太吉的品牌。消费者在饭前、饭后都会与赫畅进行微博互动，并第一时间将意见和感受反馈给商家。此外，食客利用互联网分享照片美图，等于免费为黄太吉做了宣传。赫畅也非常重视和执着这样做，黄太吉目前粉丝的微博主页全靠赫畅一个人打理，一条条的回复都出自他的笔下，时不时还发长篇微博，1500页的PPT，6个小时的免费UFO讲座。这种做法，将消费者和商家互为一体，同时也让消费者主动传播黄太吉。

另外，黄太吉也善于借名人效应之势进行重播，实现与消费者的互动。如其老板开奔驰送煎饼、美女老板娘送餐、煎饼相对论公开课等，这引起消费者的极大兴趣，已成为很多粉丝们津津乐道的话题。刚开始时赫畅用自己的车送外卖，结果发现大家对开着大奔送外卖很感兴趣，纷纷在微博上晒图。将来黄太吉第二家、第三家店，将会有Segway、奔驰Smart来送外卖。店内免费的WiFi，墙上贴着微博、微信、陌陌等账号，"在这里，吃煎饼喝豆腐脑，思考人生"等颇有文艺气息的海报也非常显眼。

考虑到不少人晚上K完歌要吃夜宵，黄太吉将营业时间延迟到深夜两点，不少KTV是不让外卖送进去的，黄太吉就专门做了黑色袋子，外面印着有趣的"出来混要懂得伪装"。后来和温莎等KTV的官微进行互动，它们甚至允许黄太吉送入包厢，以后黄太吉再也不用伪装了。

黄太吉通过O2O模式卖煎饼不但可以满足消费者的食欲，而且更重要的是借助微博、微信、大众点评等平台用心和顾客沟通。据赫畅本人说：从开业至今黄太吉共收到过约7万多条微博评论，他把每一条微博的评论都会在第一时间逐一回复，他认为这么做的动机不仅仅是互动，更重要的是用心和顾客沟通，迅速、及时地回复更是诚意的一种体现。之所以这样做，一方面是让用户觉得自己受重视，另一方面也是了解用户是谁和随时随地体察用户需求。微博对黄太吉与其说是一个营销平台，更像是拉近与消费者距离的客服工具。黄太吉微博营销的一大特点就是积极地与粉丝回复互动。此外，微信、大众点评等也是相当好的与消费者互动的工具。中国电子商务研究中心（2013）认为：黄太吉的成功，得益于网络宣传工具的帮助，微信就是其中最为重要的工具之一。更加有意思的是，一般企业的微信有其官方认证公众号，如开篇案例讲述的广东美宜佳公司就是如此。但是，黄太吉公众号却没有认证，这很有可能是深谙营销之道的公司老板赫畅的有意而为之。

此外，除了借助微博、微信、大众点评等平台开展营销活动外，黄太吉也借助主流媒体这个重要渠道。比如该公司通过北京电视台的"BTV美食地

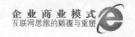

图节目"让更多吃客熟知，并通过这种社会化媒体扩散到全社会。总体来看，借用赫畅的话语：黄太吉往往看上去越不像营销的"营销"，但是其产生的效果反而会更好。

黄太吉煎饼的互联网营销也给消费者带来店内和店外的体验，没有互联网的时代，人们只关心店内的体验，走了不管。但现在，消费者非常注重店内和店外的体验，现在到黄太吉买煎饼，来之前能知道相关情况，走之后还能获知相关情况。这种方式可以走进消费者的内心，引起他们的共鸣。

四、结论与启示

黄太吉是用互联网的思维和精神改变了传统餐饮行业的典型代表，借助微博、微信、大众点评等互联网时代的营销方式，与消费者积极互动，取得了不错的发展业绩，给我们带来如下的启示：

第一，保持清醒，放眼未来。黄太吉从 2012 年中旬开业至今，一直坚持"小而美"的特色，不仅仅得到了众多食客们的拥趸，更吸引了很多投资人的注意，据赫畅称，目前主动找上门来的风投包括经纬创投、创业工场等国内众多知名风投，每天打电话来寻求加盟的人更是前赴后继。面对这种情况，黄太吉没有盲目地去扩张，而是坚持自己的路，稳步推进自己的业务。关于被问及最多的加盟，赫畅有自己的想法：黄太吉只做直营，不做加盟。这样可以在品质把控上更利于管理和监督，他希望把黄太吉这个品牌做得尽可能长远绵长。未来黄太吉每家店铺的菜单不会完全相同，每家店铺会根据不同地区的特点研制新的特色产品，不同的店铺只会保留那些经典款的产品，他认为这样做更有趣，也让食客们对不同的店铺有不同的念想。

第二，用互联网的思维和精神重塑自我。黄太吉的火爆，社会化营销仅仅是一种表象，其真正最有力量的其实是跳出了煎饼行业的所有规律，用互联网的精神重塑了自身的整个商业过程，这一点非常值得相关企业思考和借鉴。摊一张面，打两个鸡蛋，翻身、刷酱、撒葱花，再夹根油条，煎饼果子这个简单的吃食在大街上随处可见，谁也想不到"黄太吉传统美食"煎饼店能一年内做到 4000 万元人民币估值。但是，黄太吉却借用互联网思维和精神重塑其商业过程，做到了骄人的业绩。

第三，重视客服，走进消费者的内心。不管是哪一家公司，都必须有一套完整的客服体系，不断完善客服制度和重视售后服务。这就需要将客服工作细致化，让客户不仅感受到员工的真情服务，更能深入企业文化。在互联网环境下，我们需要对客户数据进行分类整理，针对客户的爱好及特征分析后提供个性化服务，及时处理并记录客户反馈的情况。并且多与客户沟通，第一时间了解客户的真正想法和需求，把现有的服务做好，而且要持久化，把服务放在首位。黄太吉在这方面做出了表率，可以为其他企业带来有益的启示。另外，黄太吉还把客服的意见作为考核员工工作的一个重要依据。每个月黄太吉自己内部考核里面会有客户公开投诉，如果出现投诉情况，公司是有相关的人要负责任的，店长要负责任、制作的组长要负责任、当时的员工要负责任。并且，这个是跟员工的月底领的奖金挂钩的。

第四，打破固有思维，注重创新。目前，创新是在各种媒体中出现频率非常高的一个词。在我们国家，企业家、政府官员、大学教授、学生，几乎都在念念有词地谈创新。但是，将创新真正付诸实践，并取得成功的是少之又少。而黄太吉以异于常规或常人思路的见解和思维，实践着其独特的创新，比如其运用微博进行营销，就是一种创新的做法。其实，公司的创新来源于企业员工的创新，黄太吉也不例外。公司的创始人赫畅非常鼓励员工进行创新，该公司的全体员工都可以在创新方面去贡献各种各样的点子，而且该公司在每个月评比的时候有一个企业文化的奖项，就叫创新突破奖。而且，黄太吉有很好的制度去保证能够听听内部员工声音的，这样当员工有了好点子，就非常愿意贡献出来，带动企业进行创新。

第七章

融资模式

【开章案例】

穷人也可玩投资：众筹的魅力

广东俊特团贷网络信息服务股份有限公司（以下简称团贷网）是一家专注于小微企业融资服务的互联网金融信息中介平台。团贷网的创立与发展，顺应了新一届政府盘活货币存

图片来源：www.tuandai.com

量、服务小微企业的经济发展思路，以互联网科技手段创新民间金融服务模式，推动互联网金融朝纵深方向发展，满足市场多层次的金融服务需求，助力小微企业健康稳定发展。2014 年 6 月 17 日，一向在互联网金融领域爱吃螃蟹的"团贷网"，又率先在东莞推出了首个众筹买房投资产品"房宝宝"，这种将网贷平台与房地产联姻的方式既独特新颖，又备受关注。据悉，"房宝宝"依托团贷网互联网金融交易平台的优势，通过筛选发起人提出的优质房源，向有理财需求的投资伙伴发出众筹标的，期间经过房产的价值变化，从而让众筹人获得回报，"房宝宝"产品第一期选择了本土优质房地产，升值潜力巨大的别墅项目中信御园。

未来互联网在金融、教育、医疗、地产、交通等领域发展潜力巨大，公

司看好在线地产的未来潜力。同时，东莞市的房价保持稳步上涨，目前广州平均房价为 18000 元/平方米，深圳为 30000 元/平方米，东莞为 9000 元/平方米，三者差距巨大，随着公共交通的逐渐完善，以及城轨的开通，广深莞将逐渐构成 1 小时生活圈，东莞房地产的升值潜力不言而喻。本次"房宝宝"第一期产品众筹目标 1491 万元，众筹最小单位 1000 元，总份数 14910份。"房宝宝"在下午三点正式上线后，短短 4 分钟之内就成交了 600 万元，到下午 6 时左右，共成交约 900 万元，达成率约 60%。团贷网投资的房产是位于东莞黄旗山板块的独栋别墅中信御园。中信御园的售价基本在每平方米30000~45000 元，而团贷网以 7 折的价钱买下了 18 套别墅，并将其中的一套用于其 P2P 平台上的众筹项目。本次"房宝宝"投资的房产是一套大小656.43 平方米、价格 1491 万元的别墅。该款产品的众筹起购金额为 1000元，在上线第二天就筹足了资金，共有 443 人参与众筹。

据团贷网介绍，该房产的最长持有期限共同约定不得超过 3 年。其间，参与者可以投票决定是否将房产卖出获得投资收益，一人一票，参与众筹者超过 51% 即为通过。众筹者也可以中途将房产投资份额进行转让。另外，投资者还需要向团贷网支付相关服务费用。在收益上，团贷网则不承诺预期收益，但认为，凭借 7 折的购入价以及该地块巨大的升值潜力，众筹投资人拥有巨大的保值和升值空间。通过互联网众筹，人与房子得到了最直接的对接，省去了以前传统买房不必要的环节以及产生的成本。"尽管目前他们还不能通过 1000 元购买一套房子，但至少两者通过'房宝宝'产生了联系，他们是真正拥有了房子。"唐军说道。据了解，关于别墅的出售，所有参与的众筹人会定期收到报价，并投票决定是否出售，而且每人一票，与众筹额无关。唐军表示：我们不希望"房宝宝"成为一个资本游戏，成为大户捆绑小户的工具，在这里，无论是参与 1000 元的小户还是参与 100 万的大户，他们都是平等的，他们对房子的处置都有一样的话语权。同时，现在是高端住宅，未来可能推出众筹商铺、写字楼等。

团贷网"房宝宝"从"出生"以来，一直受到投资者及媒体朋友们的热切关注。随着第一期"房宝宝"实现了 20 小时完成 1491 万元众筹的斐然成绩，团贷"房宝宝"知名度再次飙升。团贷网"房宝宝"第二期将于 2014

年 7 月 2 日上线。

实际上，P2P 平台与众筹"合体"，团贷网并非唯一的例子。随着行业发展，P2P 平台与众筹合流的做法越来越多。今年 5 月，深圳某网络借贷信息平台推出类似业务，通过众筹为湖北一宗地产项目筹集资金 660 万元。据该平台披露的资料，在上述项目中，房地产开发商以资产包权益转让的形式，将位于湖北红安一块面积 3 万平方米、评估价 1350 万元的土地，作价 660 万元转让给投资者，亦即将 3 万平方米土地分拆为 300 份，共计融资 660 万元。

到目前为止，上述旅游地产运营方已发布 10 个众筹资产包，融资额均为 660 万元。除了其中 3 个尚未满额外，其他 7 个资金已经筹集到位，融资总额超过 4500 万元。和其他融资方式相比，众筹不但效率高，而且融资效果也要好很多。目前国内外都对众筹房地产概念兴致盎然，众筹其实更多的是带有投资性质，目前买的都是已经建成销售的房产，物色到符合要求的房产并筛选后，再向投资者发起众筹，然后持有、寻找买家，通过其中差价获利。虽然众筹资金用于尚在开发的旅游地产，但对应的资产是土地使用权，到期后通过处置资产获益。可以预见的是，未来房地产众筹将是互联网金融大力发展的目标。

互联网改变了世界，也在悄然地改变企业的传统融资方式。如果说银行是投资者和融资者之间的最大中介，那么，现在兴起的互联网融资平台，则是融资者和投资者之间的新兴中介。不论是借助互联网技术，还是融入互联网精神，最终目的都在于寻找到解决小微企业、个体商户庞大融贷需求的有效模式和途径。互联网融资正是顺应这一潮流，应运而生。互联网金融彻底颠覆商业银行现有经营模式、盈利模式和生存模式，有可能颠覆性改变金融融资服务现有格局。为此，本章从互联网金融、互联网融资、互联网思维的融资管理这三种不同的融资路径和模式出发，分析互联网思维下的融资风险及其管理。

一、互联网金融

"互联网金融"这一概念，是谢平教授在2012年提出的。虽然提出不过两年，但是概念界定却层出不穷，令人有点眼花缭乱。时至今日，业界和学术界对"互联网金融"仍尚未达成统一认识。互联网金融是诸多金融模式中的一种，而非游离于现有金融体系之外的存在。互联网金融是互联网与金融的结合，是借助互联网和移动通信技术实现资金融通、支付和信息中介功能的新兴金融模式。

1. 互联网金融的定义

互联网金融是指以依托于移动支付、云计算、社交网络以及搜索引擎等互联网工具，实现资金融通、支付和信息中介等业务的一种新兴金融。从互联网金融的定义中，我们可以归纳出以下几点：首先，互联网金融的本质仍为金融，它的功能仍为资金的融通；其次，互联网金融利用了互联网的技术来实现金融的各个环节；最后，互联网金融的运作方式创新之处在于信息的收集与匹配、平台的搭建与运用。

图 7-1　互联网金融的三要素

第一，在融资模式上，互联网金融不同于发行债券、股票等直接融资模式，也不同于商业银行发放贷款的间接融资模式，它结合两种模式的优点，利用信息和投融资需求，搭建金融平台。在互联网金融平台中，企业提出融资需求，金融机构提供投融资专业服务，交易平台制订投资和交易规范，汇聚信息流与资金

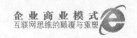

流，投资人提供资金、承担投资风险和分享投资收益。在整个过程中，各类参与者都是一种平等的关系，在明确权利义务的前提下，共同协作，共同分享在整个投融资与交易链条中的收益，提高金融产品的互通性，让企业拥有平等的融资权，使得互联网金融服务企业、传统金融机构主动或被动地投入到金融服务领域的改革中去，真正实现"融资便利化、投资高效化、价格市场化、流动常态化"。

第二，在技术应用上，互联网金融是传统金融行业与互联网精神相结合的新兴领域。互联网金融与传统金融的区别不仅仅在于金融业务所采用的媒介不同，更重要的在于金融参与者深谙互联网"开放、平等、协作、分享"的精髓，通过移动互联网等工具，使得传统金融业务具备透明度更强、参与度更高、协作性更好、中间成本更低、操作上更便捷等一系列特征。互联网金融并不是简单的"互联网技术的金融"，而是"基于互联网思想的金融"，技术作为必要支撑。互联网的概念是超越计算机技术本身的，代表着交互、关联、网络。其中的主语或者核心是参与者，是人，而不是技术。互联网金融是一种新的参与形式，而不是传统金融技术的升级。

第三，在运作方式上，互联网金融不是互联网和金融业的简单结合，而是在实现安全、移动等网络技术水平上，被用户熟悉接受后，自然而然为适应新的需求而产生的新模式及新业务。互联网金融已发展出互联网投融资、第三方支付、网络金融服务平台、互联网货币、大数据金融和传统金融机构信息化六种商业模式，并且越来越在支付方式、盈利模式、信息处理、资源配置等方面深入传统金融业的核心。

互联网金融的未来，是属于互联网公司的，还是属于金融企业，目前尚无定论。互联网公司反应快速、注重用户体验，创新性强。而金融企业从业经验丰富，并且互联网金融本质还是金融。目前，各方都积极参与互联网金融。互联网金融的本质，是在移动支付、社交网络、搜索引擎和云计算等现代信息科技推动下的个体之间直接金融交易。在供需信息几乎完全对称、交易成本极低的条件下，这种融资模式让中小企业融资、民间借贷、个人投资渠道等问题变得容易解决。该融资模式可以同时进行双方或多方的各种金融产品交易，信息充分透明，供需方均有公平的机会，效率非常高。

表 7-1　互联网金融的主要参与方

企业性质	代表企业
传统金融机构	银行、证券、保险、基金、信托
运营商	移动、联通、电信
电商企业	阿里巴巴、京东商城、苏宁云商
互联网企业	百度、新浪、腾讯、盛大
独立第三方支付	快钱、卡拉卡、易宝支付、汇付天下
P2P 网贷	拍拍贷、人人贷、点融网
金融产品搜索	融360、好贷
众筹	天使汇、点名时间
第三方基金销售平台	数米基金网、天天基金网
信息服务提供商	东方财富网、同花顺、大智慧
IT 公司	恒生电子、文思海辉、软通动力信雅达

专栏 1

余额宝：碎片化理财的崛起

2014 年 6 月 30 日，"余额宝"规模达 5741.60 亿元，比一季度末增长了 6%。而与余额宝合作的天弘基金公募资产的管理规模达

图片来源：www.alipay.com

到 5861.79 亿元，在所有基金公司中排名第一。余额宝 2014 年二季度末规模达到 2013 年末的 3 倍多，和一季度末相比，也实现了 6% 的增长。人均拥有余额宝金额为 5030 元，与 2013 年底的 4307 元相比提升了约 17%。在资金规模稳中有升的同时，余额宝用户数也保持了持续增长——二季度用户数一举突破 1 亿元。

"余额宝"业务是支付宝公司利用其网络平台进行的理财产品交易资金的划转，以及在线进行理财产品查询、交易等服务。多数消费者为了方便购物，会将钱充值到支付宝内，在进行了网购或转账等操作后，其支付宝账户都会遗留一部分闲置资金，"余额宝"正是看中了这些边角碎料资金，集合众多支付宝用户的沉淀资金购买天弘基金的"增利宝"基金产品。只要用户将支付宝内的资金转入"余额宝"，便可享受基金公司提供的投资收益。目前天弘基金是余额宝服务的唯一合作者，"增利宝"的收益就是"余额宝"

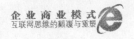

的收益。

据估算，一万块钱存在银行一年的利息大概三十来块，但放在"余额宝"里一年的利息有三四百块。这一数据的对比胜过任何花哨的广告。实际上，在6月份"钱荒"来袭，货币基金收益水涨船高，"增利宝"7天年化收益率最高超过6%，"钱荒"在进入7月份有所缓解，货币基金的收益必将下降，不过目前国内的货币基金的年化收益一般都能够达到3%~4%，因此上述收益并无夸大成分。

另外，投资者购买"增利宝"产品的年化费用率为0.63%，其中0.08%是银行托管费用，销售服务费用为0.25%，管理费为0.3%。这比银行理财产品0.58%的平均年化管理费率、货币基金0.33%的管理费都要高，但这部分影响的是天弘基金的利润。

目前"余额宝"的对手——"活期宝"是天天基金网推出的货币基金，与"余额宝"不同的是，它必须开通天天基金网交易账户，登录后即可进行充值，相当于购买了货币基金，最高收益可超过活期存款的10倍，并超过一年定存，还可以享受全天候、全年无休的快速取现、实时到账服务。"活期宝"的合作方是南方现金增利货币、华安现金富利货币等老牌基金，该产品主要针对的是基金投资者，它比"余额宝"更接近我们平常所了解的理财产品，但大大降低了门槛。其收益率足以秒杀"余额宝"，但它不能像"余额宝"那样用于网络购物。虽然"活余"有别，但它们本质上是一致的，都是披着互联网外衣的理财工具。实际上互联网企业插足金融其实只是浮于表面，都是依靠自身的大流量去卖理财产品，而不是利用资金来赚取利差，阿里巴巴的角色就是金融中介，和做金融还是有区别的。

从功能上看，"活余"都实现了货币基金的T+0（实时赎回）功能，也就是说可以随时购买、随时赎回。"余额宝"可即时转账到支付宝账户，但需要次日才能实现提现至银行卡，"余额宝"资金可用于网上消费、支付宝转账等；而"活期宝"可即时转账到银行卡，其资金可用于转账、支付等功能。两者的投资标的都是货币市场基金，使投资者获得远超过活期存款利息的收益。目前货币基金是所有基金产品中风险最低的产品，一般用于投资国债、银行存款等安全性高、收益稳定的标的。业内人士称，近期或将有更多基金进军互联网，将推出更多的互联网金融创新产品，如果开展顺利，未来还有可能投资于股票、债券等金融产品，那么收益有望进一步扩大，总之服务的重心是草根阶层。

如果说当前互联网时代下，最流行的微博是碎片化信息的胜利，那么"活余"就是碎片化理财的崛起，碎片化不仅体现在理财内容上，还体现在时间上，正如移动互联网成就了微博，支付宝钱包客户端正式开通余额宝功能，投资者可以通过手机随时随地进行理财。互联网金融将占领投资者指缝间流逝的资金和时间，以积少成多的方式默默开动理财马力。

2. 互联网金融的特征

近年来，全国多地互联网金融新型机构不断涌现、市场规模持续扩大。第三方支付行业异军突起。目前，人民银行已分 6 批向 223 家企业发放了第三方支付牌照。2010 年到 2012 年，我国第三方支付市场交易规模从 3.2 万亿元增长至超过 10 万亿元。一批基于互联网的机构和融资服务平台兴起。包括为个人投资者和创业者提供便捷借贷新通道的红岭创投、齐放网、宜信网、人人贷等机构，以及致力于提供融资产品搜索、借贷备案登记和投资者与创业者撮合等服务的专业机构，如融 360、温州民间借贷登记服务中心等。同时，还包括阿里巴巴、东京

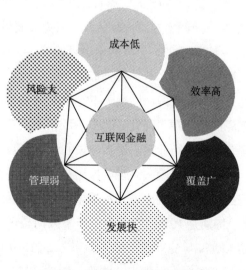

图 7-2　互联网金融的六大特征

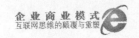

商城等电子商务企业搭建的互联网金融业务平台。互联网金融从诞生之初发展至今，经历了从不为人知到应用于人们生活的各个方面，其发展趋势顺应了时代的方向，而决定其实用性和局限性的为以下特征：

第一，成本低。互联网金融模式下，资金供求双方可以通过网络平台自行完成信息甄别、匹配、定价和交易，无传统中介、无交易成本、无垄断利润。一方面，金融机构可以避免开设营业网点的资金投入和运营成本；另一方面，消费者可以在开放透明的平台上快速找到适合自己的金融产品，削弱了信息不对称程度，更省时省力。

第二，效率高。互联网金融业务主要由计算机处理，操作流程完全标准化，客户不需要排队等候，业务处理速度更快，用户体验更好。如阿里小贷依托电商积累的信用数据库，经过数据挖掘和分析，引入风险分析和资信调查模型，商户从申请贷款到发放只需要几秒钟，日均可以完成贷款 1 万笔，成为真正的"信贷工厂"。

第三，覆盖广。互联网金融模式下，客户能够突破时间和地域的约束，在互联网上寻找需要的金融资源，金融服务更直接，客户基础更广泛。此外，互联网金融的客户以小微企业为主，覆盖了部分传统金融业的金融服务盲区，有利于提升资源配置效率，促进实体经济发展。

第四，发展快。依托于大数据和电子商务的发展，互联网金融得到了快速增长。以余额宝为例，余额宝上线 18 天，累计用户数达到 250 多万，累计转入资金达到 66 亿元。据报道，余额宝规模 500 亿元，成为规模最大的公募基金。

第五，管理弱。一是风控弱。互联网金融还没有接入中国人民银行征信系统，也不存在信用信息共享机制，不具备类似银行的风控、合规和清收机制，容易发生各类风险问题，已有众贷网、网赢天下等 P2P 网贷平台宣布破产或停止服务。二是监管弱。互联网金融在中国处于起步阶段，还没有监管和法律约束，缺乏准入门槛和行业规范，整个行业面临诸多政策和法律风险。

第六，风险大。一是信用风险大。现阶段中国信用体系尚不完善，互联网金融的相关法律还有待配套，互联网金融违约成本较低，容易诱发恶意骗贷、卷款"跑路"等风险问题。特别是 P2P 网贷平台由于准入门槛低和缺乏监管，成为不法分子从事非法集资和诈骗等犯罪活动的"温床"。2013 年以来，淘金贷、优易网、安泰卓越等 P2P 网贷平台先后曝出"跑路"事件。二是网络安全风险大。中国互联网安全问题突出，网络金融犯罪问题不容忽视。一旦遭遇黑客攻击，互联网金融的正常运作会受到影响，危及消费者的资金安全和个人信息安全。

3. 互联网金融的作用

目前我国互联网金融行业有两大主力军：现代 IT 企业和传统金融机构。现代 IT 企业进军金融领域，主要拓展第三方支付、P2P 信贷、网络小额贷款等业务；传统金融机构的业务日益互联网化，最为突出的是传统金融机构的电子商务化，包括传统金融机构的电子商务平台、线上金融平台等业务。互联网金融与传统金融既有竞争更有合作。作为我国金融体系的有机组成部分，互联网金融对传统金融是一个有益的补充。具体来说，互联网金融有四大作用，如表 7-2 所示。

表 7-2　互联网金融的作用

作用对象	作用效果
支付结算	互联网金融使支付和结算更便捷
信息	互联网金融使金融业信息更加对称
资金匹配	互联网金融使资金匹配更有效率
风险控制	"风控"能力或决定发展趋势

第一，互联网金融使支付和结算更便捷。很多传统的金融功能是附着在支付和结算功能基础上的，所以，支付平台是互联网金融的制高点和争夺焦点。互联网金融时代支付系统具有很多不同于传统金融支付的特点：一是所有个人和机构都在中央银行的支付中心开账户，无须经过商业银行；二是证券、现金等金融资产的支付通过互联网进行；三是整个支付清算完全电子化，只需要很少的现钞交易，现钞交易的频繁度和重要性即将下降，一般只作为最后的支付手段。以上这些特点将对现钞流通和传统商业银行构成极大的打击，互联网金融时代拥有广泛流量的支付平台将会脱颖而出，不仅使商业银行损失一大块业务，也会使个人和机构对商业银行的依赖度降低，从而危及商业银行多年来在支付和清算功能之上开发的一系列服务。此外，货币供给方式、货币政策传播过程、货币理论都将发生重大调整和变化。但互联网金融不大可能改变目前由中央银行统一发行信用货币的制度，货币与商品价格的基本关系也不会发生本质改变。虽然比特币等电子虚拟货币流行甚广，但由于这些虚拟货币的内在缺陷和安全性，电子货币被很多国家的金融主管当局所禁止，而且在很长一段时间里，这些虚拟货币不具有替代

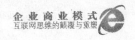

现有货币的潜力。

第二，互联网金融使金融业信息更加对称。长期以来，金融业正是依靠其传统金融行业巨大的信息不对称傲视群雄的，而造成传统银行业信息不对称的主要原因在于传统的信息分布、传播和处理方式。在互联网技术发展成熟之前，人们的财务信息是十分分散和难以聚合的，因而直接的资金融通成本极高，这就给商业银行等传统货币金融机构以巨大的生存空间。互联网技术的发展和成熟，特别是大数据、云计算等新技术的快速发展，使得人们的信息分布、传播和处理方式发生了显著变化：一是地方信息和私人信息公开化；二是软信息转化为硬信息，非结构化信息转化为结构化信息；三是分散信息集中化；四是信息通过社交网络的分享和共享机制传播；五是基于信息搜索和排序产生类似"充分统计量"的指标和指数，能够凝练、有效反映所聚拢来的各种数据。这些变化对于违约概率、风险度量的计算有非常重要的作用，从而使得旨在资金融通的各种交易的定价更加容易，这也就为大量的个体通过互联网金融直接参与资金融通提供了客观便利，使得互联网金融更加普惠。

图 7-3 信息对称造福中小企业

第三，互联网金融使资金匹配更有效率。资金供给者和需求者通过直接接触进行资金融通一直是金融的理想典范，但囿于单个个体信息收集成本的高昂，专业法律、定价技术知识的贫乏，以及监督资金使用以确保资金安全的艰难，这种模式只在小范围、小额的借贷市场出现，而且往往要靠熟人关系作为纽带，一旦在较大额度、更广领域扩展时会出现很多弊端，如我国温州地区小额贷款中普遍存在的跑路问题。互联网金融的出现和发展为资金所有者和需求者进行直接融通提供了技术手段和客观平台。社交平台、电子商务等互联网技术使得资金使用者的信息广为分布，大数据、云计算等技术则使得这些信息的收集、存储和分析变得廉价和容易。这将对传统商业银行的借贷活动产生极为深远的影响，随着互联网金融的深入发展，贷款的供给将更加广泛，拥有闲置资金的人将通过直接贷款获得更加丰厚的投资收益，贷款的普惠性将更加彻底。但商业银行不一定会在贷款市场败给互联网金融，因为互联网金融在安全性和配套制度方面有很多困窘。此外，虽然目前并不清楚，但很可能并不是所有的贷款都适合互联网金融，即使在互联网金融时代，金融行业仍然面临如何有效克服逆向选择和道德风险的问题。

第四，"风控"能力或决定发展趋势。上述三个方面的因素使得互联网金融具备了传统商业银行所不具备的重要相对优势，这些优势是互联网金融与传统商业银行在金融领域进行竞争的基础，而互联网金融的强大有力必然导致中国银行业乃至整个金融业的深刻调整与变革。但仅有上述因素，互联网金融还难以替代传统金融的存在，因为互联网金融能否有效解决风险控制才是互联网金融能否在中国真正发展的关键。

4. 互联网金融的主要模式

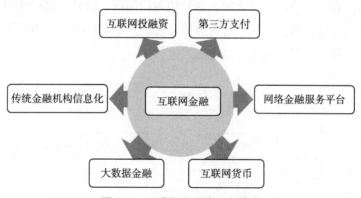

图7-4　互联网金融的六大模式

第一，互联网投融资。基于互联网投融资的商业模式可细分为P2P网贷和众筹，这两者最具有互联网属性，也是我国目前典型的互联网金融模式。

P2P（即 Peer-to-Peer），是指点对点信贷，是一种个人对个人的直接信贷模式。通过P2P网络融资平台，借款人直接发布借款信息，出借人了解对方的身份信息、信用信息后，可以直接与借款人签署借贷合同，提供小额贷款，并能及时获知借款人的还款进度，获得投资回报。

众筹是指项目发起人通过互联网平台向大众筹集资金的一种模式。众筹是利用互联网的特性，让创业企业、艺术家或个人对公众展示他们的创意及项目，争取大家的关注和支持，进而获得所需要的资金援助。众筹平台运作模式为需要资金的个人或团队将项目策划交给众筹平台，经过相关审核后，便可以在平台的网

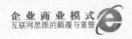

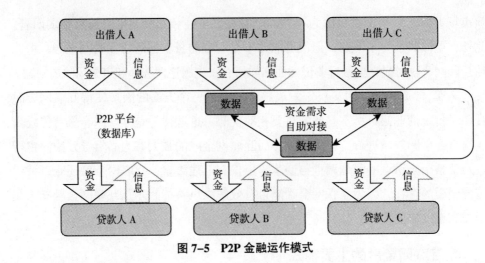

图 7-5 P2P 金融运作模式

站上建立属于自己的页面,用来向公众介绍项目情况,公众通过网站对自己感兴趣的项目进行支持,帮助项目发起者完成梦想。众筹的回馈方式有以下 4 种:捐赠模式、奖励模式、股权模式、债券模式。

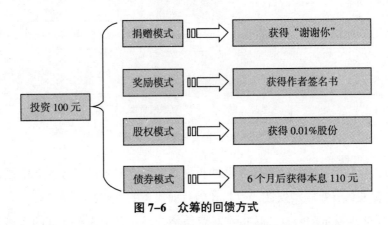

图 7-6 众筹的回馈方式

第二,第三方支付。第三方支付是指非金融机构借助信息技术,作为收、付款人的支付中介所提供以下部分或全部货币资金转移服务,包括网络支付、预付卡、银行卡收单以及中国人民银行确定的其他支付服务。第三方支付是以渠道为特征的互联网理财销售模式,这类是目前的主流。目前,第三支付已成为线上线下全面覆盖的综合支付工具,第三方支付公司的运营模式可以归为两大类:第一类是独立的第三方支付模式,即独立于电商网站,不负有担保功能,仅为用户提供支付服务,包括快钱、易宝支付、汇付天下、拉卡拉等。第二类是以支付宝、财付通为首的依托于自有电商网站（天猫和淘宝、拍拍网）提供担保功能的第三方支付模式。货款暂由平台托管并由平台通知卖家货款到达、进行发货；在此类支付模式中，买方在电商网站选购商品后，使用第三方平台提供的账户进行货款支付，待买方检验物品进行确认后，就可以通知平台付款给卖家，这时第三方支付平台再将款项转至卖方账户。

专栏2

财付通的最创新第三方支付

未来电子支付的全能化将主要体现在 3A 服务中的 Anytime、Anywhere 和 Anyhow 三方面。2012 年，以合作与共融为目标、

图片来源：www.tenpay.com

3A 服务与支付安全为主题的首届中国电子支付发展研讨会在京举行，第三方支付公司财付通出席此次会议，并与到场的行业各方代表及监管机构，共同探讨"中国电子支付市场的现状与未来"。到场嘉宾认为，服务的便利性已成为用户权衡电子支付优劣的重要指标之一，也是第三方支付企业在电子支付市场中得以快速发展的有利因素。

据了解，本届研讨会还通过大型网络调查的方式，评选出在电子支付方面做出成绩的金融企业和第三方支付企业，财付通以安全快捷、持续创新的优质服务荣获了 2012 年电子支付行业服务之星奖。自上线运营以来，财付通一直致力于为用户提供安全便捷的优质第三方支付服务，其依托腾讯庞大的用户群体和开放平台资源，整合了 40 多万家合作伙伴，致力于打造全方位、一站式生活支付平台，从而满足用户衣食住行等多层次的支付需求。

目前，传统电子商务化发展进程不断加快，第三方支付行业领域细分化趋势明显。从最早为电商领域提供第三方支付支持的财付通，现已慢慢向更多具有发展潜力的领域拓展，如金融、基金保险、跨境、物流、教育等。未来财付通将会针对各行业领域提供定制化的合作方案，为电子支付的发展提供专业的服务和支持。

据了解，财付通不断迎合第三方支付趋势发展潮流，创新支付技术。在

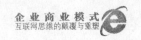

2012 年，财付通在其平台上推出了第一款虚拟支付产品——财付通美国运通国际账号，保障了跨境网购时财付通账户资金安全，被网友称为"史上最安全的海淘"，成功开拓了境外支付市场；另外，其支付手段也从 PC 端的线上支付，发展为适用于苹果、安卓、塞班等手机客户端的移动支付；积极布局 O2O 移动支付市场，创新提出微信摇一摇、二维码扫描等各种新型支付手段，未来逐步打通腾讯 7 亿多用户群，实现手机 QQ 转账，使快捷便利的"电子钱包"逐步在日常生活支付场景中实现。

第三，网络金融服务平台。网络金融服务平台，包括淘宝理财和保险、众安在线等。在这些平台上，客户能通过网络查询、了解、购买各种理财和保险产品。与原来的线下购买相比，网络理财、保险更加便捷、透明，门槛也相对降低，并能及时根据客户的个性化需求，提供不同的产品组合。互联网金融门户是指利用互联网进行金融产品的销售以及为金融产品销售提供第三方服务的平台。它的核心就是"搜索+比价"的模式，采用金融产品垂直比价的方式，将各家金融机构的产品放在平台上，用户通过对比挑选合适的金融产品。互联网金融门户多元化创新发展，形成了提供高端理财投资服务和理财产品的第三方理财机构，提供保险产品咨询、比价、购买服务的保险门户网站等。这种模式不存在太多政策风险，因为其平台既不负责金融产品的实际销售，也不承担任何不良的风险，同时资金也完全不通过中间平台。目前在互联网金融门户领域针对信贷、理财、保险、P2P 等细分行业分布有融 360、91 金融超市、好贷网、银率网、格上理财、大童网、网贷之家等。

第四，互联网货币。互联网货币，又称为虚拟货币、数字货币或者电子货币，这与我们现实中使用的货币全然不同。在"互联网社会形态"里，人们根据自己的需求成立或者参与社区，同一社区成员往往基于同种需求形成共同的信用价值观，互联网货币就是在此基础上形成的"新型货币形态"。互联网货币通常没有以商品为基础的价值，社区成员往往也可以通过从事社区活动来增加该种货币的持有量。大多数时候人们并没有意识到，信用卡积分、手机卡积分、会员卡积分、航空里程、累积的信誉度其实也是互联网货币，除此之外，互联网货币还可以表现为"比特币"、Q 币、亚马逊币、Facebook 币、各种虚拟社区币。一句话，互联网货币不直接以实体经济为支撑，不直接与实体经济相挂钩，它的发行、使用、运作都存在于虚拟社区之中。同时，跨越国界和国民范围的互联网货币，以社区为单位进行划界区分，客观上不需要也不可能通过任何一国的强制力来保证实施，这也使社区成员的信任成为互联网货币存在的基本要素。互联网货币和以互联网货币表示的虚拟金融资产并没有颠覆现代金融，而是加快了现代金融回归本来面目的速度和进程，强化信用交换作用，加速金融回归本源。不可否认，互联网货币这一新生事物的出现，给金融市场带来新的活力。互联网货币基于社区信用产生，新的消费行为可以弥补现有金融的信用缺失和不足，强化整个社会的信用观念；互联网货币以消费行为参与为主，在虚拟世界形成持续性参与积累的价值，有助于引导消费拉动经济的方式的形成。

第五，大数据金融。大数据金融是指集合海量非结构化数据，通过对其进行实时分析，可以为互联网金融机构提供客户全方位信息，通过分析和挖掘客户的交易和消费信息掌握客户的消费习惯，并准确预测客户行为，使金融机构和金融服务平台在营销和风控方面有的放矢。基于大数据的金融服务平台主要指拥有海量数据的电子商务企业开展的金融服务。大数据的关键是从大量数据中快速获取有用信息的能力，或者是从大数据资产中快速变现的能力，因此，大数据的信息处理往往以云计算为基础。目前，大数据服务平台的运营模式可以分为以阿里巴巴小额信贷为代表的平台模式和京东、苏宁为代表的供应链金融模式。大数据能够通过海量数据的核查和评定，增加风险的可控行和管理力度，及时发现并解决可能出现的风险点，对于风险发生的规律性有精准的把握，将推动金融机构对更深入和透彻的数据的分析需求。虽然银行有很多支付流水数据，但是各部门不交叉，数据无法整合，大数据金融的模式促使银行开始对沉积的数据进行有效利用。大数据将推动金融机构创新品牌和服务，做到精细化服务，对客户进行个性定制，利用数据开发新的预测和分析模型，实现对客户消费模式的分析以提高客户的转化率。

第六，传统金融机构信息化。所谓信息化金融机构，是指通过采用信息技术，对传统运营流程进行改造或重构，实现经营、管理全面电子化的银行、证券和保险等金融机构。金融信息化是金融业发展趋势之一，而信息化金融机构则是金融创新的产物。从金融整个行业来看，银行的信息化建设一直处于业内领先水平，不仅具有国际领先的金融信息技术平台，建成了由自助银行、电话银行、手机银行和网上银行构成的电子银行立体服务体系，而且以信息化的大手笔——数

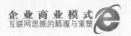

据集中工程在业内独领风骚。

表 7-3　传统金融与互联网金融的差异

	传统金融	互联网金融
支付体系	信用卡支付、汇款	第三方支付、移动支付
信用体系	数据纵向范围广	数据横向范围广
风控体系	具体考察	综合大数据虚拟考察
贷款对象	大客户	中小客户
盈利水平	稳定，利润高	增长快

专栏 3

平安集团：借陆金所和壹钱包布局互联网金融

当前，互联网渗透并改变着各个传统行业，金融业也不例外。从 2013 年余额宝诞生以来，互联网

中国平安 PINGAN
保险·银行·投资

图片来源：www.pingan.com

金融逐渐成为一个热点。在这一领域，无论是互联网巨头还是新晋的创业者，乃至传统的金融机构都开始进军其中。作为一个横跨保险、银行和投资的综合性金融集团，平安的变革和转型颇具有代表意义。

而在未来，这种变革力量很可能是颠覆性的。马明哲则将其影响预测为，"第一个，十年内，60% 以上的信用卡没有了，被取代了；第二个，10~15 年内，大部分的中小金融机构的前台由互联网的企业、非金融企业来取代或者代替；第三个，金融机构网点的前台将会走向四化：小型化、社区化、智能化、标准化。"

事实上，正是基于这样危机感和对未来的预判，整个平安集团展开了互联网化的变革。一方面，平安梳理架构，升级改造原有业务，将其互联网金融布局梳理为五大门户（即壹钱包、天下通、一账通、万里通和医健通）；另一方面，着重扶持两项新业务，即壹钱包和陆金所。

陆金所的全称为上海陆家嘴国际金融资产交易市场，于 2011 年 9 月建立。初期的主要业务是 P2P 网络贷款业务，后期再发展出了机构性的资产交易平台。陆金所玩转 P2P 贷款的方式，则跟一般的 P2P 网贷平台不同。陆金所将零散的借款需求整合成标准化理财产品，方便投资者投资。

一般的 P2P 平台，投资者能看到用户借款人信息、借款人用途等资料，然后进行投资判断。陆金所则将分散的借款需求，统一打包成"稳盈—安 e 贷"理财产品，不同的信用等级不同的收益率水平，方便投资者统一进行投资。

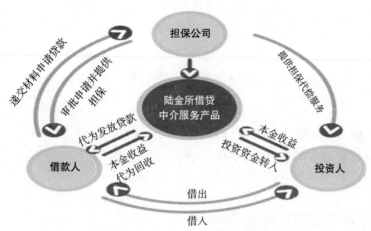

图 7-7　稳盈—安 e 贷服务运作流程

也就是说，投资者并不清楚资金借给谁，实际看中的是平安集团的信誉，相对于其他 P2P 公司的本金保障计划，陆金所又加了一层隐性担保。对借款人的资质审核，陆金所实行全线下的信用审核模式，在全国设立了 20 多个网点审核。

成立两周年，陆金所发展注册用户接近 100 万，P2P 产品稳盈—安 e 贷增长 20 倍，机构投资者的平台半年交易额就超过 400 亿元。

相对于陆金所，平安的另一布局"壹钱包"则更加跨界。壹钱包承载了平安积极的发展创新业务的愿景，也承载了"社交金融"的愿望。

所谓社交金融，即依托于金融企业的核心优势，从现实金融生活切入，将金融融入"医、食、住、行、玩"的生活场景，实现管理财富、管理健康、管理生活的三大功能。

目前壹钱包还在测试状态，平安付的董事长王洁凤表示，壹钱包测试版主要具备转账支付和社交聊天功能，随着壹钱包产品的进一步升级，中国平安的金融全牌照优势将让壹钱包的功能拥有更多可能，未来将成为一款能"赚钱"、"花钱"、"省钱"、"借钱"、"打电话聊天"的电子钱包。

面对支付宝和微信支付的强大优势，壹钱包天然就在夹缝中出生，只有寻找差异化的定位才能拥有立足之地。

无论是已经取得不错成绩的陆金所，还是依然不断寻找夹缝中成长的壹钱包，传统大鳄平安的互联网之旅已经展开，并成为传统金融机构转型的先行者。

二、互联网融资

互联网融资是互联网金融的一种主要模式，互联网融资与互联网金融的主要区别在于互联网融资的目的在于融资，而互联网金融的目的在于提供金融路径，进行金融创新。

1. 互联网融资的定义

互联网融资是互联网金融的重要模式，是指企业主要是中小企业依靠互联网平台，发布融资需求，并且依靠互联网技术实现资金匹配，达到融资的目的。互联网融资模式是互联网技术、电子商务与银行业务管理系统结合的产物，突破了传统市场空间和时间的限制，让小微客户"随时随地"实现贷款申请，极大丰富了客户体验。互联网融资主要有两层意思：一是应用互联网和网上银行技术，对传统信贷业务通过电子渠道完成，大幅降低了成本，可以定义为网上银行信贷业务；二是通过电子商务交易平台获取客户信息，利用互联网技术，银行资源和外部资源充分整合，办理全流程线上操作的信贷业务，整合了银行系统资源、电子商务平台系统资源和物流公司的资源，实现信息流、物流和资金流三流合一，可以定义为网络贷款业务。

这两种信贷业务都是对传统银行业务的创新和突破，两者有交叉，但又有不同。对银行而言，网络贷款是经营理念的重大突破，意味着银行在面对小微企业的信贷需求时，除对企业的经营状态与财务状况进行调查外，还要考察企业在电子商务网站中的交易和信用记录，并以此实施差别化贷款模式、贷款定价和贷后管理工作。这样，小微企业在参与电子商务市场时，会越发重视建立良好的网上信用记录，这在为企业带来更多销售机会的同时，也为银行网络贷款业务的信用评价和业务推广工作奠定了基础。

2. 互联网融资的特征

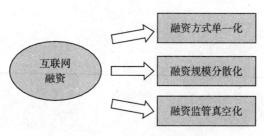

图 7–8 互联网融资的特征

第一，融资方式单一化。相比较传统项目融资方式的多样化，互联网高科技项目融资模式往往非常单一。比如传统行业可以以债权方式融资，即投资人不占股份，只是拥有该公司的部分债权，规定一年后返还现金，否则抵押资产。然而虚拟的互联网公司没有任何有价值的设备、备货，也就无从抵押了。

第二，融资规模分散化。在互联网融资时代，借助互联网的融资虽说总体规模在逐渐增大，但是个体的融资规模在逐渐减少，这是由于互联网金融极大地拓展了融资主体，很多中小企业甚至网民都开始融资，这就导致了一个均摊效应，也就是融资的"平民化"。

第三，融资监管真空化。在我国，互联网融资属于新兴事物，在迅速发展的同时相应的监管却没有跟上。互联网融资作为新型融资方式，在拓宽小微企业融资方式及众筹融资创新上，证监会明确归属监管范围，但对行业初期依然没有条例及制度约束，证监会也肯定互联网融资对于完善资本市场体系有积极意义，表示证监会将对股权众筹融资进行调研，尽快出台相关的指导意见。

3. 互联网融资的优势

互联网融资平台主要利用互联网技术为融资者与投资者搭建一个广阔的交易场所。投资者和融资者利用这一平台在线上实现信息交换，再由线下进行资金的转移、贷款管理和还本付息等部分。通俗地说，互联网融资平台就相当于大家所熟悉的淘宝平台，只是交易双方变成了资金方和项目融资方，运作内容则变成了企业资质与机构资金的交换。就目前来看互联网融资平台的不断发展壮大在很大

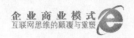

程度上改变了企业与资金机构的接触方式。对比传统的融资方式，互联网融资具有几点优势，如图7-9所示。

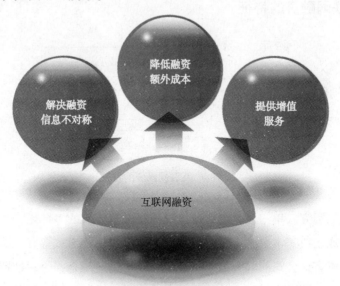

图7-9　互联网融资的功能

第一，解决融资信息不对称。一般而言融资信息不对称是双面的原因导致的。从企业方来看由于许多企业并不了解银行、信托、小贷、风投等资金方的情况，包括融资额度、审批要点、审批松紧、产品偏好、利率上下浮动的可能性等；从金融机构方面来看目前许多的金融机构缺乏对企业，尤其是中小企业的全面了解，当然也离不开许多金融机构的自身规范化不够等原因，这种种原因导致金融机构在获取中小企业的信息时所需成本比较高，这也是中小企业融资业务很难大规模开展的原因。而网络投融资平台则在这方面有较大的优势，他们利用网络平台展示了资金方的需求标准和客户经理信息以及企业的资料信息，为许多中小企业及创业融资者带来了大量的信息资源，目前这样的网络投融资可谓是星罗棋布，其中有许多业已线上线下对接成功的案例，它们不仅为广大融资者提供许多信息，同时在信息的审核中也做得相当严谨，每条消息都进行各项审核，包括手机认证、邮箱认证、营业执照认证、银行流水账认证等一系列的审核认证。

第二，降低融资额外成本。相较于传统的投融资平台，项目企业通过互联网平台融资可以省去许多额外费用，比方说前期的交通费、资料费，甚至包括灰色费用，并且由于项目融资者在前期工作中都是通过网络来完成，这就为其节约了很多的时间和精力，与此同时网络平台的标准化也给企业的操作指明了清晰的道路，在填写资料和上传材料时也大大提高了效率。此外，网络平台的前期工作可以为资金方省去很多前期工作，金融机构也不必为如何让企业又快又好地准备好资料而烦恼，资金方的效率也相应提高了。目前的互联网融资平台都实现了这样的功能，例如，项目企业在网上可以填写信息和资料，并上传证件等，互联网融资平台在这方面做得可谓相当的精细化，尽量让企业填写的表格最大限度上与资金方系统审核的表格相似，以给企业带来相对直观的感受，同时也方便机构人员的初步审核。

第三，提供增值服务。为了给企业带来不一样的融资服务，正规的互联网融资平台都是以做平台和服务为主，并不参与放贷等行为，但这些网络融资服务平台会提供各种各样的增值服务。以"中华企业资源网"为例，在项目资金展示方面推出了品牌特色即"金牌"、"银牌"：为网站的有效客户不间断地推荐高效信息，同时开展了项目申报的功能：第一时间为企业与个人提供政府的相关项目申报信息，为投融资者的决策与政策接轨提供有效平台。此外该网站还开拓了技术对接的增值服务。当然目前许多网络投融资平台还开展许多其他的增值服务如提供融资计划书、融资诊断报告、优科金融手机报周刊、线下展会组织、自己组织融资项目等。

4. 互联网融资的主流模式

图 7-10　互联网融资的主流模式

第一，P2P 网络贷款平台。P2P（Peer-to-Peerlending），即点对点信贷。P2P网络贷款是指通过第三方互联网平台进行资金借、贷双方的匹配，需要借贷的人群可以通过网站平台寻找到有出借能力并且愿意基于一定条件出借的人群，帮助贷款人通过和其他贷款人一起分担一笔借款额度来分散风险，也帮助借款人在充分比较的信息中选择有吸引力的利率条件。

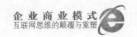

第二，众筹大意为大众筹资或群众筹资，是指用团购+预购的形式，向网友募集项目资金的模式。众筹平台的运作模式大同小异——需要资金的个人或团队将项目策划交给众筹平台，经过相关审核后，便可以在平台的网站上建立属于自己的页面，用来向公众介绍项目情况。众筹平台会从募资成功的项目中抽取一定比例的服务费用。此前不断有人预测众筹模式将会成为企业融资的另一种渠道。但从目前国内的众筹平台来看，这一判断恐怕还有待时间检验。与热闹的 P2P 相对，众筹尚处于一个相对静悄悄的阶段。目前国内对公开募资的规定使得众筹特别容易踩到非法集资的红线，因而在国内发展缓慢，很难在短期内做大做强，短期内对金融业和企业融资的影响非常有限。

以上是互联网融资在国内的主要发展模式，当然还有诸如比特币等一系列创新，但最主要的就是上面的两项。值得指出的是，目前国内互联网融资模式没有一种是真正的互联网金融。因为，直到目前还没有一家企业实现脱媒，所以只是金融互联网，在本质上跟传统金融没有差异。但目前只是互联网金融发展的起始阶段，未来的发展还未可预料。

专栏 4

拍拍贷：P2P 网络借贷平台

拍拍贷成立于 2007 年 6 月，是中国首家 P2P（个人对个人）纯信用无担保网络借贷平台。网站隶属于上海拍拍贷

图片来源：www.ppdai.com

金融信息服务有限公司，公司总部位于上海。2012 年 10 月拍拍贷成为首家完成 A 轮融资网贷平台，获得红杉资本（Sequoia Capital）千万美元级别投资。2014 年 4 月拍拍贷在北京钓鱼台国宾馆宣布完成 B 轮融资，是国内 P2P 行业首个完成 B 轮融资的网贷平台，投资机构分别为光速安振中国创业投资（Lightspeed China Partners）、红杉资本（Sequoia Capital）及纽交所上市公司诺亚财富。

拍拍贷定位于一种透明阳光的民间借贷，是中国现有银行体系的有效补充。我们知道，民间借贷基于地缘、血缘关系，手续简便、方式灵活，具有

正规金融不可比拟的竞争优势，可以说，民间借贷在一定程度上适应了中小企业和农村地区的融资特点和融资需求，增强了经济运行的自我调节能力，是对正规金融的有益补充。而拍拍贷具有一些独特之处：第一，一般为小额无抵押借贷，覆盖的借入者人群一般是中低收入阶层，现有银行体系覆盖不到，因此是银行体系的必要的和有效的补充；第二，借助了网络、社区化的力量，强调每个人来参与，从而有效地降低了审查的成本和风险，使小额贷款成为可能；第三，平台本身一般不参与借款，更多做的是信息匹配、工具支持和服务等一些功能；第四，由于依托于网络，与现有民间借款不同的是，其非常透明化；第五，与现有民间借贷的另一大不同是借款人的借款利率是自己设定的，同时网站设定了法定最高利率限制，这有效地避免了高利贷的发生；第六，由于针对的是中低收入以及创业人群，其有相当大的公益性质，因此具有较大的社会效益。它解决了很多做小额贷款尝试的机构组织NGO普遍存在成本高、不易追踪等问题。

在平台运作模式上，拍拍贷的运作模式属于典型的网上P2P借贷模式，借款人发布借款信息，多个出借人根据借款人提供的各项认证资料和其信用状况决定是否借出，网站仅充当交易平台。借款利率由双方根据资金市场竞合决定，拍拍贷设定最高的法定借款利率。拍拍贷根据借款人提供的各项信息进行线上审查，并不保证信息的真实性，只是对比各项资料，存在较大的风险。借款无抵押、无担保，借出人面临着较大的信用风险；如果出现逾期或不良，拍拍贷不承担本金和利息的补偿，完全由借出人自己承担。

拍拍贷平台收益来源主要以成交服务费为主，服务费为成交金额的2%~4%，其他费用为充值手续费和提现手续费。

在平台审核方式上，拍拍贷审核方式基本以线上审核为主，对用户提交的书面资料的扫描件或电子影像文件进行形式上审查。对用户提交的书面资料的内容与其申报的信息的一致性审查。

在不良贷款处理上，根据预期的天数，网站采取不同的措施，比如逾期90天后，拍拍贷将所有资料，包括用户曝光信息。根据不同地区不同用户的情况，借出人可以进行法律诉讼程序或者找催收公司进行催收。拍拍贷将配合借出人提供法律咨询支持。

作为国内首家 P2P 网络信贷平台，拍拍贷始终坚持纯线上的审核模式，自建征信体系。目前，P2P 行业主要在两个方面存在比较大的问题：一是信息安全，二是金融风险管控。对于 P2P 企业来说，能否保证用户的个人信息安全和资金安全至关重要。据了解，拍拍贷的后台系统完全自主搭建，并通过 SSL 等各种信息手段对用户信息进行加密，保障用户信息安全。对用户的一些关键性信息，拍拍贷直接通过官方渠道进行核实，对每一笔提现操作进行多次验证，确保资金流动的安全性。成立 7 年来，拍拍贷从未发生过用户信息泄露或资金丢失等恶性事件。

拍拍贷 CEO 张俊在谈到他们自主研发的风控模型时，不止一次提到："我们的风控之所以能更高效、更精准，是因为我们采用了上千个维度的数据。目前的市场环境已经不容许另一家企业用七年的时间来建立与拍拍贷相类似的风控模型"。

三、互联网思维的融资管理

随着余额宝、比特币、微信支付等概念产品的火爆销售，"互联网金融"成为 2014 年初最热的词之一。面对"互联网金融"，不同主体的态度和心情并不一样：商业银行等传统金融机构充满恐惧和警惕，因为互联网金融无疑动了他们的"奶酪"；阿里、腾讯等互联网巨头则充满"贪婪和野心"，因为互联网金融即将为他们开辟新的利润来源；金融监管者则保持警觉和观望，因为互联网金融的迅速增长蕴含巨大的风险，但不适当的干预可能会限制互联网金融的发展；各大中小企业则同时面临机遇和挑战，机遇在于互联网融资给其开辟了融资的新渠道、提供了资金的流动性，挑战在于其能否顺应时代潮流，把握住互联网金融这一高新科技、全新概念所提供的便利。所以说，互联网金融的异军突起促使企业更注重融资管理，发现融资风险，控制融资风险，管理融资目标、规模、比例等。

1. 企业融资的风险控制

随着互联网金融的兴起，网络融资迅速发展，其与发行股票、债券等直接融资方式不同，也与向商业银行间接融资不同，网络融资依托于互联网平台，进行资金需求与资金供给信息的匹配。而不管是直接融资、间接融资还是互联网融资，风险控制都是融资过程中至关重要的一环。

第一，强化经营者素质，提高经营管理水平。现在有许多企业人员并未意识到风险管理的重要性，只是盲目融资和投资，往往会带来很大损失。企业在日常财务活动中必须居安思危，树立风险观念，强化风险意识，要随时关注国家宏观经济政策及行业情况，使企业在生产经营和理财活动中能保持灵活的适应能力。合理制定融资风险管理计划，建立风险管理责任制，使公司人员都以身作则，重视风险的管理，规范企业财务管理，制定切实可行的内部财务管理办法，加强资金管理，控制融资规模。建立健全并实施内部财务监察约束机制，并提高风险价值观念，要建立合理高效的内部控制，设置高效的财务管理机构，配置高素质的财务管理人员，健全财务管理规章制度，从而提高管理效率，降低风险。

第二，合理确定融资方式及其比例。要根据企业现在的经营情况及盈利能力，确定权益性融资与负债性融资比例关系，以及短期资金与长期资金的比例关系，权益资本过多，虽然风险较低，但资本成本太高。因此，要合理确定各种融资方式的比例、金额、偿还期限等，但如果债务资本过高，固然债务利息可起到避税的作用，可降低总资本成本，但融资风险却大大增加了。一旦企业所盈利不能偿还利息，那只能耗用企业的自有资金，这必将影响企业的生存和发展。

第三，不断扩展融资渠道。可以进行资产证券化融资，资产证券化是将企业那些缺乏流动性，但能够产生可以预见的稳定的现金流量的资产，通过资产结构组合和资产信用分离的方式，以部分资产为担保，由受托人控制的专门的特设机构发行，在资本市场上出售变现的融资手段。也可以实施"员工持股计划"进行股权融资。所谓员工持股计划是指由企业内部职工出资认购本企业部分股票，委托一个专门机构如职工持股会、信托基金等，作为社团法人托管运作，集中管理，再由该专门机构如职工持股会，作为社团法人进入董事会参与管理，按股份分享红利的一种新型的股权安排形式。

第四，紧密关注利率及汇率变化。从前面分析的影响风险的内外因素中我们可看出，银行利率及货币利率水平都影响到企业融资。企业应根据具体时间的银行利率及货币利率水平，结合自己的经营目标、盈利水平等来确定融资的方式、规模。企业在融集资金时，可能面临利率变动带来的风险。利率水平的高低直接决定企业资金成本的大小。而且应从预测汇率变动的趋势入手，制定外汇风险管

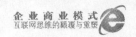

理战略，采取有效的防范措施。融资企业应坚持"借硬还软"的原则，最好借入坚挺的货币，而偿还时最好选择疲软的货币，因为坚挺货币的利率低，该货币的升值可以弥补利息损失；疲软货币的利率较高，因为该种货币的高利率可以弥补其贬值的损失。

第五，合理安排收支，提高资金利用率。企业融资就是为了使用，进行各种投资，用获得的收益来偿还成本，并获得净利润，增加企业实力，从而可以融集更多的资金。企业要根据融资的资本成本以及企业盈利情况，合理安排企业购销、付款和收款，保证随时有足够的能力应付可能到期的债务，以免因无力偿还债务而给企业带来信誉上以及经济上的损失，不但没实现这次融资盈利的目的，而且还为以后的融资带来了困难，增加了融资风险。现代社会，企业融资渠道和方式越来越广泛，然而风险也越来越大，融资风险固然无法完全避免，而且如何有效地管理控制风险并不是容易的事，但如果企业上下都能重视融资风险管理工作并长期坚持下去，结合自己企业的情况，建立合理有效的内部控制，通过认真有效的分析计算，确定最佳的公司资本结构，进而确定好融资渠道及融资方式，使资金成本较低，而风险又在可控制的范围内，并且不仅要安全经济有效地融集到资金，还要合理安排支出，提高所融资金的利用率，企业才会更快更好地发展。针对互联网融资的特殊风险，也应该制定特有的措施，如表7-4所示。

表7-4　针对互联网融资风险的应对措施

序　号	互联网融资特殊风险特殊措施
1	要有海纳百川的胸怀，尊重市场，呵护创新
2	要因时制宜，因事制宜，不搞"一刀切"
3	要处理好行政监管和行业自律的关系
4	要严守底线思维，坚决打击违法犯罪活动

第一，要有海纳百川的胸怀，尊重市场，呵护创新。"试玉要烧三日满"。从监管部门的角度来看，对互联网金融进行评价，目前尚缺乏足够的时间和数据支持，因此要保留出一定的观察期。对互联网金融的全面、客观评价，仍有待于将来。在诚实守信的前提下，一切有利于包容性增长的金融活动、金融服务，都应该受到尊重。现阶段，在监管原则上，要鼓励互联网金融创新和发展，包容失误，为行业发展预留一定空间。

第二，要因时制宜，因事制宜，不搞"一刀切"。监管要着眼于具体业态的发展状况，要体现出灵活性和针对性，要能够自我调整和自我完善。具体来说，对于市场规模相对较大、主要风险基本暴露的业态，监管部门应当进行规范和引导。

对于众筹融资等市场仍处于起步阶段的业态，可在坚持"底线思维"的基础上，鼓励对其业务模式继续开展探索。对传统金融业务转到线上开展的，应当要求其严格遵守线下业务的监管规定。此外，还要分类梳理互联网金融各相关业态存在的问题和风险，增强监管政策和措施的针对性；要根据互联网金融发展的实际情况，定期进行政策评估和调整。

第三，要处理好行政监管和行业自律的关系。积极的行业自律，是推动互联网金融行业健康发展的重要保障。监管部门应充分尊重互联网金融发展的自身规律，尊重互联网金融从业人员的开拓创新精神，让市场在金融资源配置中发挥决定性作用，引导和支持互联网金融从业机构通过行业自律的形式，完善管理，守法经营。

第四，要严守"底线思维"，坚决打击违法犯罪活动。我们绝不姑息以互联网金融名义实施的诈骗等违法犯罪活动，绝不允许触碰非法吸收公众存款和非法集资两条"底线"。金融监管部门应当配合公安机关重拳打击利用互联网金融业务实施集资诈骗等违法犯罪活动，保障互联网金融的健康、规范发展。

2. 强化企业融资管理

第一，明确具体的财务目标。以实现企业价值最大化为最终目标，企业在具体经营管理过程中必须确定具体的财务目标，这样才能对有效实施财务的融资管理职能具有直接指导作用。这一具体的财务目标会受到企业当期的经济环境、法律环境、税收环境和金融环境的影响，在确定目标时一定要充分考虑企业内部和外部的各项财务关系，以保证在协调有效的基础上实现这一目标。

第二，科学预测企业的资金需求量。企业的财务部门必须根据企业具体的经营方针、发展阶段和投资规模，运用科学合理的预测方法，正确地测定企业在某一时期的资金需要量。资金不足或资金筹集过量都不利于企业的正常发展。在企业进行资金预测过程中，必须掌握正确的预测数据，采用正确的预测方法，如果发生预测错误，可能会直接使企业财务管理失控，进而导致企业经营和投资的失败。

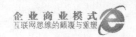

图7-11 融资管理的四项内容

第三，选择合理的融资渠道和方式。融资渠道是指企业取得资金的来源；融资方式是企业取得资金的具体形式。在实务中，同一渠道的资金可以采用不同的方式取得，而同一融资方式又可以适用于不同的融资渠道，二者结合可以产生多种可供选择的融资组合。因此，有必要对二者的特点加以分析研究，以确定合理的融资组合。

就融资渠道而言，直接融资、间接融资和互联网融资各有优缺点，分析如表7-5所示：

表7-5 直接融资、间接融资和互联网融资的区别

	直接融资	间接融资	互联网融资
代表形式	股票、债券	贷款	P2P、众筹
中介机构	证券公司	商业银行	互联网
适用范围	较小	较广	极广
融资规模	大	较大	小
成本	低	高	极低
灵活度	低	中	高
信用风险	较高	低	高

第四，确保资金结构的合理性。简单地讲，资金结构就是指企业负债资金和权益资金的比例关系，有时也被称为资本结构。由于不同的融资方式会带来不同的资金成本，并且对应不同的财务风险，因此，企业在将不同的融资渠道和方式

进行组合时，必须充分考虑企业实际的经营和市场竞争力，适度负债，追求最佳的资本结构。

互联网金融的发展是全球大势所趋。然而，由于互联网金融在我国尚处于起步阶段，无论是法律规定还是监管标准均存在一定的空白，成为行业的风险隐患。因此，要在鼓励发展的同时健全我国互联网金融监管体系，促进互联网金融的健康生长。

表 7–6　健全互联网金融监管体系

对　象	措　施
监管体系	构建有效的横向合作监管体系
法律法规	尽快出台相关法律法规
进入壁垒	加强门槛准入和资金管理
宏观调控	推进互联网金融监测和宏观调控，完善反洗钱规则

第一，构建有效的横向合作监管体系。根据互联网金融所涉及领域，建立以监管主体为主，相关金融、信息、商务等部门为辅的监管体系，明确监管分工及合作机制。一是对于银证保机构基于互联网的金融服务，"一行三会"可在坚持分类监管的总体原则下，通过建立和完善相应的制度法规，实施延伸监管。二是对于网络支付，中国人民银行作为支付系统的主要建设者、行业标准制定者以及法定货币的发行、管理机构，理应承担第三方支付、网络货币的主要监管责任，而基于支付机构衍生出来的基金、保险、理财产品销售职能，中国人民银行可与证监会、保监会一道，形成对支付机构的功能监管体系。三是明确网络借贷和众筹融资监管主体。网络借贷具有跨地区特征，中国人民银行在支付清算、征信体系方面具有监管和信息优势，建议由中国人民银行牵头监管。而众筹融资属于股权融资，可以由证监会牵头监管。

第二，尽快出台相关法律法规。一是完善互联网金融的法律体系，加强适应互联网金融的监管和风控体系立法，明确监管原则和界限，放松互联网金融经营地域范围地理限制。二是完善互联网金融发展相关的基础性法律，如个人信息的保护、信用体系、电子签名、证书等。三是加快互联网金融技术部门规章和国家标准制定，互联网金融涉及的技术环节较多，如支付、客户识别、身份验证等，应从战略高度协调相关部委出台或优化相关制度，启动相应国家标准制定工作。四是尽快对网络信贷等互联网金融新业态建立全面规范的法律法规，建议在《放

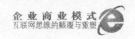

贷人条例》中明确网络借贷机构的性质和法律地位，对其组织形式、资格条件、经营模式、风险防范和监督管理等作出规范。

第三，加强门槛准入和资金管理。一是严格限定准入条件，提高互联网金融准入门槛。二是加强网络平台资金管理。借鉴温州金改模式，建立网络借贷登记管理平台，借贷双方均须实名登记认证，保障交易的真实性。规定 P2P 企业资金必须通过商业银行进行资金托管，对资金发放、客户使用、还款情况等进行跟踪管理，建立资金安全监控机制，监测风险趋势。

第四，推进互联网金融监测和宏观调控，完善反洗钱规则。一是中国人民银行可将网络融资纳入社会融资总量，要求网络融资平台报送有关数据报表，建立完善的网络融资统计监测指标体系。二是加强对网络借贷资金流向的动态监测，强化对贷款利率的检查，并对网络借贷平台适当加强窗口指导，合理引导社会资金的有效流动。目前国内网络货币大部分属于封闭型，随着信息技术发展，网络货币受市场需求推动必将全面扩充升级，有必要及时跟踪分析网络货币的发展及影响，尤其是监测网络货币的使用范围。三是按照"特定非"的反洗钱监管要求，将网络融资平台公司、网络货币交易商纳入反洗钱监管。

图 7-12　融资管理的三原则

根据以上四点，可以确定融资管理的三原则：

第一，公开性原则。为了避免在金融市场上出现投机和欺骗行为，政府和金融管理部门要求所有上市证券的发行企业（公司）公开其有关发行的全部事实真相。当企业发行证券时，必须公布发行企业的发行章程和发行说明书，实行企业财务公开，由证券投资者在了解企业的有关情况后，根据发行企业的信誉及盈利能力等情况，在均等的机会下作最恰当的抉择。当证券上市时，必须连续公布上市企业（公司）的财务及经营状况，定期向公众公布上市公司的财务及经营报告，各种财务会计报告，以便投资者获得充分、准确的信息，进行合理的投资。

第二，公正性原则。所谓公正性原则，就是在直接融资中，公正地对待市场中每一位参与者，以保证在公正的条件下，促进证券的发行和上市交易有序地发展。公正性原则要求：一是公正地审批申请上市交易的股份公司。其基本前提是严格地按照规定的有关股票上市交易的条件进行审批。只要符合条件，就应批准同意该公司的股票上市交易；如果条件不符合，则不准该公司的股票上市交易，即使已批准上市的亦应暂停直至撤销该股票的上市。二是公正地审批申请经营股票证券业务的证券商和其他金融机构。其基本前提也是严格按有关条件和规定进行审批。在公正的条件下，产生合格的可以信赖的经营股票、证券业务的证券商和其他金融机构。三是公正地反映股票上市公司的经营状况，财务报表及有关资料。证券上市公司必须客观地、真实地反映情况，不得有隐瞒、虚假、欺诈等致使投资者误导误信的行为；证券信息咨询部门必须向投资者提供真实有价值的信息和进行买卖咨询技术指导。四是公正地办理委托股票买卖交易业务。股票市场的证券商或经纪人必须站在公正的立场上接受和办理投资者的委托买卖业务，即严格按委托者的委托条款、规定顺序和程序办理，不能有任何的欺骗和违约行为，以保障股票上市交易的顺利进行，保护投资者的合法权益。

第三，公平性原则。所谓公平性原则，就是指在金融市场上，投资者在相同的条件和平等的机会中进行各种证券买卖，并充分享有交易中各种权利和义务，防止背信、操纵行为和"内幕人士"证券活动。公正性原则要求：一是证券行市变动，纯系根据市场供需情况及投资者以可靠的资料，对证券买卖作出合理的反应，而不受人为操纵的影响，以防止非法投机活动。二是证券交易量主投资者根据其资金实力决定，防止大额证券持有者联合组成集团，大批买进卖出，进行垄断和操纵市场。三是限制"内幕人士"证券活动，对证券发行公司的董事、行政负责人及其能得到公司内幕消息的行政人员和技术人员等从事本公司证券交易进行严格的限制。

以上各条原则，主要是从直接融资角度，对维护金融市场秩序、维护证券交易顺利进行等阐述的一些基本原则，除此之外，还有一些具体的原则如合法性原则、证券自愿认购、自主买卖原则等。

【章末案例】

京东的互联网融资

一、京东纳斯达克上市融资

2014 年 5 月 22 日晚，中国最大自营式电商——京东正式登陆纳斯达克，发行价为 19 美元，融资 17.8 亿美元，是中概股有史以来在纳斯达克

图片来源：www.jd.com

最大规模的 IPO。值得一提的是，京东的竞争对手——阿里巴巴此前也向美国 SEC 提交了 IPO 申请。阿里巴巴的市值将在 1000 亿~1500 亿美元，融资额将有望达到 200 亿美元。2014 年 5 月 22 日晚，京东在北京位于北辰世纪的总部进行庆祝仪式，员工一边分享公司上市带来的喜悦，一边也疑惑自己拥有的股权究竟价值几何。

根据更新后的财报显示，刘强东拥有 18.8%的股权。IPO 之后，刘强东持有京东 20.5%的股份，全部为 B 类股，根据京东 AB 股投票权 1 比 20 的设置，刘强东将拥有京东 83.7%的投票权，仍然牢牢地掌握着京东的发展方向。另外，其他几大股东也都浮出水面。老虎基金持股 18.1%，拥有 3.2%投票权；腾讯持股 14.3%，拥有 3.7%投票权；高瓴资本旗下 HHGL 360Buy Holding.ltd 持股 13%，拥有 2.3%投票权；DST 全球基金持股 9.2%，拥有 1.6%投票权；今日资本旗下 Best Alliance International Holdings Limited 持股 7.8%，拥有 1.4%投票权；雄牛资本旗下基金 Strong Desire Limited 持股 2.2%，拥有 0.4%投票权；红杉资本持股 1.6%，拥有 0.3%投票权。这些投资人在给一直亏损的京东持续供血之后，终于赚得盆满钵满。

招股说明书显示，京东第一季度净营收 226.57 亿元，亏损 37.95 亿元，这其中包括给刘强东的股权奖励达到 36.7 亿元。按照这一增长速度，京东在 2014 年的营收有望超过 1000 亿元。京东虽然一直亏损，但这并不妨碍京东获得全球投资人的追捧。京东这个自营 B2C 电商打着类似亚马逊的概念，已经建设了复杂的物流快递网络。目前，京东大部分是自营，随着其开放平台的逐渐扩大，也逐渐将这些能力开放。

电商的格局初定，阿里、京东都很难在短期内改变电商业的格局，京东也无法通过品类的扩张来实现利润的增长。但是，借着 B2C 领域的地位，京东开始拓展新业务，建立自身的护城河。

二、京东的互联网融资布局

2014 年 7 月 1 日，京东金融第五大业务板块——众筹业务"凑份子"正式亮相，标志着京东金融业务五大板块完成了"铺陈"。至此，京东的金融版图日渐清晰。京东金融是典型的互联网金融，在互联网金融大潮汹涌来临之际，京东展露出金融布局的野心。自 2013 年 7 月京东金融事业部成立，京东现有的金融业务分为了五大板块，分别为网银在线、供应链金融、消费金融、平台业务和众筹业务。京东为什么要做金融？它本来是做零售、做电商的企业。大家对金融有一个比喻，它是实体经济的润滑剂，或者说是血液。京东的金融和实体是连在一起的，血和肉是连在一起的。比如京东的"白条"，贯穿在零售的整个过程中；京东的供应链金融"京保贝"，供应商跟京东进行商业来往的整个过程，无论是送货、入库，还是接到订单、把货卖掉，真的是一个水乳相融、血肉相连的过程。这也是在一年以前，京东决定要做金融，要真正助力零售生态圈的起因。紧紧围绕着商家和供应商，不仅是给京东供货的企业、平台上的联营商家，也包括物流等合作伙伴。京东做金融的基调是传承京东的品牌，多快好省，可以信赖。可以信赖在零售里很重要，在金融里也更重要。

第一，网银钱包——是金融链条核心。网银钱包就是基于网银在线上的支付业务。2012 年 10 月，京东收购网银在线，开始在支付领域的布局，2011 年，京东与支付宝终止合作，2013 年 8 月，京东又停止与腾讯旗下财付通的合作。如今网银钱包上线，使京东有了一款类似支付宝的利器，未来京东用户的购物付款、消费信贷、投资理财等业务都将整合在网银钱包里，从电商到金融，京东个人账户体系将形成完整的闭环。

第二，京保贝——搭建供应链金融。2012 年 3 月京东开始涉足供应链金融业务，2012 年 6 月京东正式上线供应链金融系统；2012 年 8 月，京东金融自行开发产品获得银监会审批；2012 年 10 月，针对自营供应商收账款融资业务对外开放；2013 年 12 月，京保贝 3 分钟融资业务正式上线。所谓

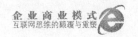

保理业务保理是指卖方、供应商与保理商之间存在的一种契约关系。根据该契约，卖方、供应商将其现在或将来的基于其与买方订立的货物销售或服务合同所产生的应收账款转让给保理商，由保理商为其提供贸易融资等服务。

第三，京东白条——创新信用消费金融。相对于"京保贝"聚焦上游供应链金融，"京东白条"则聚焦于下游消费链金融，由于业界的消费信贷都是针对个人，所以消费金融业务部设计的产品主要针对的是京东上的一些个人消费品。2014年2月13日至14日两天，针对个人消费者的"京东白条"正式公测。"京东白条"产品的本质为消费金融贷款，而这部分业务在国内仍处于起步发展阶段，市场空间巨大。由于它在功能上与银行的信用卡分期业务极度相似，因此也被视为互联网金融向金融信用资产领域迈进的一次重要突破。

"京东白条"不等于虚拟信用卡，它与银行信用卡存在一定的差异，是互补市场的关系。整体来看，京东推出互联网金融业务的主要目的并非营利，而是希望促进京东零售业务的发展，它与物流平台、技术平台、电子商务并称为京东的"四驾马车"，共同构成了京东的零售"生态圈"。"未来的京东模式，就是'互联网+零售商+金融'的运作模式。分解一下就是，在互联网里边有自己的大数据，零售商里边有成形的消费物流和供应商的数据，在传统的金融业务里边有信用数据。由此形成了京东金融大数据"。

第四，小金库——率先亮相金融平台。2014年3月20日，证监会公布的信息显示，京东360度电子商务有限公司成为第二家为基金销售机构提供第三方电子商务平台服务的机构，其首次备案时间为2014年2月。这意味着未来基金公司可以在京东平台上开设直销店。未来，京东平台业务的种类将非常丰富。不仅有基金业务，还会包括信用卡业务、保险业务，以及一些银行理财和个人贷款。这里要特别强调大数据，正因为京东和合作方拥有数据种类的不同，才有了平台业务的发展中心。而目前，"打头阵"的则是京东"小金库"。与余额宝不同的是，京东此次选择了两家基金公司作为合作伙伴，分别是嘉实基金和鹏华基金推出的"活钱包"和"增值宝"两款货币基金产品。

第五，凑份子——众筹业务布局。京东众筹业务本次发布的是产品众筹，主攻智能硬件、流行文化这两个领域新奇好玩的项目，目标用户则瞄准3C、IT及热衷流行文化的消费用户。根据京东介绍，众筹是互联网金融的一种新兴模式。"凑份子"将结合京东商城的全品类平台和优质客群优势，打造出门槛低、新奇好玩、全民都有真实参与感的众筹平台。京东金融做众筹的特点是优选聚集好创意，出资人在"凑份子"能找到好玩、有趣的项目，其身份不仅是消费者、投资者，更是参与者。在项目初期，出资人在产品设计、生产、定价等环节，同筹资人建立起深层次互动，能决定产品未来。对筹资人而言，"凑份子"不仅是一个筹资平台，更是一个孵化平台，能为筹资人提供从资金、生产、销售到营销、法律、审计等各种资源，扶持项目快速成长。在智能硬件领域，京东众筹平台还将联合"JD+计划"，携手创客社区、生产制造商、内容服务商、渠道商等，搭建京东智能硬件开放生态；京东智能云将提供芯片级联网服务、全方位大数据、云开放平台服务以及功能强大的超级APP等，促进智能硬件团队的健康发展。

京东做众筹的主要原因在于，产品众筹会成为电商形态的有益补充，可以将电商平台在产业链的位置前移到量产以前的阶段。同时，作为京东金融重要的发展部署，众筹业务未来的发展方向不仅仅局限于产品众筹，会结合自身优势，成为将创意、梦想变成现实并迅速走向主流化的重要平台。

三、京东的互联网金融未来发展

互联网金融大热，已成为各家互联网巨头必争之地。京东商城也不甘落后。2013年，京东商城重新梳理业务机构，将电商零售、互联网金融、开放平台和物流体系确立为拉动京东发展的"四驾马车"。随后，京东金融集团应运而生。在2014年，京东又推出自己的众筹项目——"凑份子"。在互联网金融未来发展前景上，京东不仅有信心，更有勇气和实力去做好。京东想做一个金融服务平台，基于京东的数据、物流和资金流，针对供应商、卖家和个人用户提供尽可能多的金融服务产品，比如供应链金融、网上支付、理财业务等。与阿里巴巴集团不同，京东起家于B2C，在平台业务、第三方支付等方面布局较晚，但强于供应链的控制与管理。因此，京东在进军互联网金融时，没有将面向个人用户的理财业务作为切入点，而是从供应链金融切入。

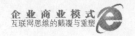

供应链金融之外，京东在互联网金融方面的计划还有针对个人用户的消费金融、第三方支付业务和理财业务。京东金融集团高级总监刘长宏说，除了保理业务和小贷业务牌照之外，京东还有第三方支付牌照和最近拿下的基金销售结算牌照。要做针对个人用户的金融理财服务，支付将是核心。京东在2013年下半年收购了网银在线，拿到第三方支付牌照。雪藏一年后，改造后的网银在线，将以"京东支付"的品牌重新上线，并在此基础上搭建消费金融、理财等业务架构。京东对搭建自己的支付体系颇具信心。刘长宏说，尽管京东起家于B2C，货到付款占主流，但在线支付的比例并不像外界想的那么低。接下来，京东金融会有很多新动向，比如京东已经与多家基金公司达成合作，并通过证监会审核，相关理财产品很快就会上线。

随着贷款规模的不断增大，对贷款组合的管理能力将会对京东的网络融资业务产生显著影响，因为贷款组合的整体质量会受到多种因素的影响，其中包括市场无法预见的，诸如全球经济放缓、流动性变化或者信用危机的增长等，这些都会对京东的业务、运营以及流动资金，包括供应商、客户等产生影响。对于做金融，电商起家的京东并非长项，京东对涉入互联网金融的描述是"如履薄冰"，京东坦诚，"我们在互联网金融业务领域的经验非常有限，如果我们在互联网金融业务领域中的资产发生显著恶化，可能对我们的业务以及运营及财务状况造成不利影响"。

第八章

价值创造

【开章案例】

"私人订制"老蜂农加盟店营销策略

图片来源：www.lfnbee.com

2013年过去了，这一年，似乎有点不寻常，冯小刚携手葛大爷的开年大作《私人订制》似乎给了我们一个耐人寻味的开端，伴随着各种思考者的吐槽，各种"订制"的话题开始被人们津津乐道，许多商业人士也思考："私人订制"是否将成为一种流行的商业模式？当今是信息时代，是微时代。网络技术的应用，对传统的营销观念和思路产生着巨大的冲击。我们可以错过一次机会，但不能错过这个时代。而老蜂农公司则是一个把握"私人订制"营销策略的一个典型。

一、老蜂农介绍

老蜂农创立于 2000 年（前身为陕西省蜂业公司，成立于 1985 年），是目前西北地区最大的集科研、开发、生产、加工、销售为一体的蜂产品专业公司。2005 年投资 4000 万元，在西安国家航天基地兴建现代化大型蜂产品加工基地，具有中国西北最大、起点高，按照医药行业 GMP 标准建设的现代化大型加工基地。

依靠大秦岭丰富蜜源基地，2005 年，发起成立了陕西老蜂农蜂业合作社，联合蜂农 1000 多户，拥有 15 万优质高产蜂群。无论是原料数量还是质量，每年均能从源头上保证产品纯天然、无污染和质量安全。目前，公司在西安、宝鸡、天津、洛阳等地设有公司直营专卖连锁店已达 150 家，为全国蜂产品直营连锁店数量第一名，产品已进入省内外各大商场、超市，并设立专柜 500 余家。以西北市场为依托，在全国主要省会城市及部分二级城市发展特许加盟连锁店 500 家，年销售额逾 1 亿多元。

二、老蜂农"私人订制"的营销策略

回顾 2013 年老蜂农特许经营连锁机构业绩也是可喜可贺的，在年初公司制定了 1+1+1 的销售模式，即会员制+体验营销+蜂乐汇，各地加盟商踊跃学习，积极尝试，在公司大力支持下，或自行组织或公司销售人员亲临指导，最终都取得了不俗的业绩。进入 2014 年，老蜂农特许加盟总部再次提出针对加盟店的精细化管理指导思路，将针对不同的加盟商制定不同的营销策略，实行单店单策，正好套用当下最红的流行私人订制、个性生活潮流。

2014 年初，兴平加盟商高永刚向负责本区域的销售经理提出要求，面临年关，商议针对他的店能否策划相关促销活动，提升店面销量。接到加盟商的电话后，销售经理第一时间与销售部汪部长反映情况，汪部长也给出明确指示，一定要去协助加盟商策划并完成好一场活动。结合加盟商当地销售状况，借着春节备年货的这个有利时机，很快制定出了适合的兴平加盟店销售促销活动——兴平加盟店五周年店庆大回馈活动。

经过前期大量的沟通，最终定于 2014 年 1 月 17~19 日做为期三天的店庆活动。1 月 16 日由销售部汪部长带队，携两位客户经理亲临老蜂农兴平加盟店面，到达兴平后他们顾不上旅途的劳累，就针对店面氛围的布置和活动中怎样与客户有效地沟通，手把手地传授给加盟商，很快店面的环境氛围立马显现，活动海报、产品堆头、抽奖区、奖品区、气球拱门，一一布置到位，加盟商高永刚也感言，以前每次活动也做，但做得不够到位，效果没出来，少了哪个环节也不清楚，还是你们专业，看着购买的冲动就有了。下次活动，我也要这样做。

2014 年 1 月 17 日店庆活动正式拉开序幕，大家齐心协力，有序分工，兵分两路。一班人马顶着寒风在户外散发店庆单页、传播活动信息、引客进店。一班人马在店内搞接待服务、咨询销售。尽管室外的温度已在零下 8 度左右，但派发单页、引客进店、服务接待顾客的热情丝毫不减。加盟商高永刚先生也积极投入到这次销售中，以年终答谢礼品为由，邀约会员进店，进店后针对会员情况，灵活销售，经过里外人员的配合，活动第一天，以9400 余元的业绩迎来了新年第一个开门红。

三天热闹的店庆活动在加盟商高永刚先生全力以赴的配合下，取得了圆满的成功。三天时间引进客流 150 余人，招募新会员 50 余人，维护老会员100 余人，最终活动销售额达到近 3 万余元。达到了提高店面知名度，树立老蜂农品牌，引客进店，提高客户满意度等多项目标。同时在新的一年里给兴平加盟商高永刚开了个好彩头，为高先生做这份甜蜜事业再次增添了信心和决心。

经过兴平专卖店的这次店庆活动，再次验证了老蜂农特许加盟总部提出的加盟店精细化管理，2014 年老蜂农加盟店"私人订制"的营销策略是可行的。

企业存在的基础是价值创造，最初企业对价值创造的认识局限于财务管理领域，后来逐渐扩大到战略管理领域，并扩展到企业的整个经营管理过程中。在实践中，企业价值创造已经成为企业各项管理工作的核心，越来越多的企业意识到只有不断创造价值才能立于不败之地。从价值创造的角度来理解企业商业模式构建和发展，其实质是以顾客价值创造为起点，以企业价值实现为终点的全过程。换句话说，企业商业模式创新即是价值创造过程的创新。随着互联网的蓬勃发展，企业价值创造的方式发生了翻天覆地的变化，在互联网思维的影响下，企业需要从新的视角去开展价值创造，以适应激烈的市场竞争环境。

一、互联网思维下的价值创造

价值创造，顾名思义就是企业价值的创造过程。从最初的有形产品，到无形服务，再到信息和知识，企业创造的价值一直处于动态变化之中。互联网思维是一切商业思维的起点。互联网的出现，传统企业价值链的活动方式必然发生变化，理应要对企业价值链进行重构。互联网思维强调用户至上，关注用户价值。因此，互联网思维下的企业价值必然将由原来的以利润为导向转变为以市场和消费者为导向。

1. 变化中的企业价值

对价值的界定最早起源于经济学领域，经济学家亚当·斯密第一次提出了商品的使用价值和交换价值，为科学认识价值的内涵奠定理论基础。企业价值的概念是随着产权市场的建立被提出，起初以经济学的价值内涵为主要依托，随后对企业价值的研究扩展到了其他领域。在管理学领域，企业价值的定义不同于经济学上的定义，认为企业价值是企业遵循价值规律，通过以价值为核心的管理，使所有企业利益相关者（包括股东、债权人、管理者、普通员工、政府等）均能获得满意回报的能力。显然，企业的价值越高，企业给予其利益相关者回报的能力就越高。随着网络经济的发展，企业价值的形式发生了变化（如图 8-1 所示），其创造与创新的逻辑也发生了改变。

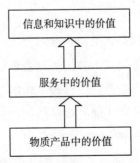

图 8-1　企业价值形式的变化

在互联网环境下，企业价值从何而来？IBM 公司曾做过一个关于企业价值来源的调查研究，员工、商业伙伴、客户、竞争对手都是调查的对象。调查结果出乎意料，调查对象中员工数量排名第一，熟知企业价值研究的学者却排名最后。为何会如此？企业对数据结果进行了分析后，得出主要原因之一是互联网的发展。随着互联网时代的到来，企业把自己的想法放在网站，员工通过网上进行匿名回答，此做法使得员工能够大胆地说出自己对企业的真实看法，同时，由于员工对企业本身的了解，他们提的问题和看法也是对企业最有价值。从上述情况中，我们意识到由于互联网的发展，企业价值的体现发生了变化，这些变化归纳起来主要表现为以下四个方面，如表 8-1 所示。

表 8-1 互联网思维下企业价值的变化趋向

互联网思维下企业价值的变化趋向	高效	互联网使得信息传递方式变得高效、快捷
	互补	两种不同商品或服务能互相捆绑、补充
	锁定	企业为阻止用户流失、合作伙伴的背叛而采取的一种战略手段
	创新	以现有的思维模式提出有别于常规或常人思路的见解，并利用现有的知识和物质，在特定的环境中，改进或创造新的事物、方法、元素、路径、环境，并能获得一定效益的行为

第一，高效。图 8-1 显示了随着互联网的发展，企业的价值形式由物质产品中的价值转变为信息和知识中的价值，这种转变的其中一个重要原因就是互联网获取信息传递方式的转变，互联网使得信息传递方式变得高效、快捷，这改变了传统买卖双方交易中信息不对称的状况，信息的对称性降低了客户的搜寻成本和议价成本。同时，这种高效的传递方式使得网上交易变得公开透明，减少了中间的交易环节，有效降低了沟通和交易成本。

第二，互补。互补是指两种不同商品或服务能互相捆绑、补充，共同满足用户某种愿望或需求的关系。企业向其用户提供的互补性商品或服务，通常与企业的核心业务有关，企业通过把互补性的产品或服务聚合在一起，使该组合的产品或服务的价值大于个别价值的总和，因此，互补性的产品或服务能为企业创造新的价值。互联网环境下，企业能更好地通过线上和线下产品或服务的协调互补，来实现全方位的服务，从而创造更大的价值。

第三，锁定。锁定是指企业为阻止用户流失、合作伙伴的背叛而采取的一种战略手段。在互联网经济中，价值创造的潜能在于用户是否愿意重复交易，以及合作伙伴是否愿意继续开展双方的业务往来。企业通过锁定，增加用户与合作伙

伴的转换成本，如微软的 Windows 操作系统、腾讯的即时聊天工具 QQ 都是通过锁定策略阻止其用户和合作伙伴的流失，在很长一段时间里，拥有绝对稳定的用户群和合作伙伴。因此，对用户和合作伙伴的有效锁定能增强企业价值创造的潜能。

第四，创新。创新是指以现有的思维模式提出有别于常规或常人思路的见解，并利用现有的知识和物质，在特定的环境中，改进或创造新的事物、方法、元素、路径、环境，并能获得一定效益的行为。对企业来说，创新包括产品或服务的创新、生产工艺的创新、市场营销的创新、企业文化的创新、企业管理的创新等，企业创新是企业获得价值的重要来源。以企业的营销方法创新为例，互联网条件下，企业在营销方式上不断创新，改变了传统的营销手段、营销策略与营销理念，这些创新企业在竞争中拥有了更多的主动权。

2. 企业价值链的重构

企业价值链是企业价值创造的主要来源。价值链是由哈佛教授迈克尔·波特在《竞争优势》一书中首次提出，指企业的价值创造是通过一系列活动构成的，这些活动可分为基本活动和辅助活动（支持性活动）两类，如图 8-2 所示。基本活动包括进料后勤（物流）、生产、发货后勤（物流）、市场和销售、售后服务等；而辅助活动则包括采购、研究开发、人力资源管理和企业基础设施等。这些互不相同但又相互关联的生产经营活动，构成了一个创造价值的动态过程，即价值链。

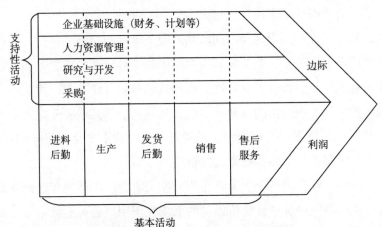

图 8-2　迈克尔·波特的价值链模型

目前，从金融到地产，从电商公司到传统企业，铺天盖地的"互联网思维"成业界热词，如何用互联网思维颠覆传统行业成为各行各业讨论的热门话题。在互联网思维下，传统商业者甚至每个参与市场竞争的企业及企业家，都已不再是看客。在互联网时代，传统企业价值链的活动方式发生了变化，整个价值链上的结构进行了重组，价值的实现形式不同于以往。作为一种新型信息传输的载体，互联网以其无中心、无边界和快捷、普及等特性，迅速成为全球波及面最广、影响最深远的媒介。因此，相对于大规模单向生产、推广的工业化思维，所谓互联网思维就是：身处互联网/移动互联网时代的独特生态环境，顺应其颠覆性态势，企业重新审视和解构各相关体利益格局、全价值链运营策略的思考方式。

互联网思维本质上是一种用户至上的商业民主思维。工业化时代，很多企业也在倡导和标榜"用户至上"的理念，而能否真正做到，完全取决于企业的自我约束力。但是，互联网时代一切发生了大逆转，消费者同时扮演着生产和传播信息的媒体角色，其主权地位得以强势确立，每个人都拥有了改变世界的力量，传统的品牌霸权和渠道霸权逐渐丧失发号施令的能量，买通传统媒体单向度的广播诱导消费行为也成了难以实现的奢望。

因此，互联网思维下，企业价值链条的设计和制订必须以客户为中心，消费者反客为主，深度介入产品设计研发、生产销售的全流程。同时，消费者需求的个性化及其强烈的情感诉求，使得产品迭代变得快速而频繁；人们消费方式和信息接收习惯的根本性改变，也决定了产品销售、品牌传播的渠道、策略和方法的选择。互联网思维本质上就是一种顺应人性的管理自主思维。"互联网精神"强调"开放、协作、分享、共赢"。企业的内部管理同样如此。

真正的互联网思维体现在企业价值链的各个环节。一方面，互联网思维的企业组织一定是扁平化的，它讲究小而美和高效率、高效益。比如，稻盛和夫所推崇的"阿米巴计划"就可以理解为是互联网思维的产物。另一方面，在互联网思维指引下，企业文化建设充分体现出对人性的尊重，无论在理念的倡导还是传播实践的举措上，都强调潜移默化的自然互动、追求润物细无声的沟通效果。总之，互联网和移动互联网让我们重新回归到商业的本质。以图书出版业来说，传统图书出版业的价值链活动顺序是从最上游作者到图书出版商到图书批发商再到图书零售商，最后才是消费者，互联网时代电子商务的发展，使得图书可通过网络方式进行交易，传统图书出版社的流程也随之发生变化，从作者到出版最后直

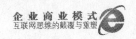

接到消费者手中，省去了中间分销环节。

由此可见，传统企业在向互联网领域拓展的过程中，需要将互联网思维贯穿整个价值链过程，对企业原有价值链进行重新改造，这样才能真正适应互联网大潮中新经济的发展和变革。

3. 价值创造的新思维

在互联网时代，企业要想创造新的价值，需要运用新思维对价值链进行重塑，这种新思维即是互联网思维。那么什么是互联网思维呢？最早提出互联网思维的是百度公司创始人李彦宏。他说，我们这些企业家们今后要有互联网思维，可能你做的事情不是互联网，但你的思维方式要逐渐像互联网的方式去想问题。现在，这种观念已经逐步被越来越多的企业家，甚至企业以外的各行各业、各个领域的人所认可，对"互联网思维"这一词也产生了多角度的解释。

在日经 2013 年全球 ICT 论坛上，时任华为公司轮值 CEO 胡厚崑说道："在互联网的时代，传统企业遇到的最大挑战是基于互联网的颠覆性挑战。为了应对这种挑战，传统企业首先要做的是改变思想观念和商业理念。要敢于以终为始地站在未来看现在，发现更多的机会，而不是用今天的思维想象未来，仅仅看到威胁。"胡厚崑还将互联网比喻成生活中不可缺少的基础设施，他说道："互联网正在成为现代社会真正的基础设施之一，就像电力和道路一样。互联网不仅仅是可以用来提高效率的工具，它是构建未来生产方式和生活方式的基础设施，更重要的是，互联网思维应该成为我们一切商业思维的起点。"阿里巴巴董事局主席马云认为："互联网不仅仅是一种技术，不仅仅是一种产业，更是一种思想，是一种价值观。互联网将是创造明天的外在动力。创造明天最重要的是改变思想，通过改变思想创造明天。"这一转变也可以通过对比前述图 8-2 的迈克尔·波特的价值链模型，得到直观认识，在两种价值链模型中，企业价值实现的总目标由原来的以利润为导向转变为以市场和消费者为导向。

二、企业价值创造驱动因素

企业价值驱动因素是影响和推动企业价值创造的决策变量。对于企业价值创造驱动因素，应该从企业价值及价值创造本质出发，以创造顾客认同的价值为根本途径，以实现企业价值创造最大化为目标。如图8-3所示。

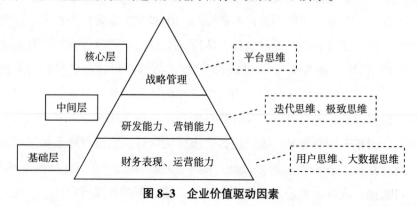

图8-3　企业价值驱动因素

1. 基础层驱动因素

第一，财务表现。企业在分析自身价值驱动因素时，最常采用财务分析的方法对企业价值的主要来源进行度量和判断。企业价值的财务表现具体包括公司盈利能力的指标、资产营运能力的指标、公司成长性的指标、营运、投资支出的指标和资本成本的指标。人类社会已进入新经济时代，知识、网络、数字是这个时代的特征。这个时代是创新的时代，同时也是优胜劣汰的时代，优胜劣汰是自然法则，而创新则唯一受这个法则的青睐。新时代赋予了企业机遇和挑战，财务管理作为企业的一个重要部分，更应当未雨绸缪发展创新，走在时代的前面。传统企业向互联网转化的过程中，企业财务表现也发生了变化，基于用户思维，企业从品牌运营到企业产品营销，一切以用户为中心，企业财务上也将大部分研发费用及销售推广费放在构建技术创新、品牌口碑以及与用户互动的营销活动中；网络技术的普及、应用能使财务管理更好地发挥在提高经营管理和规避运营风险方面的作用，但需树立安全和保密观念，加强网络运用的安全和保密工作。企业财务管理必须重视对知识和人力等无形资本的管理。知识管理的出发点是把最大限度地掌握和利用知识资本作为提高企业竞争力的关键，创造性地运用和发展知识，对企业实行新时代的财务管理。在大数据思维的指导下，企业更加注重应用大数据技术弥补原有的信息缺陷，使企业能够及时地获取产品使用反馈信息，从而指导企业生产和物流，在这种情况下，企业财务中商品的存货及长期资产投入变低，相应的存货周转效率及资产周转率变高。

第二，运营能力。企业的运营能力，是指企业基于外部市场环境的约束，通过企业内部资源的配置组合而对财务目标实现所产生作用的大小。企业内部包含人力、信息、资本等多种资源，这些资源的创建和维护需要相关投入。如何合理配置才能使这些资源起到应有的效用，体现并维持企业竞争优势？在互联网环境下，"互联网思维"要求在第一时间发现顾客的需求并设计出满足其需求的产品或服务。一方面要对各地区农户的消费需求变化做第一时间的反馈，开发新的适合产品来推向市场；另一方面要及时观察同行企业的变化，学习其先进的地方并做好创新，应基于用户思维，围绕顾客需求分配资源，为满足顾客需求有效利用资源，只有这样，资源使用所创造的价值才能达到最大。在"互联网思维"下，可以通过大量关联话题制造"病毒式"传播，使品牌的热度得以持续；还可以组建自己的粉丝群，定期召开线上线下的粉丝会议，以点带线全面地开展粉丝经济。与此同时，在大数据思维的作用下，企业资源的概念不再是企业拥有多少资源，而是企业能调度多少资源，企业不仅通过内部资源的流动和重组获取利润；而且还要善于整合外部资源为己所用。

表 8-2　基础层驱动因素

基础层驱动因素	财务表现
	运营能力

2. 中间层驱动因素

第一，研发能力。研发能力主要表现为产品开发和技术进步。一方面，产品开发。产品开发包括创造性研制新产品，或者改良原有产品。产品开发是企业产品战略中的重要组成部分，它决定产品的特征、功能和用途。有效的产品开发能帮助企业创造较高的价值，为此，产品开发应选择那些能够顺应并且满足用户需求的产品样式，这一点在互联网时代变得尤为重要。互联网时代，用户的需求瞬息万变，且更加追求个性化的产品，为适应这种变化，企业需要通过迭代思维来开发自己的产品，迭代思维的落实主要体现在对产品的敏捷开发，敏捷开发强调的是循序渐进式的开发方式，不追求产品完美，尽早将产品推向用户，但同时也会及时接受用户的反馈，通过不断试错和改错来完善产品。由此可见迭代思维应用成功的要点是以用户为中心，针对用户反馈对产品做出及时的调整。一些互联网企业就经常通过其粉丝论坛等各类方式来收集用户需求，而一些嗅觉敏锐的传统企业也已开始在网上通过与粉丝互动来征集用户对产品的意见和需求。另一方面，技术进步。在现代激烈的市场竞争中，无论是产品服务成本的降低，还是产品服务质量的改进，都依赖技术水平的提高。显然，技术水平的改进将极大地提升企业价值。根据经济学原理，技术改进可以极大地缩短企业生产产品的社会必要劳动时间，从而生产产品的必要劳动时间大大低于社会生产产品的平均劳动时间，使企业获得超额利润。此外，技术改进可以极大地提高生产效率，扩大了生产规模，扩大了产品服务的市场占有率，增加了产品服务的市场优势。

专栏 1

七格格反向设计的"掘金"之道

图片来源：www.7gege.com

七格格，一个以"自由、独立、自信"为主题的潮流女装时装品牌。七格格专注于小众市场，通过多个小众品牌叠加成为一个快时尚品牌池，领跑中国潮流时装成为行业时尚风向标。七格格公司总部位于"上有天堂，下有苏杭"的中国"品质休闲之城，创意设计之都"——杭州市。

七格格是淘宝公认最火的女装店之一，目前已有两家国际知名 VC 注资。七格格创始人曹青，因出生于 1982 年 7 月 7 日，所以在淘宝取名为"七格格吉祥"，身边的人都亲昵地叫她七格格。2009 年 1 月七格格升上皇冠，全职员工 3 人，到 2009 年底，销售额超过 3000 万元，网店一举变成了 5 皇冠，员工数超过100 人，拥有全套电子管理系统、工业流水线，并注册了两个服装品牌。这是淘宝有史以来发展最快、最成功的一个网店。不仅如此，淘宝网以外的购物网站，已经有 5 家在做"七格格"的代理，国外经销网站已经发展到欧美和日本等地，2014 年，七格格在天猫的官方旗舰店迎来了它的五周年店庆。

七格格所有在售女装都是百分百的原创作品，拥有一支"15 位年轻设计师+1 位专职搭配师"的团队，规定每月最少推出 100~150 种新款，保证店铺内货品不少于 500 款。它有上万名死忠 FANS，有很多 QQ 群。

每次要上新款的时候，七格格首先会将新款设计图上传到店铺上。比如

准备上 80 款新装, 会设计出 200 多款新款, 让网友们投票评选, 并在 QQ 群中讨论, 最终选出大家普遍喜欢的款式进行修改, 然后上传到网站, 反复几个回合, 最后上架、生产。

这完全颠覆了大牌设计师引领时尚潮流的传统模式。传统上是设计师关起门来, 通过捕捉流行元素和自身灵感, 决定下一个季度的款式设计, 七格格的模式则反过来, 消费者开始真正决定款式、时尚的走向。

在互联网时代, 信息流动更新的速度更快, 为适应新的环境变化, 企业在技术改进的时间要求上也变得更为严苛, 如何在较短的时间内改进产品技术, 并赢得消费者的青睐, 是企业面临的一大挑战。为应对这一挑战, 企业在不断实践中发现了一个新的产品创新形式, 即"微创新", 它是在互联网思维下诞生的新概念, 也是迭代思维的重要法则之一, 从 360 到小米无不是微创新的成功典范, 传统企业需打破技术创新的思维定式, 学会在细微之处推进产品技术的更新换代。

第二, 营销能力。营销能力主要包括产品或服务力、品牌力、顾客关系管理力。首先, 产品或服务力。产品或服务力是决定企业价值创造力的重要因素。消费者之所以能产生与企业进行交易行为的动机, 其主要诱因就是产品本身能带给消费者使用价值。因此, 产品本身的效用能否满足消费者的需求, 始终是决定企业能否带给消费者价值的一个首要因素, 这同时也是企业获得利润的前提要件。事实证明全球已逐步进入网络媒体时代, 网络营销已经成了主流的企业营销方式。网络时代的到来开拓了企业的网络营销之路, 让越来越多的企业意识到网络营销对于企业品牌塑造和产品销售促进的重要性。在互联网环境下, 企业的产品或服务力变得尤为重要, 原有传统环境下的渠道为王逐步让位于产品为王, 企业要在产品为王的时代赢得用户, 就必须具备极致思维, 极致思维要求企业在做产品时做到专注和专业, 乔布斯就是打造产品极致的成功典范, 正是他对产品的专注和追求极致的精神将苹果带向了成功。其次, 品牌力。消费者在其对产品或服务基本效用的需求得到满足后必然会有更高层次的需求。品牌力是企业的产品或劳务的价值超过其自身价格的部分在消费者心中的影响程度。企业品牌力的形成是一个长期积累和沉淀过程。具有较高知名度和美誉度的品牌能带给消费者更多的价值, 继而使消费者产生一种品牌偏好, 其产品必然具有市场竞争优势。因此, 培育品牌力对提高企业形象与声誉, 创造新的价值至关重要。最后, 顾客关系管理力。企业的长期生存和发展是一个系统工程，受到价值链条上各种力量、角色的作用。要长期有效地开展市场营销活动必须维系良好的顾客关系。顾客关系管理就是以顾客为中心来认知产品或服务的价值，其目的是为顾客提供满足其需求同时超越竞争对手的产品或服务，继而为企业创造价值。在互联网经济时代，企业借助各种网络平台来开展顾客关系管理，以此来了解、研究、分析客户的需求与欲望，确定企业应该生产什么产品，并设法降低客户购买和消费成本，把产品或服务有效率地传达到客户那里，通过企业与客户的双向沟通，建立基于共同利益上的新型企业。

表 8-3　中间层驱动因素

中间层驱动因素	研发能力
	营销能力

3. 核心层驱动因素

核心层驱动因素是企业提升自身价值、获取竞争优势的关键所在。核心层因素能够综合反映一个企业的核心能力，这种核心能力是企业在长期发展过程中形成的独特资源，因此具有价值性、稀缺性、难以替代性的特征。企业的核心能力主要体现为企业的战略管理方面。企业的战略管理包括企业的竞争战略、组织结构、管理制度等，它是企业高效有序运转、实现其核心能力的组织和制度保证。因此，企业不断地创造和培育核心能力是实现企业价值创造的重要途径。

第一，企业战略。企业战略是企业最重要的管理活动，是企业价值形成的决定性因素，是企业价值创造的源泉，它能对企业价值产生持续重大的影响，并能长期提升企业价值。企业战略一般是通过行业吸引力分析的方法，来做出企业未来业务发展规划。当选定一个有吸引力的行业或市场后，企业需制定正确的竞争战略，由此获得竞争优势。企业对自身竞争战略的正确把握直接关系到企业持续盈利能力，盈利能力越强，企业创造的价值就越大。

第二，组织结构。组织结构的概念有广义和狭义之分。狭义的组织结构，是指为了实现组织的目标，组织全体成员在管理工作中进行分工协作，在职务范围、责任、权利方面所形成的动态结构体系。广义的组织结构，除了包含狭义的组织结构内容外，还包括组织之间的相互关系类型，如专业化协作、经济联合体、企业集团等。组织结构表明了组织各部分排列顺序、空间位置、聚散状态、

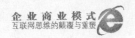

联系方式以及各要素之间的相互关系，是整个企业管理系统的"框架"。其本质是为实现企业发展目标而采取的一种分工协作体系，合理的组织结构能帮助企业创造较高的价值，实现价值最大化。

第三，管理制度。管理制度包括企业治理和管理控制。企业治理是关于企业利益相关者如投资者、企业管理层、员工之间相互约束、相互控制的有利于企业实现经济利益的一系列制度安排。企业治理通过绩效考核、薪酬规划、投资者关系管理来促进企业价值创造活动的贯彻和实施。管理控制是以企业价值最大化为出发点，涉及计划的执行、组织活动的监督、企业发展战略的控制等一系列管理活动。管理控制的目的是使企业战略被有效执行，从而使企业的发展目标得以实现。

互联网时代下的商业竞争不再是企业与企业之间的原始"肉搏战"，更多的是企业与企业的"平台战"，平台成为企业的重要驱动力，为此企业要将平台思维融入到战略选择、组织结构和内部管理中，何为平台思维？赵大伟在《互联网独孤九剑》一书中指出，平台是由多主体共建的、资源共享、能够实现共赢的、开放的一种商业生态系统。因此，平台思维更多强调的是共建、共享、共赢、开放和平等的思想。平台型企业并不是未来的畅想，事实上很多企业已经成为名副其实的平台公司，如淘宝、百度、京东、当当等，这些企业正在以平台模式横扫各个行业，未来孤军奋战的企业战略模式将很难在这一新的平台生态圈中生存。

表8-4　核心层驱动因素

核心层驱动因素	企业战略
	组织结构
	管理制度

三、互联网时代企业价值创造过程

价值创造是一个动态连续的过程。从一般意义上讲，它是指给予价值的追求，通过企业资源、组织结构、管理制度等方面的优化与整合实现的企业整体价值增量。价值创造并不是简单的价值转移、加和，而是整个价值链战略整合的结果。企业价值创造的过程主要包括价值确定、价值主张和价值实现三个步骤，企业价值创造驱动因素贯穿于企业价值创造的全过程，如图 8-4 所示。

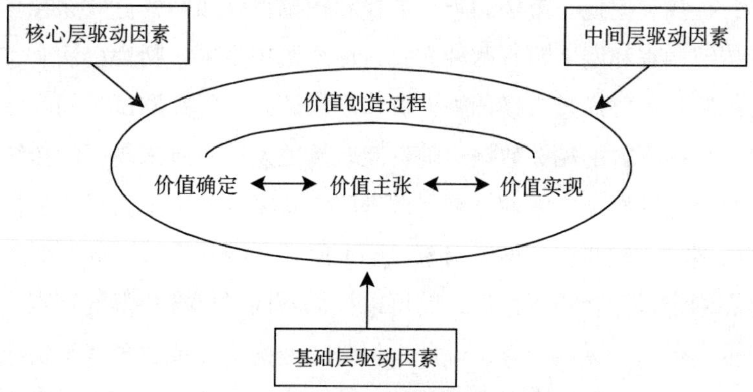

图 8-4　企业价值创造过程模型

1. 价值确定

价值确定是整个价值创造过程的第一步，决定了我们要做的事是否正确。互联网环境下，企业在进行价值确定时应将用户思维放在首位，在这个阶段首先应确定企业的目标顾客，其次才是确定企业应该提供什么样的产品或服务。

目标顾客是指企业的产品或者服务的针对对象，是企业产品的直接购买者或使用者。目标顾客要解决的根本问题是企业准备向哪些市场区间传递价值。企业确定目标顾客一般要经历如下几个步骤。

第一，初步判定。在初步确定目标客户群体时，必须关注于企业的战略目标，它包括两个方面的内容，一方面是寻找企业品牌需要特别针对的具有共同需求和偏好的消费群体，另一方面是寻找能帮助公司获得期望达到的销售收入和利益的群体。通过分析居民可支配收入水平、年龄分布、地域分布、购买类似产品的支出统计，可以将所有的消费者进行初步细分，筛选掉因经济能力、地域限制、消费习惯等原因不可能为企业创造销售收入的消费者，保留可能形成购买的消费群体，并对可能形成购买的消费群体进行某种一维分解，分解的标准可以依据年龄层次，也可以依据购买力水平，也可以依据有理可循的消费习惯。

第二，需求分析。对目标顾客群体进行初步分析之后，企业下一个目标就是对该目标顾客群体进行细化的需求分析，为此，企业需要从多个角度了解消费者的不同需求，如从消费者的行为、态度、信仰、购买动力等各个方面来了解他们的真正需求，为了进一步确定目标客户群体是否能为企业带来更好的效益，通常

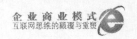

企业会通过具体的市场调查活动对目标客户进行深入的定性和定量研究。

第三，寻找和挖掘。市场调查是寻找和挖掘目标顾客的有效途径。市场调查主要分为传统调查和网上调查两种方式，传统调查主要包括观察法、实验法、访问法。传统调查主要通过市场调查人员在现场调查、样品测试、问卷调查等具体活动来获得目标顾客的相关数据。随着互联网的发展，越来越多的传统企业开始关注网上用户这一群体，并通过网上调查的方式来寻找网上目标顾客群。网上调查的途径有多种，主要包括搜索引擎、网上问卷、网站论坛、电子邮件等。

企业在确定目标客户群之后，就可以根据不同目标客户群的特点来定位和调整企业所要提供的产品或服务，以此来保障企业的产品或服务能够适应顾客的需求变化，并为企业创造更有效的价值。

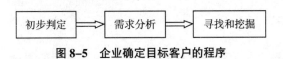

图 8-5　企业确定目标客户的程序

专栏 2

腾讯 QQ 目标客户群的定位

腾讯控股有限公司（腾讯）是一家民营 IT 企业，成立于 1998 年 11 月 29 日，总部位于中国广东深圳，是中国最大的互联网综合服务提供商之一，也是中国服务用户最多、最广的互联网企业之一。根据腾讯公司官方公布的数据显示，截至 2013 年，腾讯旗下的 QQ 累计用户数已经超过了 20 亿，微信用户数达到 3 亿，除

图片来源：www.qq.com

此之外，腾讯有 2.74 亿 QQ 邮箱用户，6.26 亿 QQ 空间用户，2.2 亿腾讯微博用户和 1.5 亿腾讯新闻客户端用户。2013 年，腾讯荣登 "BrandZ 全球最具价值品牌百强榜"，排名第 21 名，超越第 31 名的 Facebook。

腾讯今天的成就离不开其强大的客户群的支持和推动，同时也体现了腾讯在目标客户群的锁定方面具有极强的控制能力，在腾讯众多客户群中，以 QQ 用户为其龙头，其活跃度也是用户群中最高的一个。那么腾讯是如何锁定其 QQ 目标客户群的呢？

年轻人喜欢娱乐，玩网络游戏、听音乐、看电影等，腾讯QQ在软件中都一一设计了这些功能，腾讯QQ将自身定位为"在线生活的一站式平台"，QQ即时通信软件同时兼有聊天、传输文件、游戏、博客、网络浏览器等多种功能，用户可以根据需要自由切换。作为一个高度个人化的媒介，QQ对用户的媒介使用能力没有严格的要求，略识文字的人只要有号码就可登录使用。

腾讯QQ还有邮箱、音乐、直播、宠物、拍拍网、网络硬盘、QQ爱墙、发送手机信息等多种增值功能，可以满足用户不同的需要。QQ以不断增强的功能和良好的中文界面形成了独特的QQ网络文化。

QQ把目标客户群锁定在中国最具消费潜力的年轻人身上。年轻人思维活跃，观念超前并引领时尚潮流。从某种意义上讲，QQ塑造了年轻人的文化空间，建立了青年人的社区交往圈子并使他们的交友圈迅速扩大，进而使许多年轻网民产生了沟通依赖，QQ已成为当今中国年轻人娱乐和社交的重要平台。

2. 价值主张

价值主张是企业通过其产品和服务所能向消费者提供的价值。企业要将自己的核心认同和价值观有效地传达给消费者，需要确立一个价值主张，企业的一切传播和营销活动必须围绕价值主张来进行。企业在确立价值主张时需要注意三个原则：一是所提出的主张必须是真实、可信的；二是提出的主张必须是其他产品所没有的；三是所提出的主张必须是具有销售力的。企业的价值主张一般包括顾客价值主张和品牌价值主张两个方面。

图8-6　企业价值主张的类型

第一，顾客价值主张。顾客价值主张是指对顾客来说什么是有意义的，即对

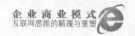
顾客真实需求的深入描述。企业在制定顾客价值主张时，应该做好三件事：第一件事是对顾客价值取向的发展趋势作出正确的判断，对未来市场竞争趋势作出正确的阶段性预测。第二件事是根据自己的资源结构特点，进行战略选择。第三件事是在顾客价值取向发生不利于自身战略的转变时，要做出色的领跑者。传统企业在制定顾客价值主张时，容易只从自身产品和服务优势出发，来考虑顾客价值主张，而较少考虑目标顾客及竞争对手的情况。在互联网条件下，由于顾客需求的差异化，企业尤其要注意从顾客的角度出发，承认顾客的多样化选择，突出自己与竞争对手的不同之处，抓住目标顾客最看重的几个要素展示自己产品和服务的优势，要做到这些，企业必须做好顾客价值的创新，顾客价值创新主要包括两个层面：一是为新的顾客群体提供价值主张，即开发新的市场机会；二是在已知市场中提供更具竞争力的价值主张，从而将顾客吸引过来。

第二，品牌价值主张。品牌价值主张不仅包括提供给消费者的利益，而且还包括品牌对社会、对人等的态度和观点。消费者的利益，可以通过市场调查得到。品牌对社会的态度和观点主要来自对社会行业潮流的把握。一个没有价值主张的品牌，就像一个没有灵魂的肉身，不会引起任何情感。试想一下，一个没有心动的广告，一件屡屡灰尘的产品，一个冷冰冰的世界，任何销售活动都将沦为滑稽。品牌价值主张是能够把静态品牌动化活化人格化的一种关键策略，它表现出了品牌的一贯立场，是一种市场承诺，它让人们看到了它存在的价值。同时品牌主张也是一种文化，它透视着一种品牌的精神内涵。因此，品牌价值主张在企业价值主张的打造过程中有着十分重要的地位。

专栏 3

奇虎 360 的顾客价值新主张

奇虎 360 由周鸿祎创立于 2005 年 9 月，主营以 360 安全卫士、360 杀毒为代表的免费网络安全平台，同时拥有奇虎问答等独立业务。奇虎 360 致力于通过提供高品质的免费安全服务，为中国互联网用户解决上网时遇到的各种安全问题。面对互联网时代木马、病毒、流氓软件、钓鱼欺诈网页等多元化的安全威胁，奇虎 360 以互联网的思路解决网络安全问题。奇虎 360 是免费安全的首倡者，认为互联网安全像搜索、电子邮箱、即时通信一样，是

图片来源：www.360.cn

互联网的基础服务，应该免费的，奇虎360的顾客价值主张在业务模式上的表现为Freemium，即Free（免费）+ Premium（增值服务）。

Freemium模式第一步是要推出网民日常必用的一项免费服务，360选择了网络杀毒（百度提供搜索、腾讯提供即时通信），但如何能让杀毒这项服务快速获得用户，周鸿祎选择"逆向操作"策略。周鸿祎对此描述为"传统的杀毒公司都卖软件，360就把杀毒作为服务；传统杀毒一年升级几次，360就天天升级；传统杀毒收费，360就免费。别人怎么做，我就从相反的方向去做"。免费策略让360在最短的时间内获得海量用户。

Freemium模式第二步是通过增值服务打通用户流量与盈利之间的通道。简单来说，先用安全软件建立公信力，吸引海量用户，再将360海量用户转换为360浏览器用户，浏览器会带360网址导航与搜索框，因此可以将用户流量变现。除此之外，360还提供其他增值服务收费，例如安全备份存储、真人一对一的远程维护服务等。近年来，360不断拓展其增值业务服务，2013年10月29日，推出"360儿童卫士"手环，通过定位、安全预警和通话连接三个功能，保障儿童外出安全。2014年4月14日，"360云"悄然上线。"360云"主要提供云主机、云安全、云监控三大业务。"360云"并非自建数据中心，而是通过整合IDC服务商的数据中心资源，打造的一个全新云计算解决方案。此外，"360云"还通过整合360云监控、奇云测等服务，提供了云监控服务。目前，"360云"已开放内测。

3. 价值实现

价值实现就是把产品或服务交付到最终用户的手中，也就是将价值主张转化为行动。企业商业模式追求的价值实现，不是企业价值的独享，更不是建立在对顾客欺诈和对合作伙伴压榨的基础上的。这种长久价值的实现应当是以多赢为前提的。企业价值的实现首先表现为顾客价值的实现，即顾客认为购买所得大于顾

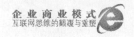

客支出的成本。顾客从企业所提供的产品和服务中获得了超过预期的体验和效用。这是企业价值得以实现的基础。其次表现为伙伴价值。企业与合作伙伴共同通过优化价值链，减少费用，提高运作效率，共享增加的收益。这是企业价值得以实现的保障。再就是企业价值，企业实现最终赢利。

由此可见，价值实现的内容涉及价值链的各个参与主体，价值实现的过程即是对价值链的构建过程。在互联网经济背景下，企业价值链一个单向链式过程转变成一个以顾客为中心的价值网络体系，这种价值网络体系是在专业分工的生产/服务模式下，通过一定的价值创造机制，按照合理的治理框架，将处于价值链上不同位置并存在密切关联的企业或者相关利益体结合在一起，共同为顾客创造价值，价值网络体系的构建主要包括价值链的解构和价值网络的形成。

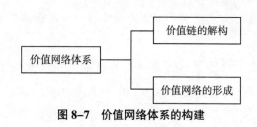

图 8-7　价值网络体系的构建

第一，价值链的解构。价值链是由一系列价值活动构成，对价值链的解构其实质是将价值链各个环节进行分解细化，使其成为具有某种标准接口、可以相互连接的子价值模块。企业通过对价值链的解构，能快速分辨和找到价值链中那些对企业价值创造起到关键作用的价值活动环节，确定关键价值活动能帮助企业重新审视其原有价值链，并在此基础上可以进行价值链的重新组合，从而提高其创造价值的效率。

第二，价值网络的形成。价值链解构后形成的子价值模块是重新构建价值网络的基本要素。这些基本要素按照新的规则和标准进行重新整合，形成新的模块化价值链。随着互联网经济时代的到来，具有不同价值链体系的企业纷纷采取合作战略，把各自的价值链连接起来，进而演变成包含供应商、渠道伙伴、服务提供商以及竞争者的企业价值网络。企业价值网络能够将价值链中各个参与者协同在一个无形的网络平台上，通过不同组织模块之间的协作、创新和竞争，全面满足用户的差异化需求，从而更好地适应环境的变化。

优酷网的价值网络体系

优酷网是中国领先的视频分享网站，是中国网络视频行业的第一品牌。由古永锵在 2006 年 6 月 21 日创立，优酷网以"快者为王"为产品理念，注重用户体验，

图片来源：www.youku.com

不断完善服务策略，其卓尔不群的"快速播放，快速发布，快速搜索"的产品特性，充分满足用户日益增长的多元化互动需求。优酷坚持依循高端、大气的品牌路线，最长的广告时间称霸全互联网，以"合计划"为导向，联手众多合作伙伴展开资源整合和内容拓展，2012 年 3 月 12 日，优酷股份有限公司和土豆股份有限公司共同宣布双方于 3 月 11 日签订最终协议，优酷和土豆将以 100%换股的方式合并。新公司命名为"优酷土豆股份有限公司"。优酷网充分借鉴跨平台媒体运作经验，利用视频媒体独特的属性开创"网台互动"传播模式，不断响应行业及网民诉求，推动网络视频行业主流化进程。优酷网价值网络体系（如图8-8所示）主要包括以下几个方面。

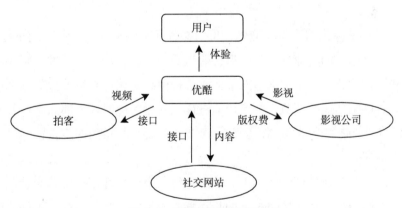

图 8-8　优酷的价值网络体系

第一，拍客。拍客是优酷的重要合作伙伴之一，其贡献的各类 DIY 视频构成了优酷的主要内容类型之一。优酷通过向拍客提供标准内容管理界面，将这一利基生产者队伍与平台进行无缝链接。

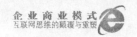

第二，传统影视娱乐公司。传统影视娱乐公司是优酷另一重要合作伙伴。他们为优酷提供了各种高清影视剧，使得用户在线观看电影、电视剧以及娱乐综艺节目成为可能。

第三，社交网站。优酷还通过一键分享功能，让用户能够将视频分享到第三方平台尤其是社交网站上，满足用户社交需求。

优酷在现有价值网络体系的基础上，不断实践"三网合一"的使命，现已覆盖互联网、电视、移动三大终端，兼具影视、综艺、资讯三大内容形态，贯通视频内容制作、播出、发行三大环节，成为真正意义的互联网电视媒体，影响视频行业格局及全媒时代的大格局。

以上是对企业价值创造全过程的介绍，需要强调的是整个价值创造是一个持续改进的过程，如果在价值主张过程中出现问题，例如在任务分配中出现了严重的分歧，那么就要回到第一阶段进行检查和修正，必要时要重新进行价值确定；如果在价值实现过程中出现问题，就要及时地退回到价值主张过程进行修正。

四、价值创造实现最大化

在今天迅速变化的竞争环境里，价值链各环节的参与主体关系越来越密切，这也使得越来越多的企业认识到价值链管理的重要性，价值链管理要解决的是如何通过价值链优化实现价值创造的最大化。价值链优化也是目前大部分企业在价值创造过程中最薄弱的环节，如果价值链优化问题解决得好，那么企业乃至整个行业的竞争能力都能得到提高。因此，企业必须要从战略的高度重视、思考价值链的优化问题。

由于在一个企业价值链活动中，并不是每一个环节都创造价值，企业所创造的价值，实际上来自企业价值链上的某些特定的价值活动，这些真正创造价值的经营活动，就是企业价值链的"关键环节"。为此，企业在优化价值链，实现价值创造最大化的过程中，应重点考虑价值链上的关键环节的优化。在互联网时代，企业应充分利用网络优势改造这些价值链上的关键环节，实现价值链的优化。以下将重点从顾客、产品和组织结构三个方面阐述其与价值链优化的关系。

1. 顾客导向与价值链优化

随着全球经济的一体化和互联网技术的广泛应用，企业之间的竞争日趋加剧。以往企业习惯通过提高自身产品或服务的质量来确立竞争优势。当众多企业都以相同或相似的方式来获取竞争优势时，反而无法达到最终的效果。企业在追求价值实现的过程中应以顾客为导向，向顾客提供优于竞争对手并且不易被竞争对手模仿的产品或服务价值，只有这样才能为企业真正带来持久的竞争优势。

企业在进行价值链优化的过程中，应将其与顾客价值紧密联系在一起。企业价值链的优化过程，设计企业内部生产经营活动和外部营销活动，这些活动都应坚持顾客导向，以提高顾客价值创造和提高效率为目的。顾客价值是企业资源、能力与有吸引力的市场之间的重要链接。市场吸引力的强弱以是否满足顾客需要为主要判断标准，因此，企业应当从顾客的角度去分析企业应当为顾客提供什么样的产品或服务。对顾客需求的绝对重视，是价值链发展的原则和目标。顾客的价值优势是保证企业持续发展最重要的竞争优势，因而企业竞争战略和发展战略制定必须以顾客需求为基点。只有充分满足顾客需求的企业产品才能够赋予顾客最大最实在的利益，是企业产品真正体现的价值所在和能满足、吸引消费者的实质所在。

专栏 5

以顾客为中心：乐蜂网的价值链

乐蜂成立于 2008 年，由知名电视主持人李静创办，是一家明星达人运营、静佳自有品牌及美妆垂直电商为一体的平台。2010 年，获得由新周刊评出的"年度最有价值网站时尚类"称号，并被誉为"最具明星气质的网站"；2012 年，乐

资料来源：www.lefeng.com

蜂网相关商品在苏宁易购上线；2013 年，乐蜂网与 360 达成战略合作；2014 年，唯品会绝对控股乐蜂网 75%。近年来乐蜂网的迅速崛起使得越来越多人开始关注其独特的价值链。乐蜂网的价值链可以总结如下：

第一，进货后勤，满足顾客低价要求。自 2009 年以来，乐蜂网就联手

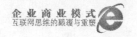
众多品牌商实施"品牌直供"营销策略，大大压缩了进货的中间环节，降低了企业的进货成本。

第二，自主品牌和合作品牌并存，满足顾客各种品牌需求。乐蜂网创立自己的品牌，拥有自己的人群定位，自己的生产编号，自主研发产品多达400多款，为乐蜂网带来了新的盈利增长点，也弱化了乐蜂网同其他电商企业的市场竞争。乐蜂网拥有3个自主品牌和400多个全球著名品牌代理，乐蜂网代理的化妆品中，90%都已获得厂家授权，其余约10%，也是从已获得厂家授权的渠道商进货。

第三，由明星进驻，创新达人模式，扩大商业机会。乐蜂网拥有李静、戴军、金韵蓉、张茜、小P、LINDA、柏丞刚、蓓蓓、浩博、谢娜、宁丹琳等明星主持、设计师、娱乐界艺人、美肤达人，还将通过海选，签约数十名"草根达人"。李静透露，未来乐蜂网将陆续为"达人"开发各类美容护肤品，形成完整达人产业经济链。

第四，发货后勤，满足顾客及时需求。乐蜂现阶段是自建仓储、配送外包的运行模式。为确保交货准时，乐蜂推出了超时赔付计划。对全国主要的27个城市都承诺了送达时限，如果乐蜂网因配送原因造成订单未能在承诺时效内送达，他们将为会员赔偿500积分作为补偿，赔偿积分将在承诺时效截止后的四个工作日内发放到会员的乐蜂账户中。其他特色物流服务有货到付款、超时赔付、登门退换（上门退款+上门退货）。

第五，经营销售，充分考虑顾客利益需求。乐蜂网一年一度的桃花节，利用规模效应，降低成本，提高销量。而且乐蜂网每天都会调发上百款产品，通过团购、特卖等各种方式来提高网站人气，还有专门针对符合特定人群喜好的产品进行套组出售，或是开发功能整合性的套装组合，如美白组、防晒组、旅行组等，通过相关商品的组合进行优惠特卖，这样既提高了客单价，又提升了整体销量。

第六，服务到位，满足顾客体验需求。为用户提供各种核心体验，让用户切身地体会到在乐蜂网上购物的乐趣，试用中心免费让消费者试用产品。快速的物流，100%的正品保障，45天无条件退换货标准，提高了消费者保障。还有开箱验、限时达、上门退等各种核心体验，提高用户满意度，赢得众多消费者的信赖，大大提高消费者的满意度以及对乐蜂网的信赖度和忠诚度。

2. 产品需要与价值链优化

企业在坚持以顾客为导向的价值创造过程中，还必须注意根据顾客的产品需求来选择不同的价值链优化方案。马歇尔将产品根据需求模式划分为两种类型：功能性产品和创新性产品。功能性产品与创新性产品的比较见表8-5。

表8-5 功能性产品与创新性产品的比较

需求的各个方面	功能性产品（需求可预测）	创新性产品（需求不可预测）
产品的生命周期	2 年以上	3 个月~1 年
利润贡献率	5%~20%	20%~60%
产品多样性	低	高
产品需求预测的平均偏差	10%	40%~100%
平均存货率	1%~2%	10%~40%
销售季节后降价比率	0%	10%~25%
从制造到订购的市场导入期	6 个月~1 年	1 天~2 星期

表8-5中显示，功能性产品和创新性产品由于在需求预测方面的截然不同，导致两类产品在生命周期、利润贡献率、产品多样性等方面的表现也大不相同。同时，两类产品所涉及供应链类型也各不相同，如表8-6所示。由表8-6分析可知，功能性产品适用于物质效率的供应链，创新性产品适用于对市场反应灵敏的

表8-6 物质效率的供应链和对市场反应灵敏的供应链比较

	物质效率过程	对市场反应灵敏过程
基本目标	以尽可能低的价格有效地供应	迅速对不可预见的需求做出反应以使因产品脱销、降价销售和存货过时所造成的损失最小化
生产中心	保持高的平均利润率	准备过量的缓冲生产能力
存货战略	在整条链内产生高转率并使存货最小化	准备有效的零部件和成品的缓冲存货
市场导入期中心	在不增加成本的条件下尽可能缩短导入期	以多种方式大量投资以缩短时间
选择供应商的方法	主要考虑成本和质量	主要考虑速度、灵活性和质量
产品设计战略	性能最好，成本最低	为尽可能长时间地延迟产品差别化，使用模块设计

供应链。许多企业试图把功能性产品转变成创新性产品，但却把精力主要放在物质效率的供应链上，即试图依靠对市场反应不灵敏的供给链供应创新性产品，从而造成了供给链的低效率。企业在价值链优化的过程中，必须根据顾客对产品需求的不同性质来选择不同优化方案，才能使自己获得更大的竞争优势。

3. 组织结构与价值链优化

价值链的优化是一个持续发展的过程，这个过程除涉及顾客和产品之外，还涉及一个重要因素就是企业的组织结构。组织结构的主要功能在于分工和协调，所以，通过组织结构优化，将企业的价值创造过程转化成一定的体系或制度，融合进企业的日常生产经营活动中，发挥指导和协调的作用，以保证企业战略目标的实现。因此，组织结构优化是企业总体战略实施的重要环节。在互联网环境下，电子商务正经历一个非常好的发展时期，其正由"全程化"向"智慧化"阶段转变。对企业来说，电子商务是企业外部交互性与企业内部信息化的一种结合。企业在发展电子商务的过程中，这种结合的高效性是与"智慧化"相适应的，同时，这也需要企业的组织结构进行配合。因此，应对电子商务时代的发展，对企业的组织结构进行变革和优化就显得极为重要。企业的组织结构优化应把握好四项基本原则，即扁平化原则、专业化原则、统一原则、分工与协作原则。互联网思维下组织结构优化的任务是将网络经济中电子化、无边界、知识化、柔性化、虚拟化、扁平化的思想融合到新的组织结构中，在进行企业组织结构优化时，应从以下几个方面入手：

第一，做好关键活动分析，以确定组织经营形态结构。许多企业对内部出现的组织问题力不从心。出现组织体系管理紊乱、人浮于事、组织效率低下、内部管理无从下手、凭经验主义、没有适应新业务的成熟管理手段和方法等问题。因此，企业在新形势下，想了解组织结构的有效与否必须深入分析和甄选企业的关键活动，用组织结构的手段把这些关键活动有效组织起来，使其处于被管控状态。同时对组织的战略进行明晰，分解成年度经营指标，根据经营指标的导向性有效梳理分析出组织关键活动。

根据部门的核心主业务设计岗位，对岗位工作进行专业分析。从部门的主要职能分解到岗位，对岗位的工作任务、工作量、工作职责、工作权限、工作标准、工作流程、任职资格进行有效分析，建立岗位说明书和工作指导作业书。根据岗位说明书，合理建立岗位绩效目标考核，通过岗位职责的明确，组织优化解放高管，提升管理效率。

第二，采用分权制组织。分权制组织是现代企业特别是大企业所普遍采取的一种组织结构形式，它是以产生目标和结果为基准来进行部分的划分和组合。在当前的互联网环境下，对于我国企业来说，实行分权制组织创新是一种战略先导型组织创新，对于我国企业适应快速多变的外部环境有着突出的作用。

采用分权制组织有利于提高互联网环境下企业管理的灵活性和适应性，还有利于企业高层摆脱过多日常行政事务，集中精力做好有关企业重大的事情，也有利于企业进行专业化生产。采用分权制组织必须妥善处理分权这个问题。一般来说，处理这个问题需要注意以下几个原则：一是分权而不放任；二是因事择人，视能授权；三是分权适度。

第三，进行组织管理变革，使组织结构向扁平化与专业化转变。可从以下两方面着手：其一，扁平化。目前，我们绝大多数企业都采用直线—职能制这种组织结构形式。这种组织结构形式是把企业管理机构和人员分为两类：一类职能机构和人员，按专业化原则从事组织的各项职能管理工作；另一类按命令统一原则对各级组织行使指挥权。近几年，互联网思维下的组织结构扁平化作为一个时髦的名词或者说短语在管理界可谓风行一时。而随着互联网在组织中的应用，企业的信息处理、整理、传递和经营控制的现代化，金字塔的传统层级结构正向层次少、扁平化的组织结构转变。这种转变，可以减少中间层次，加快信息传递的速度，也可以更加了解、追踪和满足顾客的需求。通知这种组织的创新，可以不断为顾客创造新的价值。企业可以运用"网站结构"的扁平化对企业组织结构进行改革，尤其是对顾客服务部分进行改造，适应互联网快速、多变的节奏。其二，专业化。互联网环境下企业所面临的经营环境的不确定性更高，在此情况下，每一种商业模式都不会一成不变，而要让其能够不断拓宽市场，就要不断地进行创新。这种创新所带来的商业服务的专业化是企业实现快速、持续、稳定增长的重要法宝。李太（2012）认为组织专业化是指采用通过细化和分工的手段，由具体的部门对组织的管理职能进行专业化管理的过程。当然，组织专业化也包括将部分管理职能进行外包而采取的各种手段与措施。组织内部与外部环境对组织专业化有着重大的影响：从组织内部环境来看，组织技术、组织成员特征与组织生命周期等都会影响到组织专业化的决策；从组织外部环境来看，地区法律建设、市

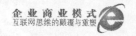

场化进程等因素也会影响到组织专业化的决策。因此，作为组织的高层管理者，首先，应当充分考察组织所处的内外环境；其次，考量组织专业化的前提条件；最后，结合组织现有条件，采取有步骤的专业化进程。

第四，做好组织结构优化的保障工作。企业应对互联网时代到来，还需要相应的措施来保证组织结构优化的有效进行。首先，应树立一种优化变革意识。企业管理者应具有组织结构的变革意识，应尽可能满足企业运营中对信息化技术的需求，促进企业的信息化。其次，将最新的组织理念、思想与企业实际进行融合。企业完成组织结构变革后，随着企业内外部经营环境的变化，企业的现状可能与最初设想并不相符，这时企业应将目光转向国内外最新的一些组织结构与管理理念，看是否可以与自身的企业组织结构进行融合。最后，对组织成员进行相应培训，以形成良好的信息化内部环境。电子商务是将一系列计算机与通信技术相整合的系统，而科技总是在不断变化的，组织成员作为企业信息化的一分子，提高他们的专业素养、进行知识更新是十分重要的。

表8-7　互联网思维下组织结构优化的关键步骤

第一	做好关键活动分析，以确定组织经营形态结构
第二	采用分权制度，有利于提高互联网环境下企业管理的灵活性和适应性
第三	进行组织管理变革，使组织结构向扁平化与专业化转变
第四	做好组织结构优化的保障工作

五、超越客户期望值

每个人是充满各种需要（物质和精神需要）的复杂体，也是其自身利益与行为的最佳判断者与知情者。因此，顾客会根据自身对企业产品购买的感受做出自己的判断与反应，当企业通过价值创造而带给顾客的感受和利益超过其期望后，顾客会产生"意外之喜"，其满意度也陡然升高。而在互联网环境下，如何超越顾客的期望值？是一个值得探讨的话题。如果我们能在下面五个方面有所作为的话，则会大大提高顾客的期望值。

第一，速度。在互联网环境下，首要的是要讲究服务速度，并通过该手段来迅速了解、追踪和满足顾客的需求，从而超越顾客的期望。对顾客的反复研究表

表 8-8 提高顾客期望值的五个要素

提高顾客期望值的五个要素	速度
	信息
	便利
	个性化
	价值

明，顾客不喜欢等太长时间才能得到产品或服务。综观所有的行业，人们都需要及时得到别人的注意。淘宝网满足顾客需求方面的速度是非常快的，而为了该方面做得更好，该公司也积极尝试收购"顺丰快递公司"，在没有结果的情况下，今年该公司与"中国邮政"合作。很显然，马云深知：在互联网环境下，速度满足和超越顾客期望的重要性，也正因为如此，才锲而不舍地寻找物流企业合作，提升公司的服务速度。

第二，信息。积极利用互联网来传递信息也很重要。互联网不缺乏信息，每天都有海量的信息充斥其间，然后顾客面对如此多的信息，眼花缭乱，不知如何选择。因此，企业在帮忙顾客选择信息方面如果能有所作为的话，则可得到顾客的青睐。比如，企业可以利用上述手段，首先知晓与追踪顾客的需求与期望，而后向顾客送出精准的信息，把信息送到顾客的心坎里，使之满心欢喜。在此情况下，则可大大提高顾客对企业的忠诚度，会超越顾客的期望。

第三，便利。互联网环境所带来的便利对于满足与超越顾客的期望值也非常重要。如何通过更为方便的方式使产品或服务来超出顾客的期望值呢？这也许是当今困扰人们的效率问题中超出顾客最能发挥潜力的方面。顾客每天仍面临许多不便之处。如果你能在提供方便方面提出许多想法来超出期望值，就可拥有非常强的竞争优势。比如以前要汇款、查银行账户的余额，都要到银行柜台去办理。如今，在互联网环境，电脑一开，鼠标一点，就可轻松搞定。因此，企业要密切关注这一点，建设好公司本身的网站，为顾客提供更多的便利。这样做不但可以提高公司做事的效率，而且在某些方面也可以给顾客带来惊喜。

第四，个性化。在互联网环境下，企业满足顾客个性化需求方面，也大有可为。如今，每家公司或机构都在向它的顾客提供个性化服务。企业可以利用互联网的环境通过定制化的方式来满足顾客个性化的需求。而这个个性化是由在那工作的人所展示的无数个小举止行为组成的。效率、专业、礼貌、关心和素质等方

面都会通过言谈举止表现出来，这也是企业最有所作为的方面，需要企业积极关注和行动。

第五，价值。当然，在互联网环境下，我们也不可忽视产品价值方面对超出顾客期望值的贡献。价值总是与价格相关。实际上，价值是一个相比较的概念，它一般指与价格相对应的产品或服务的质量。很多企业都在拼命降价，以提高顾客对价值的认可。但是降价并不是特别有效的方法，并且也不是最好的方法，企业更应通过提高顾客的感知价值来超越顾客的期望。有时顾客需要的也特别简单，仅仅是对自己正在接受的价值某种提示，比如设施的舒适程度、服务人员的仪表与服务环境的外观等，当然企业的可信任程度，企业的品牌形象等都是创造更高的感知价值重要的因素。要想超越顾客的期望值，你需要制造一种很强的感知价值，在以上这些方面都可以做很多事情。

【章末案例】

娱乐宝：阿里的又一创新

一、娱乐宝的产生

2014 年 3 月 11 日，阿里巴巴以 62.44 亿港元的价格收购文化中国 60% 的股份，成为其绝对控股股东；随后通过文化中国创建子公司——阿里巴巴影业。为有效连接阿里金融产业布局和文化产业布局，娱乐宝产品诞生。2014 年 3 月 26 日阿里巴巴数字娱乐事业群发布"娱乐宝"。娱乐宝是由阿里巴巴数字娱乐事业群联合

图片来源：www.ppmoney.com

金融机构打造的增值服务平台，用户在该平台购买保险理财产品即有机会享有娱乐权益。有别于余额宝的属性，娱乐宝将依附于淘宝移动端，通过向消费者发售产品进行融资，所融资金配置为部分信托计划，最终投向于阿里娱乐旗下的文化产业。在阿里数娱总裁刘春宁的展望里，通过娱乐宝平台的创新，广大观众今后可以"用钱投票"，从而推举出更多小成本黑马电影。这听起来真的是一个很美好的未来。

娱乐宝首批投向了电影、游戏产业。在电影产业，宣发是影响票房的重要一环。借助淘宝的用户，如果娱乐宝发售成功，将吸引用户的眼球。反过来，购买娱乐宝的用户也是消费者，可能去看这部电影。这很符合众筹精神。通过互联网的形式，面向众多人群筹集资金，投资人反过来支持这个项目。娱乐宝通过保险的形式，规避了向不特定的人群筹集、通过互联网等媒介公开邀约、许诺回报等法律红线，提供预期资金收益。

首批登陆娱乐宝的投资项目分别为：郭敬明导演，杨幂等人主演的电影《小时代3》、《小时代4》；冯绍峰、窦骁等人主演，根据著名畅销小说改编的电影《狼图腾》；孙周导演，王宝强、小沈阳共同主演的3D奇幻喜剧《非法操作》；全球首款明星主题的大型社交游戏《魔范学院》，范冰冰将在游戏中与广大粉丝进行互动。

二、娱乐宝的运作方式

娱乐宝对接国华人寿旗下的国华华瑞1号终身寿险A款，不保本亦不保收益。首期四个项目包括3部电影和1款游戏，总投资额为7300万元人民币。用户可通过手机淘宝客户端预约购买娱乐宝。其中，影视剧项目投资额为100元/份，游戏项目的投资额为50元/份，每个项目每人限购两份。阿里巴巴方面表示，娱乐宝预期年化收益率7%，申购门槛仅为人民币100元。用户购买后，不仅可以获得理财收益，还有机会享受剧组探班、明星见面会等娱乐权益。用户购买娱乐宝后，资金将投入文化产业，获取投资收益。除了电影、游戏外，娱乐宝后期还将增加电视剧、演唱会等多种项目形式。阿里巴巴亦将娱乐宝形容为"一百块就能投资电影"。娱乐宝采取了预约制，到发售之前有54万人参与预约。之后开卖之时，用户就能实打实地去花钱投资了。从开始买到拿到回报这个期限是一年，中途退出的话还要交3%的费用。

对于阿里巴巴而言，这种操作方式一方面可以通过娱乐宝吸引投资者投资，以帮助电影发行方募集资金；另一方面消费者投资该产品后，会更加关注这些电影，从某种程度上来说每个投资了该产品的投资者都会成为大众"出品人"，为了获得理想收益，他们会通过各种方式自觉或不自觉地帮助宣传推介电影，该产品规定每个人的投资金额不能超过1000元，如果总额

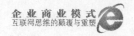

7300 万元的娱乐宝全部售出，理论上便至少有了 7.3 万个大众宣传员。同时要知道，娱乐宝和所有互联网产品一样，都有精确收集、追踪用户数据并智能推荐的能力，而依靠阿里成熟的电商平台和强大的数据分析能力，文化娱乐衍生品的开发将会极有市场空间。

三、娱乐宝的实质

通过娱乐宝，不仅可以积少成多为电影的拍摄提供部分启动资金，而且可以带动普通人参与电影制作。刘春宁表示，现在选择的项目大多剧本已成型并准备拍摄，而未来可能只是一个剧本，一个 Idea。在阿里的设想中，未来大众"投资人"可以决定一部电影由谁来导、谁来演，甚至会以 C2B 的形式完成对于电影业的颠覆。娱乐宝最明显的影响还在营销环节。通常在电影开始制作之前，电影制作方与观众之间是缺乏沟通的，但通过娱乐宝，普通观众可以用自己的钱做出选择，而制作方可以评判这部电影未来的市场效应，同时也可以引导用户的电影消费，增强观众的参与感，为电影造势，保证用户对影片的持续关注。资深电影人王仁奎认为，通过娱乐宝，影视作品可以在投资创作之初就找到自己的目标用户群，而这些第一手的目标用户数据甚至可以反向影响内容制作。

娱乐宝本质上是个投连险保险理财产品，用户购买娱乐宝，即可间接投资电影娱乐项目。所谓娱乐宝这种模式，是一种通过保险产品作为产品包装方式，以达到投资无门槛，潜在回报率区间合理，并能够投资电影的一种选择。实际上这背后是阿里巴巴的合作方国华人寿将用户购买理财产品的资金最终投向电影产业。如我们所知，电影行业的投资风险非常大，收不回成本的电影比比皆是，制片方并不能保证电影这种产品每部都能赚钱。而娱乐宝称它的投资回报是预期收益率 7%，同时也表示不承诺保底、保本。

阿里巴巴方面已明确表示，娱乐宝的一项重要功能是通过观众"用钱投票"，在投资制作环节对影视娱乐内容的受欢迎程度进行评估。阿里巴巴方面亦强调，娱乐宝模式并非当前流行的"众筹"概念。众筹项目不能以股权或资金作为回报，项目发起人不能向支持者许诺任何资金上的收益，这与娱乐宝平台上能提供预期资金收益的保险理财产品，有着本质区别。

四、娱乐宝的价值与创新解析

从余额宝到娱乐宝，我们不能不为阿里巴巴的创意而叹服。娱乐宝是高风险产品，但阿里巴巴从制度设计的源头帮助投资者降低了风险损失的绝对额；在阿里公司、广大投资者与文化娱乐公司之间，资金往来存在着种种法规、监管上的雷区，但阿里巴巴的娱乐宝通过依靠保险这件外衣，绕开了资金监管，绕开了可能触碰的雷区，完成了众筹和信托不可能完成的任务，实现了互联网金融与文化娱乐业的对接。如果说，当初余额宝的推出，直接引起了一些银行的存款搬家，令之如临大敌，竞相出招应对的话，那么，此次娱乐宝的火热似乎与银行利益沾边不大，这也就难怪银行反应不怎么强烈。

娱乐宝融合了理财产品、粉丝经济、电影投资、互联网营销等，娱乐宝在探索一种创新性的新模式。娱乐宝当下的价值是在于营销环节，它未来可以影响制作。可以这么看娱乐宝产品最大的价值：它现在是保险理财产品，嫁接了互联网，缩短了观众和互联之间的距离，也是互联网非常具备延展性的一个特性。但以后这个特性是不是可以装入其他的东西呢？如果说以后娱乐宝这样的产品，提前做一些电影票的预售呢？提前做电影光碟的预售呢？娱乐宝是一个平台，今天嫁接的是理财产品，所以我更关注的是理财方向，但是阿里巴巴做这样东西应该不仅仅是把它变成一个诱饵，而是作为一个信息交流的平台。

娱乐宝的价值可能不在当下，目前国内在电影也好、电视剧也好，严格意义上不缺钱。因为目前市场本身的政策也好，资金也好，快速推动行业往前发展。但是这样的好光景我觉得不会很久，可能会进入"发展平台期"。到那时候，作为私人的投资者，通过保险理财产品，也可能通过其他方式，只要在法律允许的情况下，有可能会部分允许进入到制作创作的环节。

娱乐宝的价值网络体系中涉及草根投资人、影片制作方、阿里巴巴等各方参与者，在这个价值网络中，各参与方都能从中获得各自所需和利益，这在以前是无法想象的事情。

对草根投资人来说，娱乐宝让草根变成投资人，激活了普通人投资电影的热情，22万人的参与大有全民参与影视投资之势。同时娱乐宝推崇的是一种参与存在感："投资人"会享有各类娱乐权益，如影视剧主创见面会、

电影点映会、明星亲自录制的视频音频祝福等。其本质就是互联网时代的一种商业模式，把互联网思维运用到了娱乐产业。在还没看到产品的时候提前网上营销，制造话题，其根本目的并非集资，而是通过这种手段为自己的产品造势。而对影片投资方来说，娱乐宝是一种双赢的营销手段。

对阿里巴巴来说，娱乐宝是一种未来的战略：娱乐宝通过引导用户娱乐消费的参与感，进而让阿里巴巴大举拓展数字娱乐业务的形象深入人心，阿里巴巴还能借此走进影视投资链条。营销和推广才是娱乐宝要达到的首要目的，醉翁之意不在酒。

五、娱乐宝影响和未来

表 8-9　娱乐宝的影响

娱乐宝的影响	娱乐宝将引发内容投资模式革命
	娱乐宝将促使银行改进创新
	娱乐宝是"消费互联网"向"产业互联网"转变的探索，也是文化、金融工具与科技的融合

第一，娱乐宝将引发内容投资模式革命。目前，国内提供拍摄资金的正规公司只有中影、博纳、万达、华谊等寥寥数家，很多中小电影制片商很难获得资金支持。当年，《泰囧》、《疯狂的石头》、《失恋33天》都是导演拿着剧本"四处化缘"，才最终得以和观众见面。通过娱乐宝平台的创新，广大观众今后可以"用钱投票"，帮助更多的影视黑马突出重围。可以想象的是，娱乐宝将推动电影的发行模式产生革命性变革。对于娱乐宝而言，融资不是目的，目的在于票房。如果运作成功的话，这些数十万的投资者们对票房的推动力不可小觑。电影本来就是大众文化，而人人参与的娱乐宝，必将为电影增加巨大的话题性和关注度，可能会驱使更多的观众走进电影院，刺激中国单部电影票房飙升至"20亿"、"30亿"时代，届时电影发行或将全部围绕"娱乐宝"或其他网络平台而展开。娱乐宝本来就不是一个纯粹的互联网金融产品，保险理财只是它的属性之一而已。娱乐宝更重要的作用是"连接大众和影视方的渠道"，让更多人参与到这个行业中来，决定自己未来看什么电影。大家可以"用钱投票"，评判对某个影视项目导演、演员、剧本的喜好程度。

第二，娱乐宝将促使银行改进创新。静心观察，包括娱乐宝在内的像余额宝、微信理财等网络金融产品之所以能顷刻拥有大量粉丝，在于它们大大降低了客户的准入门槛，在于它们极大便利了客户的业务办理，在于它们找准了客户资金有效利用的突破口，在于它们唤起了客户对于新鲜事物的兴趣。相比之下，银行服务尽管越来越规范，有着阿里金融们不可比拟的资源优势，但面对阿里金融们，他们要么本能地持一种抵触姿态，要么以不屑心态自顾走路。人们日益多元化的投资理财需求，在银行那里无从得以更好满足，公众金融消费体验也因银行与阿里金融们之间的"掐架"而有所对比。银行业自身的形势何尝不是如此？面临更大竞争与机遇的商业银行们，需要提供更加优质的服务，更好地满足公众金融消费体验。

第三，娱乐宝是"消费互联网"向"产业互联网"转变的探索，也是文化、金融工具与科技的融合。究其本质，是"众筹"模式在网络渠道上的推广，实际上还是金融融资。对于年轻人来说，花上几百元，体验"玩一把"的刺激，确实很有诱惑力。这也体现出互联网平台的强大黏合力，通过大数据分析，阿里巴巴能精确地启动它的客户，最终，从购物、打车到娱乐等各项生活方式，人们都不知不觉被其"套牢"，这或许是阿里巴巴更为看中的目的。娱乐宝有望给影视剧制片人和出品人带来新的鼓舞人心的选择。以往，如果有个新成立的公司购买了一个电影剧本，就算这个剧本质量还不错，但想从银行获得贷款是非常难的，因为新公司拿不出资产和作品来增加信用度。有了娱乐宝之后，这些原本处于弱势地位的制作公司或将获得更多机遇，不再缩手缩脚。同时，作为新生事物，娱乐宝涉及金融工具、法律、文化产品等种种复杂关系，它是否会昙花一现，还是会成为未来影视投资的风向标，还需探索与实践。在此过程中，规范很重要。娱乐宝的未来将由市场和政策取向决定。

‖第九章‖
商业模式创新

【开章案例】

车便利模式：汽车后市场的全新 O2O 革命

一、公司介绍

车便利（AutoEasy）是由广州车便利商贸有限公司于 2013 年 4 月成立的，是一家上链接生产商，下对接终端实体店，提供最新汽车资讯、汽车用品展示、日常汽车美容、养护预约服务，实现一站式销售、服务、体验

图片来源：www.cblcc.com

的 O2O 商业管理服务公司，总部位于广州市。

车便利业务：车便利商城和车便利实体加盟。车便利商城：为车主提供汽车用品销售、汽车美容、养护预约。车便利加盟店：让车主在加盟店享受超值的用户体验；车便利为加盟店找到最合适的消费群体，给厂家提供最大收益的互联网推广平台，给车主提供有价值的消费体验；加盟店是车主享受汽车服务的体验点。车便利致力于做中国汽车服务 O2O 消费体验领军企业，服务好车主，服务好商家，这是车便利的使命。

车便利一贯坚持与商家平等、互利、共赢的合作标准，作为汽车服务 O2O 消费体验服务类电子商务企业，车便利竭诚服务于广大车主，并追求低

成本、高效率，不仅为车主提供非常好的本地化汽车服务消费指南，而且为消费者带来非常深度的消费折扣；同时帮助加盟店更好地通过预约服务来获得新顾客。

车便利整个运作过程中，对于商家没有任何风险，车主如果对合作加盟店的产品感兴趣，可以直接到店购买，也可登录车便利商城购买，车便利加盟店提供配送服务；预约服务通过支付宝或者银联卡付钱下单，之后车主会收到车便利商城的短信密码消费券，车主凭短信密码可直接到预约的实体店消费，商家可凭车主消费券和车便利结算。

车便利以建立一个公平、公正、开放、协同、繁荣的汽车生活消费体验服务电子商务生态系统为目标，旨在对消费者、商家（厂家、加盟店）以汽车生活服务的消费体验发展做出贡献。

二、汽车销售首选 O2O 模式

O2O 又称 online To offline，即将线下商务的机会与互联网结合在了一起，让互联网成为线下交易的前台，O2O 包括两种模式，分别为线上线下模式和线下线上模式，在此我们介绍的为线上线下模式。通过 O2O（线上线下）模式，消费受众可以通过线上进行信息筛选和订单确认，并在线下体验产品服务并最终完成支付。

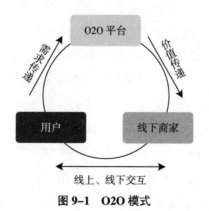

图 9-1 O2O 模式

O2O 的优势在于将线上、线下进行完美结合，把互联网与地面店完美对接，实现互联网落地，让消费者在享受线上优惠价格的同时，也可享受线下的贴身服务。这种优势正好契合汽车这种特殊商品对于电子商务的需求，用

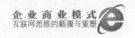

户通过互联网进行信息筛选、选择订单后，依然可以享受汽车 4S 店及后市场的进一步周到服务。同时，O2O 的核心是 offline（线下服务），即在不改变用户消费习惯及经销商线下服务方式的基础上，迎合用户的体验需求，在不影响用户服务体验的同时通过线上方便用户选择商品，并促进线下交易的完成。

在汽车电子商务如火如荼的同时，业内专家开始越来越多地关注汽车电子商务模式。而在对国内众多汽车专家及企业高层的调查中我们发现，70%以上的业内人士认为 2015 年后，汽车网络营销将在中国实现，并有 10% 的企业已经开始通过 O2O 模式进行汽车网络销售。被调查者中，九成以上的人士更看好 O2O 的电商模式，因为，此种模式能够在方便消费者选择订单的同时，满足汽车这种特殊商品的服务体验需求，他们认为完全脱离线下经销商的汽车销售模式还不具备实施的现实条件。同时，也有专家认为完全线上的电子商务是未来汽车电子商务发展的可行趋势之一，就像如今家用电器实现完全线上销售一样，在汽车行业整体品牌能力发展到一定时期时，汽车这种特殊商品也必将实现完全在线电子商务的销售模式。

说起车便利（www.cblcc.com），离不开 O2O 模式，而谈起 O2O 模式，却不得不从近年发展最迅速的 B2C 说起。为何这几年电商平台发展如此迅猛，其中的原因无非几个，价格便宜、购买方便、节省时间是选择线上购买的三大主要原因。这三点正是线上抢夺线下渠道销售份额的最有力武器。但 O2O 模式显然不同于 B2C 的线上销售的模式，为何放在一起讲，原因是 O2O 其本质也是 B2C 模式下的产物，更确切地说 O2O 是 B2C 模式的全面升华。消费者仍然可以线上看商品，对比价格，这点无异于 B2C，但如何将线上顾客引入线下，最终达到线上线下一体化才是 O2O 真正目的所在。

三、车便利 O2O 模式

车便利的模式即 O2O 模式对汽车后市场的融合。O2O 营销模式在百科上的定义是一种离线商务模式，是指线上营销线上购买带动线下经营和线下消费。O2O 通过打折、提供信息、服务预订等方式，把线下商店的消息推送给互联网用户，从而将他们转换为自己的线下客户，这就特别适合必须到店消费的商品和服务，当前发展较为成熟的比如餐饮、健身、看电影和演出、美容美发、摄影等，而车便利所倡导的汽车服务体验也是汽车后市场行业内独树一帜的创新模式。

车便利模式下的营销最终要达到一个什么目的？其目的很明确，即线上线下一体化。要想达到这个目标，车便利的优势在哪里，日后应该如何去做？

为何说汽车后市场的O2O模式引领未来，这并非虚张声势。我们都很明确，当前汽车后市场线下渠道的核心功能是无法通过其他方式替代，比如洗车、美容养护、汽车改装，甚至产品现场体验、产品取货的及时性等都是线上销售没有办法替代的，也就是说大多数的服务还是需要线下来完成。

但值得注意的是，88%的人在购买汽车用品时会在网络上进行产品、销售网点、价格、促销活动信息的收集对比，然后前往实体店进行体验与咨询。所以说O2O显然是打破格局的一个突破点，如果消费者线上比较信息，线下看样品，那对于购买的信任度是否大大提升？这也是O2O的魅力所在，结合线上方便省时的同时，也顾虑了消费者在看不到实物时购买行为上的不确定。

消费者对于汽车包括汽车用品的购买决策流程，依然是一个线上选择对比，线下体验支付的过程。至于洗车、汽车美容等不能被线上替代的服务在线上根本还没有形成竞争，因而敢为人先将线上顾客资源引入线下，正是车便利运营模式的关键所在。网络预约服务已步入成熟，车主将通过线上比较服务信息，线下体验服务的方式体验到O2O运营模式下带来的便捷，而车便利最终将引领终端店实行一站式服务，线上线下一体化。但对于厂商来说，无论是线上平台还是线下渠道，都不希望出现"一头独大"、"店大欺客"的现象，O2O模式必将是未来发展的方向。线上线下不再"相互厮杀"，而是整合双方优势，让终端消费者的注意力从价格转移到产品、品牌、服务，从而引导渠道健康成长，这也是车便利所倡导的良性经营模式。

四、车便利服务才是O2O模式的核心

清楚自己连的是什么，才能确定下一步应该怎么连？本末倒置是非常浪费时间的举措。众多资深评论人都在肯定一个事实，O2O是汽车后市场发展的必然趋势，就像多年前电商兴起一样，O2O的发展也将是汽车后市场的一场充满奇迹性的变革，那么O2O模式至今还未能全面覆盖消费者的原因到

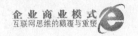

底在哪？

车便利连的是什么，正是服务，在这之前车便利反复提及了一个重要的概念：改变以卖产品过渡到以产品为介质的有偿服务时代。在前段时间的微信中，车便利也提及了服务议价的相关内容，目前的O2O的模式并不单单为了连接人与产品，而是用来承接"服务"。O2O模式所倡导的是线上线下一体，目的是实现一站式的消费体验。这种变革的本质是将服务作为一项特殊的产品提供给消费者。产品不等同于商品，产品是指能够提供给市场，被人们使用和消费，并能满足人们某种需求的任何东西，包括有形的物品、无形的服务、组织、观念或它们的组合。因而服务本身就是产品的一种表现形式，所以其服务的质量，服务体验包括服务所带来的价值尤为重要。

车便利在推广O2O模式，同时车便利也在致力于服务的开发。O2O是好的，但是当一个好的模式不能承载它所能达到的目的便会被市场淘汰。因而车便利的立场非常明确，未来的发展中，商品的销售占一部分，服务的体验则占更大一部分，服务才是真正能体现O2O价值所在的东西。如何提供低价优质的产品对于消费者而言本身就可称作一项重要的服务，只有当更优质的服务走进大众视野，汽车后市场才能从电商渠道获得消费者。O2O模式的核心所在就是承接服务，填补汽车后市场所欠缺的以及线上难以突破的东西。

汽车后市场只局限于线下的发展能达到消费者需求吗？答案是否定的，不过白白浪费大好市场罢了。车便利在筹建自主商城后便着手策划预约服务，而陆续的工作开展都着手于提供更好的用户体验。因为未来的发展趋势，服务将成为O2O模式下至关重要的东西。好的服务造就好的用户体验，用户体验决定了企业的市场，只有把握了最核心的东西，才能持续发展下去。

近年来，互联网产业获得长足发展，我国已迈入"互联网时代"。一方面，基于移动互联网、物联网、云计算、大数据的新应用、新产业、新服务正在不断涌现，互联网已经深入到人们生活的方方面面，正在全方面满足消费者的需求。另一方面，互联网思维是在（移动）互联网、物联网、云计算、大数据等科技不断发展的背景下，对市场、对用户、对产品（品牌）、对企业价值链乃至对整个商业生态进行重新审视的思维方式。互联网思维给企业商业模式创新提供无限的发展空间，而商业模式创新注定会成为企业决胜互联网之巅的又一大法宝。商业模式创新实质就是如何独辟蹊径，满足消费者需求，进而实现企业盈利。

一、互联网时代催生商业模式创新

当今世界信息技术日新月异，以新一代移动通信、下一代互联网以及物联网为代表的新一轮信息技术革命，标示互联网时代已悄然而至。我国互联网正在从单一的信息传播渠道不断向生产、生活领域深度渗透。在这个过程中，传统制造业和服务业企业被不断裹挟进来，并借以提高信息化水平，真正实现转型升级。移动互联时代的到来，企业商业模式创新的步伐也越来越快。

1. 来自互联网的商业挑战

以信息技术和网络技术为核心的第三次科技革命，表明互联网时代正在颠覆性地改变工业革命所形成的经济形态和增长模式。网络环境的开放性、虚拟性、交互性、平等性与共享性等特征使得人们能够通过互联网与身处不同地域范围的人随时随地进行双向或多向信息交流，由此产生的时空距离的缩短和交易成本的降低使得商业环境发生了巨大改变，企业面临许多前所未有的挑战。具体挑战如图 9-2 所示。

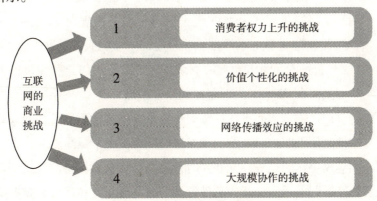

图 9-2　互联网的商业挑战

第一，消费者权力上升的挑战。互联网改变了信息不对称的状态，方便了消费者获得市场信息。随着越来越多的产品和服务供过于求，市场的支配力量逐渐

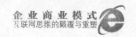

由企业向消费者转移。消费者权力的上升驱动企业资源配置从以工业时代大规模、标准化生产制造过程为中心转向以消费者的需求为中心，原本直线的价值链逐渐向以消费者为中心的圈环式价值创造单元转变，市场部门、研发部门、制造部门等各个价值创造环节都直接与消费者进行对接，企业与消费者实现价值的共创共享已经成为重要发展趋势。

第二，价值个性化的挑战。消费者权力的上升也意味着消费者可以更加充分自由地表达自己个性化的价值主张；互联网打破了传统媒体的垄断，促进了多元价值的传播，推动市场进入价值个性化时代。消费者在社会阶层、价值观念、审美趣味、消费方式等方面的巨大差异得到彰显，大众消费正在向分众消费深入发展，市场正在裂变为难以计数的"碎片"，"碎片化"的市场反映了消费者个性化的需求，如何应对不断发生的市场裂变，充分挖掘快速裂变的消费者需求，已经成为商业模式创新的关键环节。与此同时，在互联网时代成长起来的知识员工已经成为企业的主体人群，他们追求真理、不畏权威、独立自主、热心创造，具有实现个人价值的强烈愿望，与企业传统的标准化岗位设置相比，他们更热衷于工作内容的丰富化。如何尊重知识员工个性化的价值，提高他们的生产率，已经成为21世纪每个企业必须面对的最大挑战。

第三，网络传播效应的挑战。网络传播有独特的效应和规律，在网络环境下成长起来的一代对社交网络的信任往往超过传统媒体和广告，商品和服务一旦获得网络一代的青睐，需求往往呈现爆发式的增长。一个极端的例子是，当某公司以充满艺术的手法将照片转变为MTV音乐视频的服务出现在Facebook上时，需求的急剧增长迫使该公司不得不将位于亚马逊网络上的服务器数量从50台增加到3500台，亚马逊技术负责人对此心有余悸地说"你可以给我无限的资金，但是我实在不知道如何在72小时内部署如此众多的服务器"。网络时代，好的产品和服务不仅能够创造需求，而且往往是引爆需求，这样的网络传播效应要求企业能够敏捷高效地满足需求，对企业的动态适应能力提出了更高要求。

第四，大规模协作的挑战。互联网时代是一个大众共同参与经济活动的新时代，从免费的互联网电话到公开的软件资源，再到全球外包平台，这些新的低成本合作的基础设施使得资源整合可以轻易突破企业和国家界限，分布在全球范围的千千万万的个人或企业能够同步进行发明、生产、销售活动，知识生产者所形成的巨大的自组织网络将会挑战传统公司，成为生产主体。这种大规模协作能力的出现奠定了新的商业规则，要么掌握和利用这种能力，要么就被市场无情淘汰。如何将企业彻底地置身于全球化的大环境当中，在全球范围内进行资源和能力的整合与配置，建立一个全球协作大平台，如何把握大规模协作带来的商业机遇，如何充分释放内外大量资源的创新潜力，已经成为企业生存与发展无法回避的命题。

2. 互联网引发企业商业模式创新

目前，我国互联网企业所提供的创新服务与创新应用层出不穷，与这些服务和应用相伴而产生了多元化的商业模式创新。在新一轮信息技术革命时代，商业模式的成功与否对企业的生存来说至关重要。在移动互联网领域成功的企业很多，像 UC 手机浏览器、腾讯微信、新浪微博、小米手机、苹果 APP Store、奇虎360 安全卫士……看看这些成功的企业和应用，或许它们的成功各有原因，但有一个共同点——商业模式的创新。移动互联网需求的多样性、业务的繁荣、平台的开放、市场竞争的加剧、注重生态系统的建设，使得互联网商业模式呈现出多元化的态势，许多成功的商业模式也脱颖而出。

时下有一批很成功且有特色的商业模式创新，如苹果公司构建"终端＋应用"软硬一体化的商业模式，从而打造了具有竞争力的生态系统，使苹果公司赚得钵满盆满；阿里巴巴打造电子商务平台模式，从而使阿里巴巴成为电子商务的"帝国"；谷歌采用的"搜索免费＋后向广告收费"的商业模式，使谷歌一举奠定了在搜索引擎界的霸主地位；奇虎 360 通过专注互联网安全、实行免费增值商业模式以及打造开放平台而取得了巨大成功，如今成为我国最大的互联网安全服务提供商；小米通过注重品牌经营、高性价比手机和互联网化销售模式取得了成功；UC 优视科技专注于手机浏览器市场，向平台方向转型，从而成为手机浏览器的领先者……

总体来说，互联网时代商业环境的变化已经广泛触发了企业商业模式的调整与变革，旧的组织结构和层级制无法产生竞争所需的灵活性、创造力和分享机制，对传统商业流程"零星的改革"已经无济于事，只有战略性的、企业级的、贯穿整个价值链的深度变革才能使企业真正获得制胜的先机，最终的获胜者将是那些创造大量知识并将知识快速转化为消费者价值的企业。

创维以互联网模式突围

自 2013 年以来，互联网企业为传统行业带来了全新的经营思路。小米手机几乎改变

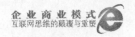

图片来源：www.skyworth.com

了传统卖手机的思维，乐视小米等对电视行业的所谓"颠覆"，几乎赢得了行业的一致叫好，互联网企业"侵入"客厅给传统彩电企业带来了冲击，一些头脑发热的互联网企业，在以短期高回报为目的的风投资本鼓动下，纷纷开始叫嚣以互联网思维去颠覆每一个传统行业，在手机、电视行业被入侵之后，还在向手表、路由器、吸尘机等产品领域扩张，甚至金融、服务等行业。这种入侵也激发了传统彩电企业的互联网转型，传统企业早已看到了拥抱互联网的迫切性。互联网思维，这种被业内认为是互联网企业天然具备的运营模式，正日益成为互联网企业和传统企业两大阵营企业竞相争夺的"制胜法宝"。包括长虹、TCL、海信等厂商相继公布了各自互联网转型的战略以及落地措施。TCL与爱奇艺联合推出电视，正式向乐视、小米所代表的互联网阵营发起挑战。

如果说 TCL 还只是在互联网企业的启发下，通过增加互联网内容主动开展防守战役，那么一些更具前瞻意识的巨头则已经开始密谋"帝国反击战"了。创维一直以稳健的作风，试图寻找新的商业模式和盈利模式。

一、转型是被动，更是主动

随着互联网的发展，传统的商业模式开始面临各项挑战，创维是十几年来，无论从业绩还是从销量看，一直身居中国彩电行业的前三强企业。但 2013 年，它的业绩并不理想，营收和利润都出现不同程度下滑。不只是创维，2013 年传统彩电企业都经历不同程度的业绩变脸，影响它们的是节能补贴政策的退出、市场需求逐步放缓、互联网企业强势进军。这样的局面在 2014 年仍在持续，从现状看，传统彩电企业不得不改变商业模式，让自己尽快走出迷茫。

当然，创维一方面不得不转型，另一方面创维在互联网转型方面并不保

守，早在 2006 年就成立了酷开公司，也是在行业最早学习 HBO 推出"直通好莱坞"频道进行内容方面创新尝试的。

事实上，创维一直以来都是"稳健"的作风，"想清楚了再动作"，转型过程中更是抓住互联网企业的新特征，分析互联网企业和传统彩电企业的区别，在此基础上，实现成功转型。

二、互联网模式是必选之路

互联网思维的形成与商业模式的创新成为其转型的关键，特别是互联网新技术的应用，让创维离消费者的距离更近。创维十分坚信，未来家电互联网行业必将属于有着完整布局的公司。在过去几年，创维已经开始着手进行布局。

2013 年 9 月 10 日，杨东文和创维跨出了迈向互联网的第一步。创维与阿里巴巴强强联合推出酷开 TV，在互联网内容基础上，内置了更深层次的应用端口。

创维联手阿里发布的内置阿里系统的"酷开 TV"，在价格上明显低于乐视的同类产品，而且电视屏幕、元器件等多方面相比小米电视和乐视 TV 具备较大优势。

酷开在长期的市场摸索中，形成了一套属于自己的互联网运营思路：酷开内部采用"客服—研发—消费者"的闭环模式，大大缩短了产品与消费者的沟通距离，近期让整个行业为之震动的两大动作正是来源于此。

通过对用户反馈的有效收集，酷开在短短半个月时间内，就回应了前期销售过程中用户反馈最多的代表性问题，酷开官方更是投入百万级别处理用户反馈最集中的遥控器问题——自 1 月初开始，为酷开用户免费赠送体验感更佳的新版遥控器。这样的举措显然深得消费者的心，着实让酷开用户在年前沸腾了一把。

而另外，凭借强大的产业链优势和资源整合能力，酷开一举推出全系列 4K 高清电视，并推出了业内首个 4K 频道——H.265 频道，更是以颠覆性低价，率先为酷开用户打开了海量内容的超高清电视世界。

作为电视制造商，创维希望通过销售硬件和内容（创维推出直通好莱坞付费频道）赚钱；而阿里则希望把电商生意做到电视屏幕上，通过广告挣

钱。创维集团总裁杨东文表示，这个合作可以说是双赢的，甚至未来应用开发者也可以通过创维智能电视的平台赚钱。至此，创维在互联网完整的行业布局已经完成，只待扬帆起航。

2014年，创维跟深圳云来网络科技技术有限公司合作开发的行业内首个面向终端的家电行业O2O移动商业平台，即"创维云GO"，则是创维在O2O模式探索中的成功创新。为更好地打造"创维云GO"O2O平台，创维对覆盖于国内一、二线城市近4000家成熟的创维直营店进行了深度整合，有效实现了"线上引流、线下交易；线下体验，线上推广"的融合。

更值得一提的是，"创维云GO"的智能云台数据更成为行业内用户数据的宝贵资料库。互联网思维的核心是用户思维，拥有用户数据就拥有了主动权。后台可智能进行各类数据统计，从不同维度深究用户心理，从而指导产品设计。目前，该智能云后台可通过总部、分公司、后台三个后台入口进行登录，总部、分公司和店长均可从不同维度查看相应权限的数据统计，这一定程度上解决了大多数O2O模式中所遇到的线上、线下利益矛盾。O2O新型模式的衍生也许会给这个纠结带来一个较为合理的解决方案，是一次成功的跨界尝试。"创维云GO"成为业内首家依托移动互联网实现线上线下融合的平台，基于这个APP平台，将移动互联网与创维3700家直营店有效地连接起来，探索O2O商业发展方向。

三、以用户体验为中心，致力提供极致服务

作为彩电行业的领导品牌，创维长期以来不仅在产品方面精益求精，在服务方面也紧跟用户需求脚步，不断深化升级。始终坚持"以用户体验为中心"的理念，通过打造用户零距离交流平台，致力于为用户提供极致的服务体验。另外，创维为了拉近用户距离，不断拓展用户沟通渠道。2013年1月，创维耗资500多万建成了行业最具规模的呼叫中心；创维也在扩大自身的服务网络，基本实现了服务区域全覆盖，及时响应需求，第一时间为用户提供便利。

而且，创维针对用户的差别需求提供高端服务体验。针对用户不同层次的需求，创维围绕用户体验，集中资源为"体验导向性用户"提供极致体验服务。一方面，重点围绕4K、天赐系统、云电视用户，专设"高端产品专

家客服"，为其提供包括产品功能了解、技术咨询、调试指导及日常维护保养等方面的服务。另一方面，在行业内推出首个 45 分钟高端体验式服务标准，内容涵盖了从进门前的问候，到安装后的定位与卫生清洁，再到保养常识介绍和温馨告别等。从家电安装到功能体验，再到保养，提供全方位的一体化服务，致力为用户提供最完美的服务体验。

二、商业模式创新

对商业模式创新的认识，最早可追溯到 19 世纪末，洛克菲勒（Rockefeller）在对交易成本的认识上发现了商业模式创新的秘密，把生产经营活动集中在公司内以降低交易成本。后来，随着学者和企业界对商业模式的深入了解，发现商业模式创新对一个企业的发展尤为重要，特别是在市场竞争异常激烈的经济时代，企业要想取得成功，就必须要探索商业模式的变革或创新之路。正是如此，企业商业模式创新吸引了众多研究者的普遍关注。

1. 商业模式创新的定义

商业模式创新作为一种新型创新形态，人们关注它的历史很短，也就 10 年左右。商业模式创新引起广泛的重视，与 20 世纪 90 年代中期计算机互联网在商业世界的普及应用密切相关。

互联网使大量新的商业实践成为可能，一批基于它的新型企业应运而生。新涌现的一些企业，如 Yahoo、Amazon 及 eBay 等，在短短几年时间，就取得巨大发展，并成功上市，许多人也随即成为百万甚至亿万富翁，产生了强力的示范效应。它们的赚钱方式，明显有别于传统企业，于是，商业模式一词开始流行，它被用于刻画描述这些企业是如何获取收益的。

商业模式创新是基于商业模式构成要素分析的基础上提出来的。一些学者希望通过探讨提高原有要素价值的途径或是改变各要素之间关系的途径，来实现原有商业模式的创新。对于商业模式创新，不同的研究者基于不同的研究视角，研究结论也有所区别，具体如表 9-1 所示。

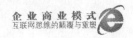

表 9-1 商业模式创新的定义

序号	学者	年份	定义	创新的关键
1	郑勇智、负晓哲	2014	商业模式创新是企业对模式的再设计,在模式创新中,需要对行业中的既有模式进行分析,寻找新模式的存在机会	发现和寻求新的模式创新机会
2	姚伟峰	2014	企业商业模式创新源于企业对其可持续发展的追求	应对市场竞争
3	Bucherer、Eisert & Gassmann	2012	商业模式创新定义为特地变革企业的核心元素和商业逻辑的过程	变革
4	张静	2013	商业模式创新是指企业把新的商业模式引入社会的生产体系,并为客户和自身创造价值	创新产品、管理客户关系和基础设施
5	王生金	2013	商业模式创新,是企业如何为顾客创造更多价值而提供的基本逻辑的创新与演化	商业模式构成要素的变化、要素间关系或动力机制的进化
6	刘超群、李艳芬	2013	商业模式创新是培育企业竞争力的重要内容	发掘商业模式系统深层次的演化规律

商业模式创新作为一种新的创新形态,其重要性已经不亚于技术创新等。近几年,商业模式创新在我国商业界也成为流行词汇。本书认为,商业模式创新是指企业价值创造提供基本逻辑的创新变化,它既可能包括多个商业模式构成要素的变化,也可能包括要素间关系或者动力机制的变化。通俗地说,商业模式创新就是指企业以新的有效方式赚钱。

2. 商业模式创新的特征

商业模式创新作为一个整体的、系统的概念,而不仅仅是一个单一的组成因素。如收入模式(广告收入、注册费、服务费),向客户提供的价值(在价格上竞争、在质量上竞争),组织架构(自成体系的业务单元、整合的网络能力)等,这些都是商业模式的重要组成部分,但并非全部。相对于这些传统的创新类型,商业模式创新有如下特征:

第一,提供全新的产品或服务,开创新的产业领域或以前所未有的方式提供已有的产品或服务。如 Grameen Bank 面向穷人提供的小额贷款产品服务,开辟全新的产业领域,是前所未有的。亚马逊卖的书和其他零售书店没什么不同,但它卖的方式全然不同。西南航空提供的也是航空服务,但它提供的方式,也不同已有的全服务航空公司。

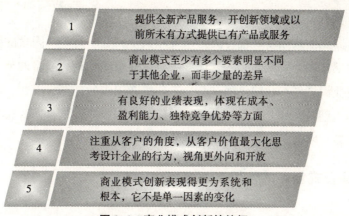

图 9–3　商业模式创新的特征

第二，商业模式至少有多个要素明显不同于其他企业，而非少量的差异。如 Grameen Bank 不同于传统商业银行，主要以贫穷妇女为主要目标客户、贷款额度小、不需要担保和抵押等。亚马逊相比传统书店，其产品选择范围广、通过网络销售、在仓库配货运送等。西南航空也在多方面，如提供点对点基本航空服务、不设头等舱、只使用一种机型、利用大城市不拥挤机场等，不同于其他航空公司。

第三，有良好的业绩表现，体现在成本、盈利能力、独特竞争优势等方面。如 Grameen Bank 虽然不以盈利为主要目的，但它一直是赢利的。亚马逊在一些传统绩效指标方面良好的表现，也表明了它商业模式的优势，如短短几年就成为世界上最大的书店。数倍于竞争对手的存货周转速度给它带来独特的优势，消费者购物用信用卡支付时，通常在 24 小时内到账，而亚马逊付给供货商的时间通常是收货后的 45 天，这意味着它可以利用客户的钱长达一个半月。西南航空公司的利润率连续多年高于其全服务模式的同行。如今，美国、欧洲、加拿大等国内中短途民用航空市场，一半已逐步为像西南航空那样采用低成本商业模式的航空公司占据。

第四，商业模式创新更注重从客户的角度，从根本上客户价值最大化思考设计企业的行为，视角更为外向和开放。商业模式创新的出发点，是如何从根本上为客户创造增加的价值。因此，它逻辑思考的起点是客户的需求，根据客户需求考虑如何有效满足它，这点明显不同于许多技术创新。用一种技术可能有多种用途，技术创新的视角，常是从技术特性与功能出发，看它能用来干什么，去找它潜在的市场用途。商业模式创新即使涉及技术，也多是与技术所蕴涵的经济价值

及经济可行性有关，而不是纯粹的技术特性。

第五，商业模式创新表现得更为系统和根本，它不是单一因素的变化。它常常涉及商业模式多个要素同时的变化，需要企业组织的较大战略调整，是一种集成创新。商业模式创新往往伴随产品、工艺或者组织的创新，反之，则未必足以构成商业模式创新。如开发出新产品或者新的生产工艺，就是通常认为的技术创新。技术创新，通常是对有形实物产品的生产来说的。

3. 商业模式创新的作用

表 9–2　商业模式创新的作用

序号	学者（年份）	作　用	原　理
1	杜旭芳（2014）	推动企业发展	商业模式创新能最大限度地发挥企业的核心能力，并不断提高企业的核心能力资源，更难以被竞争者模仿
2	郑勇智、负晓哲（2014）	为广义的客户创造价值	商业模式创新以客户为中心，由企业本位转向客户本位，由占领市场转向占领客户，必须立足以客户为中心，为客户创造价值
3	黄谦明（2009）	获取持续竞争优势	商业模式创新围绕顾客价值创造通过对资源的充分利用和有效整合的企业系统化创新活动，提升企业持续竞争优势
4	郭海、沈睿（2014）	将创业机会转化为企业绩效	商业模式创新通过建立新的交易关系或创新交易途径，降低交易成本；商业模式创新使得企业可以更好地接近、获取并整合利用外部资源，以更好地开发创业机会
5	朱慧（2013）	创新盈利模式	重新定位新目标客户，发现新的顾客群，构建新的业务系统，企业的盈利模式实现创新

通过以上学者对商业模式创新的作用的研究和大量的企业实践发现，在企业发展的过程中商业模式的创新作用主要归结为以下几点：

第一，突破成长的天花板，跳跃性成长。一个做了很多年的企业，销售额却变化不大，原因绝对不会是管理模式的问题，往往是因为商业模式和资本模式没有运作到位，因为商业模式的限制，企业只能做这么多，商业模式必须改变，企业才可以获得跨越性的发展。

第二，切入高利润区的利器。对于任何一个企业，都有价值链，因为价值链本身价值的不同，投的每一元钱，雇的每一人投在价值链上的不同环节，产生的回报绝对不一样，所以商业模式就要帮助企业切入到高利润的环节中去。

第三，降低选择和试错的成本。浪费比贪污可怕，因为贪污只有极个别人，而人人都可以浪费，但是决策失误比浪费更可怕，每个企业家投资人每天要面对大量决策，一个决策失误可以使所有资本一去不复返，而一个管理上的失误可能会挽回。所以商业模式可以给决策指明方向，减少决策的失误。

第四，最大化发挥资源作用。重资产公司最容易受金融危机的影响，如钢材、汽车、飞机等行业，因为重资产的公司，资源利用率低，比如联想集团1984年成立，发展到现在有两万多人，销售额超过1000亿元人民币，但它的市值只有200亿元人民币，而金风科技1999年创立，有800多人，市值400亿元人民币以上，金风科技的市场价值要比联想高1倍以上，是因为它的资源利用率更高，而不是资产更高，销售额更高，是资源的利用率和利用水平更高，商业模式设计就是帮助企业提升资源效率和提升企业的价值。

第五，杠杆的力量——通过模式的力量以小博大。众所周知，一个手指头不能戳破酒瓶，但如果拿一把枪，一个手指就能打破酒瓶了，手枪就是一个模式，模式是可以把资源的力量放大。

第六，可以预期变化。中国有很多产品，如商务通、山寨机、背背佳，在几年里赚到很多钱，但他们的模式本身注定了产品走不远，看到一个模式，就知道这个企业的未来发展。

三、商业模式创新的类型

要想实现从企业原有的商业模式真正地向创新商业模式转型，摆在企业面前有五条路径实现商业模式创新：第一，通过微创新商业模式，来改进和提升客户价值；第二，通过完善企业原有商业模式，实现企业创造价值的过程；第三，通过改良性商业模式，在原有商业模式上作一定程度的革新，对原有商业模式有所保留但也有所破坏；第四，通过完全的破坏性创新方式，创造出全新的商业模式，进而实现商业模式颠覆性创新；第五，通过再次创新使客户进一步认可企业，企业的价值及理念能够与时俱进，最终提升在客户心目中的商业价值。这些路径依据企业创新的程度有所差别。也就是说，这五条路径都可供选择，主要还是看企业创新的风险和企业变革的压力的大小而定。企业商业模式创新的类型如图9-4所示：

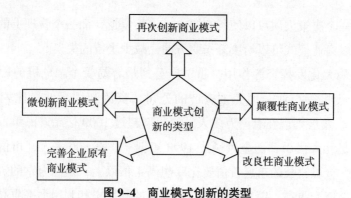

图 9-4　商业模式创新的类型

1. 微创新商业模式

　　微创新已成为近年来企业间最热话题，无论大企业还是中小企业，只要谈到创新，都言必称"微"。在消费者驱动的年代，当创新不再局限于技术上的变革时，微创新是中国企业努力的方向，重视用户体验，企业才能赢得用户的心。微创新是相对于颠覆式创新而言，从小处着手，不断贴近用户需求；快速出击，不断试错，最终获得市场认可。

　　如在微创新领域风头最劲的当属顺利上市的奇虎 360、高喊"我和你一样的"的凡客以及推出乐 phone 的联想。作为微创新的提出者和集大成者，奇虎 360 今年推出了众多微创新举措黏连用户，如网购保镖、微博卫士等系列产品；另一个吸引眼球者则是凡客诚品，在对用户体验上，凡客今年微创新举措不断，如 30 天无条件退换货、上门试穿等；在硬件领域，联想的乐系列产品逐渐获得认可，其在移动互联网领域的布局和对乐系列产品的本土化微创新，使得原本并不被市场分析人士看好的"山寨之作"乐系列产品，逐渐勾勒起一个具有竞争力的产品服务体系。

表 9-3　微创新成功的案例

序　号	创新企业	创新行为
1	奇虎 360	推出了众多微创新举措粘连用户，如网购保镖、微博卫士等系列产品
2	凡客诚品	凡客在用户体验上微创新，如 30 天无条件退换货、上门试穿等
3	联　想	对乐系列产品的本土化微创新，勾勒起一个具有竞争力的产品服务体系
4	海尔电器	海尔社区进行了针对空气盒子外形颜色的投票，根据网友的投票结果，推出了白色、荧光绿两款颜色的产品
5	暴风影音	解决众多格式不能播放问题，打包解码器
6	飞　信	免费短信群发

2. 完善性商业模式创新

　　完善性商业模式创新是对企业原有商业模式进行不断完善，类似于我们之前提及的维持性创新，渐进性完善企业现有产品，向市场提供更具需求性的产品，逐步抢占更多消费人群以及销量。完善性商业模式创新其本质就是一种维持性、渐进性的商业模式创新。维持性创新本身也是一种渐进性创新。大量的小创新不断地改善着企业的技术状态，并在达到一定程度时导致质变的大创新。渐进性创新注重对原有商业模式的不断完善，由量变到质变，进而实现商业模式创新。

　　在互联网领域存在很多完善性商业模式创新的例子。自传统互联网商业模式出现以来，人们就开始进行不断的探索，寻求在已有的商业模式的基础上进行完善和改进，单个改进的贡献可能是小的，但是数个改进积累起来的就会产生质变，将会对整个互联网领域的发展产生显著的影响和作用，正是怀着这样的梦想，很多探索者在完善商业模式创新的路上不断探索前进，下面就是 2013 年电商完善性商业模式创新的典型代表。

表 9-4　完善性商业模式创新成功案例

序号	品牌	创始人	创新模式	创新之处
1	爱样品	马向东	免费体验营销的落地模式	与导购网站纯线上逻辑不同的是，爱样品做的是提供落地服务，通过形成从线上到线下的闭环，向上游说服商家，从下游给予消费者眼见为实的质量保证
2	快书包	徐智明	一小时配送的破解模式	跟已经成为先烈的 Kozmo 和 E 国一小时相比，快书包有其创新之处：在产品上，坚持选择畅销书；在目标客户上，锁定有良好网购基础的白领细分人群
3	青芒果	高戈	"纯在线+半预付"的 OTA 电商模式	与传统 OTA "电话预订、前台面付"的模式不同，青芒果开始尝试"纯在线+半预付"模式，突出网络预订的体验优势，节约了成本
4	MFashion	肖宇	基于地理位置的移动导购模式	与一般聚合电子杂志 APP 不同的是，MFashion 会将每张图片打上标签，包括风格、色系、品牌等，而且 MFashion 为消费者提供 LBS 导航，让消费者通过地理位置获得邻近的奢侈品店铺信息
5	时间戳	张昌利	电商维权利器	时间戳是一种电子凭证，用来证明某个电子文件的申请时间以及确保其内容的完整性。可信时间戳非常适宜电子商务产品的维权：维权速度快、费用低
6	车纷享	来晓敏	会员制汽车租赁模式	车纷享与已有的神州租车的模式不同之处在于，车纷享没有自己的门店，所谓的网点便是停车位。用户租赁汽车的方式是自助的，所以不存在需要车纷享的员工将车送到目的地的情况

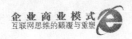
序号	品牌	创始人	创新模式	创新之处
7	爱回收	孙文俊；陈雪峰	二手产品回收的便捷模式	提倡用户将不需要的二手产品，特别是手机等二手数码产品卖给爱回收网，用户获得了实惠，爱回收则设法将其变废为宝
8	e家洁	云涛	家政服务的整合模式	e家洁是一款基于地理位置的找小时工应用，主要提供清洁房屋服务，可以随时随地给身边的小时工打电话，价格远低于市场价格

3. 改良性商业模式创新

改良性商业模式创新，是介于完善性商业模式创新和颠覆性商业模式创新之间而又与之有所区别的一种商业模式创新形式。改良性商业模式强调的是在原有的商业模式上有所完善，同时又在某些方面又有一定的破坏性和颠覆性的创新，从而形成一种集完善与颠覆相互结合的创新。在创新的程度上来说，改良性商业模式创新对原有商业模式有所变革，同时变革的力度也还是有限的。所以对原有商业模式有所改良，但又缺乏革命性。

改良性商业模式创新，我们一般可理解为构成要素的创新。就是通过改变商业模式的构成要素以及之间的关系，来实现商业模式创新。一般而言，我们认为企业产品服务（或价值主张）、目标客户、供应链（或伙伴关系）以及成本与收益模式是商业模式的核心构成要素。对于云计算企业而言，也是在探讨如何对原有商业模式要素进行有效组合，实现商业模式创新。对于很多企业，要想实现价值创造，就不能仅仅停留在盈利模式方面，而且还要考虑资本运作、组织能力、资源整合能力等，通过对企业主要涉及的构成要素有效组合，来实现对原有商业模式进行改良性的商业模式创新。

表 9-5　改良性商业模式创新案例

序号	创新企业	创新行为
1	五粮液	小包装促销
2	沃尔玛	产品降价促销组合
3	金嗓子喉宝	一盒一袋包装变成一盒四袋包装，可以合在一起卖，也可以分开卖
4	联合利华的洗衣粉	将洗衣粉做成方糖样，标注每件衣服用的块数
5	盛大《传奇》	借鉴韩国的运营模式，加上自己强大的终端推广能力

4. 颠覆性商业模式创新

颠覆性创新是对原有的商业模式实现破坏性毁灭的同时，创造出一种全新的商业模式。破坏性创新是使企业显著改变传统竞争规则，并改变现有市场需求的创新。颠覆性创新源自于熊彼得的破坏性创新，也就是对企业进行完全颠覆性或者破坏性创新。可以说，这种企业商业模式本身是一种破坏性商业模式，是对原有商业模式完全颠覆性的商业模式创新，即通过重新定义顾客价值、改变提供产品或服务的路径、改变收入模式等方式实现创新。

表 9–6　颠覆性商业模式创新案例

序号	创新企业	创新行为
1	金证股份	金证与腾讯合作为金融客户共同提供定制版营销 QQ 服务，彻底颠覆金证原有收取一次性系统建设费用的业务模式
2	海尔空调	海尔空调行业首创的"e 网到家——网上家装设计·选购·安装互动俱乐部"互动平台，颠覆了传统的空调消费模式
3	海澜之家	海澜之家首创"无干扰、自选式"购衣模式，颠覆了传统的服装通路消费模式
4	谷歌	谷歌提供自助服务式的广告产品，颠覆了以往的广告服务的高额费用
5	乐视网	乐视 TV 超级电视的玩法完全颠覆了传统彩电企业的理解

专栏 2

乐视网的颠覆性商业模式创新

图片来源：www.letv.com

乐视超级电视在 2013 年制造了"颠覆效应"，颠覆了行业的姿态，打破了电视屏幕互联网化进程的胶着状态——互联网视频企业做电视，改变了视频网站靠卖贴片广告赚钱的玩法，改变了传统彩电企业单纯的"卖硬件"法则，也让用户真正见识到了互联网思维的"互联网电视"。事实上，我们目前仍难以在整个行业中找到第二个与乐视 TV 超级电视一样的案例。

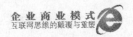

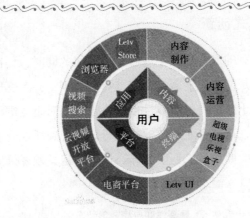

图 9-5　乐视模式

一、颠覆式玩法

在乐视 TV 超级电视刚问世的时候，在不少传统彩电企业眼中，"不过又多了一个杂牌"。因为传统彩电企业理解的市场玩法是大规模制造、复杂而且完善的地面销售渠道，以规模压低成本，以价格战拉动销量。乐视 TV 显然不具备这样的特征。但是，乐视 TV 超级电视的玩法却完全颠覆了传统彩电企业的理解。关于颠覆行业，乐视 TV 总结了三点：

第一，商业模式的颠覆。乐视依托自主建立并不断完善的产业链布局，打破传统电视硬件制造与销售的单一模式，颠覆为由打造开放云平台，提供最全内容、高性能的硬件和智能系统终端，基于大屏的第三方应用商店的全价值链模式，为用户提供高品质的互联网生活方式。

第二，营销模式的颠覆。乐视打破电视机行业的传统家电营销模式，摒弃传统家电"大电视广告+大卖场覆盖+大规模促销"的低效做法，以乐视对互联网的经验与理解，创建全新的互联网营销新模式：社会化营销+视频营销，社会化营销将做到针对性更强，扩散更高效；视频营销更具冲击力与展现力，更生动地影响受众。

第三，产品研发模式的颠覆。相对于传统 IT 企业的封闭式研发，乐视将采用开放式的互联网研发体系——众包研发。这改变了以往封闭的"精英工程师"集体聚焦攻关模式，而是"用户参与，快速迭代，每周更新"的互联网模式。乐视 TV 高级副总裁梁军表示，众包模式，充分体现了互联网开放、共享精神，"乐视 TV，乐迷打造"，将现有电视的"数百人研发，千万

300

人使用"，改变为"千万人研发，千万人使用"。此外，乐视还将奖励持续参与的用户，让他们成为乐视的忠实拥趸"乐迷"，将研发过程与营销过程有机融合。

二、吃"软饭"靠服务赚钱

乐视 TV 副总裁张志伟认为，传统电视更在意的是一些硬的指标，如销售量、市场占有率、单品利润、用户的购买金额及二次购买率；而互联网公司做电视，更在意"软"的指标，如用户激活率、用户交互体验的满意度、单用户有效时长、用户使用智能电视的综合满意度。看重硬指标企业的商业模式是依赖硬件本身获利，看重软指标的互联网企业是依赖服务盈利。所以，传统企业是吃硬饭过日子，互联网企业做电视，更依赖吃"软"饭，靠服务赚钱：

第一，把互联网的服务用户的思维，带入到电视领域，把传统的电视制造业演变成互联网的服务业。

第二，把用户的焦点放在对服务的满意度上，不断迭代服务的内容，解决用户在交互、内容、应用等方面的痛点。

第三，在互联网时代，用户对内容及服务的需求远远超过对硬件这类工具的需求。在用户看来，评价硬件的标准不仅仅是硬件本身，更是其所承载的内容和服务。

电视机越来越变成老龄化的产品？这就是传统彩电企业面临的严峻考验。如果具有购买力的年轻人群都不看电视，电视的消费力显然是要下滑的。但乐视TV超级电视却又让年轻人重新关注电视了。

电视产品以前是个家电产品，对用户来说有两个功能：第一个功能是作为家居，是摆设或者装饰品。第二个是收看资讯。在互联网时代，消费者可以自主选择看什么东西，以前的传统电视根本没办法满足这个功能。

从 2013 年开始，当乐视进入电视行业，大家可能没想明白。但当乐视把这个模式做得越来越清晰的时候，原来电视已经不是电视了，它是一个互联网产品，同时是一个承载内容、广告，以及应用的载体了，而不仅仅是一个电视。所以，这个行业的转折点已经来了，乐视抓住了机遇，进行了颠覆性的商业模式创新，颠覆了整个行业的状态。

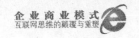
5. 再次创新商业模式

引进、消化吸收、再创新是一种十分普遍的创新行为，也是当今许多企业参与市场竞争的有力武器。《2006~2020年国家中长期科学和技术发展规划纲要》指出，自主创新包括原始创新、集成创新和引进消化吸收再创新三个方面。中国改革开放30年的经验告诉我们，虽然技术引进可以获得成熟的技术，但是不同企业或同一企业在不同时期，三个创新的侧重或有不同，但三者不可偏废。所谓再创新，是指在技术引进基础上进行的、总体上引进技术的范式，并沿既定技术轨迹而发展的技术创新。它是以模仿为基础的，因而具有不同于原始创新、集成创新的一些特征：

第一，追随性。在技术方面，不做新技术的开拓探索，而是做有价值的新技术的追随学习；在市场方面，不独自开辟新市场，而是充分利用并进一步发展率先者所开辟的市场。

第二，针对性。再创新的研究开发不仅仅包括对率先者技术的模仿，还包括对率先者技术的完善或进一步开发。

第三，投资集中性。再创新省去了新技术探索性开发和新市场开发建设的大量投入，因而能够集中力量在创新链的中游环节投入较多的人力、物力，即在产品设计、工艺制造、装备等方面投入大量的人力和物力，使得创新链上的资源分布向中部聚积。

第四，被动性。在技术方面有时只能被动适应，在技术积累方面难以进行长远的规划。在市场方面，被动跟随和市场定位经静性的变换也不利于营销渠道的巩固和发展。

表9-7　再次创新商业模式案例

序号	创新企业	创新行为
1	赛灵思	企业进行组织结构调整，满足客户大幅度降低功耗和成本的需求，在V5的基础上，以更快速度推出了V6
2	勤上光电	勤上光电创新商业模式，抢占LED照明升级替换市场
3	小拇指汽修连锁	小拇指汽修连锁在积分管理模式上的创新，揭示了连锁企业走创新发展的必由之路
4	分众传媒	企业将美国的楼宇电视传媒模式拿到中国市场上来，进行有效整合

四、移动互联网时代的商业模式创新

移动互联网（Mobile Internet），是指互联网的技术、平台、商业模式和应用与移动通信技术结合并实践的活动的总称。截至 2014 年 1 月，我国移动互联网用户总数达 8.38 亿户，在移动电话用户中的渗透率达 67.8%；手机网民规模达 5 亿，占总网民数的八成多，手机保持第一大上网终端地位。我国移动互联网发展进入全民时代。相比桌面互联网使用的长时性及使用环境的安静性，移动互联网具有碎片化、高度移动和平台化等特征，由此衍生出如下三大商业模式创新模式。

1. 碎片化的颠覆商业模式创新

由于终端的高度移动性，使得碎片化成为移动互联时代的重要特征。以往碎片化时间、垃圾时间成为聚沙成塔的商业沃土。举一个简单的例子，乘坐公交车。从等车到乘车再到下车，大多数人会掏出手机，看新闻、发微博、玩游戏或查地图。简单的例子表明，在高移动的碎片化时间段里，以手机为载体的移动互联网在满足用户碎片化信息、碎片化娱乐的需求方面具有广阔的商业前景。事实上，碎片化包含两方面含义：一是时间的碎片化，即每次上网的时间较短；二是信息的碎片化，即海量信息包围下，个体感兴趣的信息仅仅是一小部分。基于此，移动互联网时代商业模式出现了两个新变化：

图 9-6　互联网时代商业模式的两个新变化

"微"模式催生了微阅读、微应用、微博、微视频等新业务模式。微阅读包括手机上网阅读和电子书；微应用是各类手机应用程序；微博是简约版的博客；微视频则是适合在手机上观赏的各类短小视频节目。这些"微"模式并非由技术驱动，用户在手机上阅读和观看视频与在电脑上阅读与观看视频差异仅仅是文本格式，微博与博客的差异仅仅是字数限制，而微应用较网游还更为简单，它们之

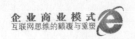

所以能够爆发，核心点就是满足了移动时代碎片化的需求。

"圈"模式则是碎片化下打造以个人为中心的交互平台。面对海量化的信息，碎片化摄取的用户，开始逐步建立以个人为中心的信息、娱乐交互平台，这将进一步催化 SNS（Social Networking Service）产业。

手机终端"随时随地、永远在线"的特点使得手机与社交服务成为天生一对，大大增加了手机用户对社交网络服务的需求。在此背景下，不仅各类 SNS 网站大行其道，如 Facebook 成为全球第三大"国度"，而且各大互联网也纷纷涉足 SNS 领域，如谷歌、百度、新浪。

专栏3

微信时代

微信是腾讯公司于 2011 年 1 月 21 日推出的为智能手机提供即时通信服务的免费应用程序。腾讯公司是目前中国最大的互联网综合服务提供商之一，腾讯 QQ

图片来源：www.weixin.com

是腾讯公司开发的一款基于 Internet 的即时通信软件。

一、今天你微信了吗

相比较 QQ，微信提供类似于 Kik 免费即时通信服务的免费聊天软件。用户可以通过手机、平板、网页快速发送语音、视频、图片和文字。微信提供公众平台、朋友圈、消息推送等功能，用户可以通过摇一摇、搜索号码、附近的人、扫二维码方式添加好友和关注公众平台，同时微信帮将内容分享给好友以及将用户看到的精彩内容分享到微信朋友圈。

截至 2013 年 11 月，微信注册用户量已经突破 6 亿，是亚洲地区最大用户群体的移动即时通信软件。据预测，2014 年全球的微信用户将突破 10 亿，超过腾讯 QQ。

二、微信的优势与功能

其实，在我们的生活中一直不乏聊天软件，比如 QQ、陌陌、Facebook、Messager，还有苹果公司的 iMessage 等，那么，微信为什么能够脱颖而出，微信具备哪些优势呢？

表 9-8　微信的优势

优　势	特　点	具体表现
平台优势	精　准	微信订阅账号能精准地将信息推送到用户手里，对自媒体而言，微信无疑是目前最好的传播平台
	低　调	微信内不提供内容搜索功能，发布内容只会在封闭的圈子里传播，一定程度上保证了用户的隐私
	新鲜感	相比米聊、微博等，微信还仍然具有新鲜感，群体效应不强，还没产生信息堵塞的问题
软件优势	跨平台	支持多平台，沟通无障碍，微信支持主流的智能操作系统，不同系统间互发畅通无阻
	省流量	图片压缩传输；和 QQ 相比，无好友在线状态、QQ 空间动态等信息，更省流量
	输入状态实时显示	给您手机聊天极速新体验，微信为您显示对方实时打字状态
	移动即时通信	楼层式消息对话更是让你们的聊天简洁方便
费用优势	免　费	微信软件本身完全免费，使用任何功能都不会收取费用，微信时产生的上网流量费由网络运营商收取

虽然微信与普通此类型软件相比，有平台优势、软件优势和费用优势。但是，这些还不足以打动用户选择微信，放弃其他的聊天软件，其主要原因还是微信人性化的功能。

微信的很多功能都满足了用户的诉求，比如语音功能，减少了打字的烦琐过程，沟通更加快捷、方便；摇一摇功能，扩展了朋友圈，聊天的人群更加多样化；查看附近的人功能，可以查找想要在同一时刻交流的陌生人，陌生人之间的交流更加具有安全感和信任感。微信抓住了用户的心声，自然赢得了广大用户的认可，微信成为增长最快的一款新软件，也成为中国移动互联网领域内最成功的产品之一。

三、微信的商业模式创新

微信是伴随移动互联网而生的。移动互联网市场巨大，微信用户基数也很大。微信的本质不单单是社交软件，亦不是媒体，它已经进化成了一个媒

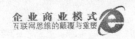

体平台——众多企业账号、自媒体活跃于之上，用户选择性地关注并阅读。通过微信的商业模式分析，发现其盈利模式已经成熟。微信已具备日趋成熟的生态圈，其实已经是互联网这个浩瀚宇宙中的另一个小宇宙了。

首先，超过3亿的受众保证了媒体平台的阅读量。这是最最基本的，也是微信现在的核心优势。据传目前公共账号也有上亿，若只关注那些比较热门的自媒体，最少也有几万受众。假定点击率恒定，巨大的用户数能保证广告的点击量。而微信强社交关系的属性亦保证了用户的黏性。

其次，广告主资源积累已久。腾讯作为中国四大门户之一，人气极旺，大多客户都在腾讯各个渠道投放广告，腾讯亦与不少广告主建立密切的合作关系。广告主资源优势使 WeSense 无须从零开始。站在巨人的肩膀上，WeSense 可以在短时间内不费吹灰之力获取首批广告客户。

最后，技术与人才的储备也是成功的前提。腾讯内部团队打造的腾讯聚赢平台为技术搭建了基础。

2. 动态化的商业模式创新

相比电脑的固定特性，手机具有随身携带的移动特征，手机与用户之间一一对应的关系，为基于身份识别技术上的位置服务和移动支付等新商业模式提供了可能。身份识别包含两方面含义：一是通过实名制等方式，手机与用户存在一一对应的关系，手机可以作为用户身份认证的工具。这对于传统的身份认证是一种冲击，在将来一部手机包含了用户的所有信息。二是基于上述对应关系，用户通过手机所做的任何事情都是有迹可循的，并且可以通过分析手机用户的行为，衍生出一系列业务。移动支付和位置服务就是身份识别的两大应用。

移动支付主要是指借助手机、通过无线方式所进行的缴费、购物、银行转账等商业交易活动。按照支付距离，手机移动支付可分为远程支付和现场支付。其中，远程以各家银行推出的"手机银行"为代表业务，而现场支付则主要利用 RFID 射频技术，使手机和自动售货机、POS 终端、汽车停放收费表等终端设备之间的本地化通信成为可能。

目前，移动支付有四种类型：电子商务企业主导型、电信运营商主导型、金融机构主导型和第三方支付平台主导型。据英国调研公司 Juniper Research 预测，

2013 年全球移动支付额将达 6000 亿美元。另据咨询公司 Informa 预计，到 2013 年，将有近 3000 亿笔、超过 8600 亿美元的交易是通过移动支付的。

位置服务 LBS（Location-Based Services）是移动互联时代全新的业务模式，尽管盈利之路仍在探索之中，但巨大的潜在市场足以令各方垂涎。目前，在全球范围内流行的 LBS 服务有五大类，见表 9-9。

表 9-9　LBS 服务的国内应用

序号	LBS 服务类型	特　点	国内应用
1	Latitude	侧重和熟人、好友之间的地理位置信息和相关服务的分享	邻讯、贝多、图钉、碰友、区区小事
2	Foursquare	结合签到模式的地理位置应用，是目前的主流应用	街旁、玩转四方、冒泡、开开、多乐趣、微妙空间
3	MyTown	是 Foursquare 签到模式+网游的整合	16fun
4	Getyowa	实现基于地理位置的精准商业消费信息推动	么卡、大众点评、钱库
5	GroupTabs	将地理位置与团购网整合在一起	拉手网

移动互联网这片"蓝海"还有巨大的挖掘潜力和开拓空间，如何突破现有的商业模式，利用创新商业模式创造无限的商机是运营商应该着重思考的问题。

专栏 4

拉手网

拉手网是全球首家 Groupon 与 Foursquare（团购＋签到）特点相结合的团购网站。从 2010 年 3 月 18 日成立至 2011 年 1 月 20 日，不到 1 年的时

图片来源：www.lashou.com

间，拉手在号称"千团大战"的团购市场脱颖而出。到 2011 年 1 月 20 日，拉手网成为中国内地最大的团购网站之一。2013 年，拉手网又推出"本地服务、精细管理、优化产品、提高效能"的战略，实现月增商户数量 10 万。虽然拉手网从网站上线时起，就确立了 Groupon＋Foursquare 的混搭模式，但是中国的 Foursquare 们从诞生伊始就不可避免地被打上了山寨标签，因为在美国，2009 年互联网中最热门的网站，非 Groupon 和 Foursquare 莫属。Groupon 作为一种团购网站，其独特之处在于：每天只推一款折扣产品、每

人每天限拍一次、折扣品大多是服务类型的、服务有地域性、线下销售团队规模远超线上团队。Foursquare 是一种基于地理信息和微博的服务网络，用户可以通过自己的手机来"报到 Check-in"自己所在的位置，并通过 Twitter、Facebook 等流行的社交网络平台把自己的位置发布出去，商家根据用户现场"报到 Check-in"的次数，给予用户相应的折扣。

而如今正在高速发展的拉手网，则是一家集合了 Groupon 和 Foursquare 两家网站特点的团购打折网站。团购与移动互联模式的结合不仅符合当下互联网的趋势，更是能够让消费者享受到拉手网提供的各个方面的服务。随时随地，随心所欲。拉手网给消费者提供的不只是便捷的服务，更是一种团购的精神。本着这样的服务理念，拉手网进行了以下商业模式创新：

第一，拉手网的 G+F 创新。所谓的 G+F，G 是在前面的，F 的目的是帮助 G。拉手网在开始团购业务时就已经开发了多款基于 iPhone 和 GPhone 的移动互联网应用，比如"拉手离线地图"、"开心生活"和"拉手四方"。纯粹的 Check-in 模式可能很难生存。用户的兴奋期最多也就能持续三到五个月的时间，勋章的诱惑力是有限的，拉手网推出的第二版也是通过 Groupon 签约商家的优惠券去刺激大家使用 LBS 服务。要给签到用户像团购注册用户一样的实惠，没有实际回馈的签到很难留住用户。这种判断来自于对拉手网主要用户群体的了解，大部分是较高收入的高端白领。根据团购单数提成和"check-in"带来的商家资源合力为拉手网贡献收入，后者是指利用 Check-in 功能收取商家的推广服务费。这使得拉手网于 2010 年 5 月实现盈利，到 8 月，其月销售额已突破千万元。拉手网员工数将达到 1000 人，其中 80% 以上是市场人员。面对这样的增速和超过 100 万的注册用户，所有用户的不满或投诉均被要求在 24 小时内解决。服务业的投诉率其实是很高的，但是拉手一直保持了 100% 的解决客诉率。

第二，拉手网推一日多团，超 Groupon 再创团购新模式。拉手网 2010 年 9 月 15 日凌晨全面升级，采取一日多团的新模式，在同一天的主页面中向用户推出多款团购活动。拉手网这一动作不仅再次突破了国内团购行业一直以来一成不变的商业模式，更是跳出了对团购网站鼻祖 Groupon 的一味模仿，自成一体，首创了一日多团的新型团购模式。这是拉手网自成立以来，第二次向传统的团购模式发起挑战。成功的商业模式创造成功的企业。拉手网络技术有限公司发展成为中国最大的 3G 手机应用平台开发商，成功地打造了拉手音乐、拉手离线地图、拉手新闻订阅、拉手开心生活、拉手转换王等一线 iPhone 软件产品。同时，拉手网与 3G 运营商紧密合作伙伴关系，并对其产品进行全面的支撑。目前，拉手网已经与四家支付平台签订了合作协议，使用户支付更加方便。

拉手网可谓是国内团购网站中创新型选手，同时这种敢于在实践中不断创新的精神也无疑给国内互联网产业做出了榜样。目前，拉手网无论是从公司规模，商业模式还是服务质量方面来说，都已经跃居成为团购行业中的龙头老大，成为中国最大并且首个向用户承诺零风险团购的网站。

3. 平台商业模式

在 4G 网络覆盖、应用研发推广和智能终端普及等因素的推动下，国内移动互联网产业已经进入加速发展阶段，移动互联网的商业模式也发生了重要的变革和创新。当前以应用程序商店为代表的平台模式，既符合移动互联网自身发展的特点，又体现出较好的客户聚合能力和产业影响力，因此成为运营商、设备商和互联网公司发展移动互联网的主导商业模式之一。

第一，平台模式源于市场特点。移动通信网和互联网深度融合，催生了移动互联网。移动通信网具有很强的管理控制和随时随地的接入能力，但是网络开放性不够，应用较为单一；而互联网具有丰富的内容信息资源和强大的业务创新能力，但不能做到随时随地地移动接入，缺乏良好的管理控制能力。两者深度融合之后形成了优势互补，促进了移动互联网的发展。在融合过程中，移动互联网由传统的"以运营商为中心"向"以用户为中心"演变，围绕客户的"个性化服务"成为业务创新的重要驱动力，同时用户本身也成为移动互联网内容的提供与分享者。

第二，平台模式引领产业生态变革。平台模式的出现，为产业链上下游带来了深刻的变革，体现为平台和终端的融合，以及平台与业务提供的一体化。产业链各角色之间原先泾渭分明的界限开始变得模糊起来，各个参与者都在重新审视平台的战略意义，并依托原有的资源和能力优势向平台运营领域拓展。以苹果、

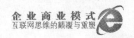

谷歌公司应用程序商店的爆炸性成长为代表，形成了当前以终端和网络为中心、基于接口开放和开发者广泛参与的平台模式。目前全球已有 40 余家应用程序商店，苹果 APP Store 应用数超过 30 万，Android Market 应用数量超过 10 万。

专栏 5

从 B2C 到 O2O 模式创新，打造酒仙网电商平台

一、公司介绍

酒仙网（公司原名称为北京酒仙电子商务有限公司，于 2013 年 9 月正式更名为酒仙网电子商务股份有限公司，简称"酒仙网"），是目前中国最大的酒类电子商务综合服务公司，主要从事国际国内知名品牌、地方畅销品牌以及进口优秀

图片来源：www.jiuxian.com

品牌等酒类商品线上零售，同时为酒企提供电子商务综合服务，经营范围包括白酒、葡萄酒、洋酒、保健酒、啤酒等。

酒仙网总部位于北京，在上海、广州、天津、武汉等地拥有子公司和运营中心，同时，成都、沈阳运营中心正在筹建中。经过近年来的高速发展，酒仙网成为中国最大的酒类电子商务综合服务公司，并赢得众多专业投资机构的青睐，截至 2014 年 4 月，相继获得广东粤强、红杉资本、东方富海、沃衍资本、单仁资讯等机构和部分个人投资者五轮共计 6.3 亿元的投资。

二、从 B2C 到 O2O 实现商业模式创新

第一，开启 B2C 电商模式。酒仙网的商业模式是从单纯零售变成了"酒类网络零售商 + 酒类电商服务提供商"。除了主业酒类网上零售之外，还为百余家酒企提供天猫、京东和酒仙网旗舰店的整体品牌运营服务。对于垂直 B2C：消费者在酒仙网的官网下订单，酒仙网负责配送。到 2012 年，酒仙网先后完成三轮近 10 亿元的融资，大头都花在了扩建仓储、物流基建上。北京、上海、广州、武汉、成都的集中仓建成，基本能在全国大多数地区实现 24 小时送达。2013 年酒仙网酒类销售的比例还是差不多，仍然是白酒占据了销量的七成多。据酒仙网数据显示，"双十一"当天订单金额为 2.2 亿元，较去年"双十一"6105 万元的业绩增长360%，预计将占酒仙网全年业

绩的 15%左右，占整个酒类电商当日销量 80%的比重。

第二，推进 O2O 平台——"酒快到"。酒仙网曾明确表示不做基于线下实体店为主导的 O2O，之后又在与清华大学 EMBA 朱岩教授的交流中受到启发，接着 O2O "酒快到"便以惊人之速问鼎电商。公司借助现代电子商务平台进行全品类酒类及相关消费品的销售服务，除了做好酒类线上零售之外，还逐步整合行业上下游资源，为酒企提供电子商务领域的综合服务。2014 年 3 月 19 日，酒仙网在北京宣布成立"酒快到"子公司，正式进军O2O。该公司将推出移动 APP "酒快到"平台，未来消费者或许可以像使用"嘀嘀"打车一样方便地自主买酒。2014 年 6 月 9 日，"酒快到"正式在全国十一城市启动试运行。酒仙网董事长郝鸿峰在会上介绍，试运行第一周用户突破 1 万，第二周用户突破 4 万，全年预计会突破 1000 万。

据了解，"酒快到"的目标是到年底实现全国 2000 多个县市的布局，覆盖 20 万家酒类终端，目前已经有百余家知名酒企及数万家终端商进驻。消费者只要在"酒快到"APP 输入想要购买的酒、输入送达地点和期望送达时间，即能借助 LBS 定位，搜索出方圆 5 公里内的酒类专营店。按照预期，如果"酒快到"网络覆盖面能够足够广，下单之后 9 分钟内收到酒并非不可能，这将满足消费者即时消费的需求。酒仙网董事长郝鸿峰称，与当前酒业的大部分 O2O 模式不同，"酒快到"是为与酒仙网深度合作的几百家合作伙伴提供的衍生服务，是酒企电子商务整体解决方案的一部分，能够帮助线下的经销商及专卖店分享电子商务的红利。

对于酒水行业而言，O2O 是能"拓宽酒企营销网络、扩大酒类门店客户资源和收益"的点金棒，不过酒仙网董事长郝鸿峰也坦言，平台商运作 O2O难度比较大，"酒快到"也面临如何把渠道效益做大、把平台做得更开放的挑战。平台的覆盖面怎样做大？"酒快到"目前与合作体系中的酒企、酒商合作，将他们旗下的旗舰店、专营店纳入平台中。郝鸿峰表示，"酒快到"已与许多酒企在 APP 平台上达成合作意向。"酒快到"总经理贾婧峰表示，"酒快到"仅提供平台服务，不会介入线下实体店的运作，"酒快到"不参与门店的配送、顾客的上门体验及付费。"酒快到"的盈利点在于收取服务费。据"酒快到"总经理贾婧峰表示，服务费用有 300 元、1000 元、5000 元三个级

别，还会收取 5000 元保证金。

对于这种模式，资深电商专家黄若认为，"酒快到"这种移动订购酒水平台将是 O2O 在垂直领域的模式突破。黄若说，过去 10 年电商发展模式是"PC+商品零售"，未来发展模式则是"移动+本地化生活服务"，对于酒企而言，O2O 是一个全新的商业模式，目前，酒仙网已经和国内 500 多家酒企建立深度合作关系；与天猫、京东、苏宁易购等 10 余家国内知名电商平台实现深度合作。

第三，平台模式下的竞争格局。移动互联网市场存在设备商主导平台、软件商主导平台、互联网厂商主导平台以及运营商平台之间的竞争，同时也存在着内容提供商和用户的多平台接入现象，那最终平台之间的竞争格局将会怎样？

从双边市场理论的视角来看，首先，我们必须判断市场是否注定只能由一个平台提供服务。移动互联网产业中，用户接入不同平台的成本仍然较高，包括更换终端、系统等，这就决定了最终行业市场将呈现多寡头垄断的竞争格局，由少数几个提供差异化服务的大型平台主宰。其次，多平台竞争的情况下，成本优势或者差异化优势这二者中必须拥有其一，或者以差异化优势吸引客户，或者以成本优势打败对手。目前没有哪一个企业只从事移动互联网平台运营，多是在原有经营领域的基础上依托资源和能力优势，拓展平台运营的新领域。因此这种成本优势和差异化优势不单指平台本身而言，而是要从企业整体出发考虑，因此，像苹果、谷歌、中国移动等在原有产业链各环节中占据优势的企业，其平台的优势也就越明显。

第一，所有移动互联网商业模式实现的前提在于——对用户长期的、高忠诚度的、规模化的黏着，并把这种黏着转化成为规模性的流量。只有有了对用户的牢牢锁定，才能搭建后续的商业模式。

第二，无论一个移动互联网商家推出的是什么样的业务和应用，必须具有可扩散、可传播、便于被更多用户所选择的特点。从微观经济学的角度看，只有有了足够多用户使用，这个移动互联网应用的规模经济才能得以体现，边际成本才能降下来。从平台商业模式的角度看，平台需要能够在实现用户规模的正反馈发展，也即用户使用的人足够多的时候，会不断吸引更多的人加入。

第三，一个真正能黏得住客户的平台化商业模式，需要整合相关业务、应用或资源，形成对于客户的整体黏着，不断提高用户的转移壁垒。这里的潜台词是，如果用户有一天拒绝使用这一款移动互联网应用，那么他不仅是放弃了这一款移动互联网应用，他事实上还会失去围绕在这款移动互联网旁边的许多相关的资源，这将极大地增大用户的转移壁垒。

第四，体系黏着就是要通过自身体系的丰富化，不断地加大用户的转换成本，使用户难以转移。为什么大量用户始终保持着对微软操作系统的忠诚呢？这是因为，并不仅仅是用户要持续地使用这一款操作系统，关键在于，微软通过自身平台化的策略，不断完善自己的体系架构，使得对于一个用户来说，他所使用的不仅仅是一款操作系统，而是基于这款操作系统大量的应用软件，包括文档处理、游戏、网络、通信等。而在各种各样的应用中，用户逐渐养成了自己的消费行为习惯，这种习惯一旦得以固化，用户选择新的操作系统的操作成本实际上是非常高的。

第五，移动互联网时代一个突出特点就是，没有明确的业务领域的划分，彼此介入、彼此竞争的现象比比皆是。一款移动互联网应用，事实上与它竞争的不仅是同类产品，还包括大量的在客户需求方面相邻的替代性应用。如果用户的行为被其他替代性平台所取代，这就意味着用户将会弃用现有的移动互联网应用，而转投他门。例如，邮件不仅是与其他邮件平台进行竞争，事实上还要与即时通信、微博、SNS进行竞争，因为后面的几款应用同样可以满足人们之间在线沟通的需求。

第六，电信运营商基于自身庞大的用户基数，以及天然的交叉营销的优势，很容易将用户的业务安装规模迅速地做上去，也就是容易快速取得规模性的初期成果。但是为什么电信运营商在流量经营、在牢牢锁定客户方面仍然觉得有无力感呢？原因在于，电信运营商在系统黏着效应方面表现不好。例如，电信运营商的移动互联网的应用彼此之间的割裂往往比较明显。邮箱是邮箱、即时通信是即时通信、数字娱乐是数字娱乐、游戏是游戏，彼此之间分割得非常明显，它并没有形成类似于Windows对于用户的总体锁定效应，也就是并没有利用体系优势整体加大用户转移壁垒。电信运营商所面临最大的挑战就在于：如何把庞杂的业务体系优势变成一种真正协同的体系化优势，形成对于用户行为习惯的全面的黏着和高门槛。

第七，为什么像人人网等SNS社区呈现出明显的颓势？其中的原因，就在于

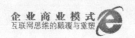

SNS 网站没有占据消费者更多时间份额的应用，无法与用户连接更紧密。换言之，这些网站在取得初期的规模优势之后，尽管也开发了一些增值应用，但始终没有实质性地进入到其他应用中去，没有形成对用户多元需求的综合满足与黏着，这就很容易被相邻的替代型竞争对手所打败。

第八，对于平台型移动互联网企业来说，如果想要让自己的商业模式健康运转，那么就必须实现规模化用户的规模效应、对于客户的体系化黏着效应、对用户时间份额的滚动割据效应，三者缺一不可。

【章末案例】

周黑鸭：传统企业的电商之路

2014 年备受瞩目的好莱坞大片《变形金刚 4》上映 10 天就达到 13 亿元的高票房纪录。观影之后，很多人相互在问，你找到《变形金刚 4》里的周黑鸭了吗？据说，这只鸭子藏得很深。不管怎样，周黑鸭很好地参与《变形金刚 4》这部国际大片的娱乐营销，

图片来源：www.zhouheiya.cn

借力跳出武汉地方卤味小吃概念，打造零食快餐品牌的国际范儿。没错，只要聊起武汉，很多人第一反应会是周黑鸭！周黑鸭是一家土生土长、地地道道的武汉当地名小吃，靠口味独特、辣中含甜满口生香，而深受广大消费者喜爱。周黑鸭以其"入口微甜爽辣，吃后回味悠长"的独特口味著称，刚入口时"有点甜"，然后"越来越辣"，吃完了"嘴边还留有余香"。

一、小黑成长记

周黑鸭生于 1995 年。仅用了 10 年的工夫，周黑鸭从一个武汉菜市场的小摊生意，现已发展成时下全国响当当的餐饮小吃连锁品牌。2002 年以前，周黑鸭在汉口航空路等菜市场开了三家门店，与其他卤菜店并无两样，竞争相当激烈。2002 年之后，为寻求出路，周黑鸭走上了企业规范化运作之路。在武汉广场外，周黑鸭第一家不足 10 平方米的专卖店开张了，终于把店开到街边上去了。发展至今，周黑鸭已形成了具有全国网络的餐饮连锁经营品牌，总部设在武汉市江岸区谌家矶先锋村工业园，旗下设有湖北、湖南、江

西、北京、上海、广东、河南等分公司。"周黑鸭"为了保证产品质量和品牌维护一直保持着"不做加盟、不做代理、不传授技术"的直营理念。现全国拥有 400 多家直营店，覆盖湖北及周边地区。

二、涉足电商业务

周黑鸭是传统企业、快消品做电商的典范。2010 年，周黑鸭开始涉足电子商务，并成立电商部门。自开展线上业务以来，周黑鸭成长速度非常快。2012 年，周黑鸭"双十一"线上销售额为 200 万元，全年销售额约 4000 万元。

2013 年网上店铺有周黑鸭官网、天猫两家（其中一家是上海分公司自己开的）、C 店 1 家，分销 40 个左右（其中小额代销 30 个，经销大客户 10 个，长期较为活跃的大客户 8 个），2011 年底开始做分销，2013 年全面开始招分销商，目前分销对整个销售额的贡献是 6%~8%。每月做一次分销商考核，剔除出销售不济者，招募分销要求最低三钻信誉，同时 DSR 要处类目中上游。另外在 1 号店、京东和拍拍上开店，多渠道运营。

周黑鸭开展电商业务起源于做 O2O 的想法，希望能实现线上线下的融合。从实际操作上谈，周黑鸭更加重视前端的运营，将利用平台自身的资源进行营销和推广。除了天猫，周黑鸭将更重视淘外平台的发展，希望实现淘外平台的增长。而移动端也是发展的重点之一，但更多的是把移动渠道作为客户维护的工具，而不是营销性质。

另外，周黑鸭电商业务目前只占总业务 5%的份额，其目标是未来 5~8 年实现 50%的占比。由于现在电商业务体量非常小，只在武汉设有一个仓库进行线上产品的生产和包装，所有线上订单均由武汉仓库发出。随着体量的增大，未来会逐步考虑在多地建仓。

三、周黑鸭线上线下融合的成功路径

第一，网店推广。周黑鸭网店的付费流量占 30%（特殊时期，如禽流感时这一数字达 50%）。淘宝客佣金比例 4.5%~5%。主要利用的是钻展、直通车、淘宝客＋站外投放，平均 4000~5000 元/天。换来的是平均每天发 1000 多单，大促销时 4000 多单。在流量费用水涨船高的线上，这一数字是很可观的，主要是借助周黑鸭品牌名声大的优势。周黑鸭这类快消品在线下有很

大影响力，上线后凭借自然搜索带来了大量的免费流量。2013 年周黑鸭每个月上一次品牌团，10~20 多种款，一次品牌团的销售额为 120 万~150 万元。周黑鸭企业制定目标：用 10 年的时间，线上销售做到占比总销售的 50%。网店推广后，周黑鸭的业绩取得明显的进步。2013 年周黑鸭电商渠道销售将近 8000 万元，仅双十一当天，周黑鸭线上销售额达到 600 万元，在鸭肉类目排名第一，而且销售额是后面 2~10 名商家销售的总和。相比较 2012 年，2013 年销售额增长 1 倍。网店的推广是周黑鸭获得流量和销量的强大工具，同时网店可以节约资源，节省成本，增长利润空间，网店推广成功带来的是企业效益的提高。

第二，走差异化经营的道路。快消品比服装的冲突更大，服装很容易差异化，不同款就可以了，是非标品，快消品往往都是标准产品，冲突不可避免，传统品牌要做线上，必须进行差异化。周黑鸭电商部门也面临着被线下渠道投诉的问题，这就需要在产品和价格上做出适度变化。

产品上，老黑走的是差异化经营。线下主要卖散装产品，线上卖真空产品，售卖的基本款也就是 10 多个品种。上线后遇到的一个问题是，线上售出的真空产品，因为经过真空杀菌口味相对实体散装淡一些，有些消费者并不买账。周黑鸭针对线上，增加生产线，改进工艺，开发出饭盒包装的"气调"产品，非真空包装，口味和线下的散装一样，解决了部分顾客不适应真空包装周黑鸭的问题。"气调"产品于 2013 年 3 月在上海分公司的天猫店出售，2013 年 7 月将新开一个天猫店专卖"气调"产品。

价格上，老黑则走的是线上线下价格基本一致的路线。鸭脖线上线下的规格和售价一样；鸭翅是线下 250 克 24 元，线上 180 克 16.8 元，线上相对便宜一点。两条线相差不大，对线下价格基本没有冲击力。线上常年开展满 99 元或 168 元包邮。根据后台数据研究消费者的购买习惯，做关联销售。如鸭脖+鸭翅+鸭锁骨套餐、8 袋鸭脖包邮等。

周黑鸭线上线下的产品同样也是差异化发展，产品价格基本一致，但包装和规格上进行了区分，线上产品的设计也更适合互联网人群。周黑鸭线上业务会推出一些保质期短的新鲜产品，比如今年夏季推出的"气调"产品也将重点进行推广。由于这类产品保质期短，周黑鸭或将挑战"次日达"快递服务。

第三，打造电商团队。目前周黑鸭武汉本部已形成一支拥有20人的电商团队，该电商团队的人才梯队依次是1个部门经理，3个主管或见习主管（物流、客服、运营），财务1人、美工2人、售前5人、售后2人、打单打包发货8人。这20人要负责线上视觉、分销、营销等整个流程。他们实现高效的秘诀是把各环节的事情流程化，固定下来，然后去跟进完成。

人才培养上，其电商团队分为两类人：一是负责人选用电子商务专业出来的科班学生，他们在学校就修炼好了网店运营的基本功，他们都是多面手，对运营各环节都十分熟悉，有经验，做得轻松。运营李娇介绍，自己在学校时，当时学校和电子商务协会合作，淘宝大学的讲师会来给同学们讲课，即使身处内地也能接触到最前沿的知识。二是基层员工，老黑招聘注重的是学习力和主动性，客服人员的招聘不限专业，有英语专业、旅游专业，还有年仅18岁的小妹妹，他们有各自的优势。发货人员则是聘请的中年人，他们手脚麻利、不怕苦，打包发货效率很高，快消品周黑鸭也有淡旺季，每年4~8月为淡季。做大促销时其他部门会来帮忙，旺季时也会临时请一些人。电商部门和传统部门在一栋楼办公，忙时大家互帮互助，楼下就是工厂，反应及时的强大供应链做后盾。加上周黑鸭的员工福利和企业文化，如免费宿舍、每月餐饮费、社会保险、学习机会等，电商人员十分稳定，流失率极低。

同时，主动向营销做得好的淘品牌学习，去同行网店参观学习。学习本地网商楼兰蜜语和食品类目的后起之秀三只松鼠等如何包装网络品牌价值。值得一提的是，三只松鼠和周黑鸭投资人是同一家。如去参观三只松鼠，其最大的是市场部，负责整个品牌的包装、页面设计、营销策划等，周黑鸭电商部门经理尹合龙深感这是三只松鼠最核心的东西，也是他们自己迫切需要学习的。

四、启示

以前传统品牌都不会做电商，生搬硬套往电商品牌去靠，直到2010年武汉本地淘品牌的出现，周黑鸭一下子就成了电商企业代表，充满电商基因。周黑鸭的电商成功之路，给传统企业的转型带来很多启示。

首先，传统企业要与时俱进，了解传统企业转型的必要性和优势，不断

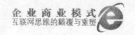

学习网上营销的知识，为成功转型打下坚实的基础；其次，传统企业要适应线上和线下结合的发展道路，线上和线下发展存在差异，要寻求最适合企业发展的模式；最后，人才是企业成功的关键，传统企业转型要有大量的人才储备，他们具备先进的管理理念和经营知识，能够为企业的持续发展提供保证。

总之，传统企业也可以成功地转型，通过线上和线下的结合，实现更大的发展空间。对此，电商部门经理尹合龙表示，周黑鸭有做 O2O 的想法，未来五年希望能实现线上线下的融合。其考虑的 O2O 模式有两种：第一种是线下作为体验店，线上实现成交；第二种是线上作为产品宣传的渠道，线下实现成交。目前来看，线下体验店的模式是大方向。

参考文献

［1］陈光锋. 互联网思维——商业颠覆与重构［M］. 北京：机械工业出版社，2014.

［2］赵大伟. 互联网思维独孤九剑［M］. 北京：机械工业出版社，2014.

［3］项建标等. 互联网思维到底是什么：移动浪潮下的新商业逻辑［M］. 北京：电子工业出版社，2014.

［4］钟殿舟. 互联网思维［M］. 北京：企业管理出版社，2014.

［5］黄海涛. 互联网思维赢利模式［M］. 北京：人民邮电出版社，2014.

［6］比尔顿. 翻转世界：互联网思维与新技术如何改变未来［M］. 杭州：浙江人民出版社，2014.

［7］戴夫·格雷等. 互联网思维的企业［M］. 北京：人民邮电出版社，2014.

［8］［英］大卫·琼斯. 赢在互联网思维［M］. 北京：人民邮电出版社，2014.

［9］司春林. 商业模式创新［M］. 北京：清华大学出版社，2013.

［10］胡世良. 移动互联网商业模式创新与变革［M］. 北京：人民邮电出版社，2013.

［11］贾扶栋，任芳进. 颠覆：寻找最佳商业模式［M］. 中国财政经济出版社，2013.

［12］林桂平，魏炜，朱武祥. 透析盈利模式：魏朱商业模式理论延伸［M］. 北京：机械工业出版社，2014.

［13］王琴. 跨国公司商业模式：价值网络与治理逻辑［M］. 上海：上海财经

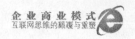

大学出版社，2010.

[14] 刘世忠. 商业模式参谋：实战·策略·案例［M］. 北京：电子工业出版社，2013.

[15]［美］塞拉，伊斯特伍德. 商业模式重构：大数据、移动化和全球化［M］. 朱莹莹，廖晓红，陈晓佳译. 北京：人民邮电出版社，2014.

[16] Douglas Rushkoff. 当下的冲击：当数字化时代来临，一切突然发生［M］. 北京：中信出版社，2013.

[17]［美］亚德里安·斯莱沃斯基. 需求：缔造伟大商业传奇的根本力量［M］. 杭州：浙江人民出版社，2013.

[18] 朱军华，柳亮. 互联网产品之美［M］. 北京：机械工业出版社，2013.

[19] 刘峰. 互联网进化论［M］. 北京：清华大学出版社，2012.

[20] 克里斯·安德森，蒋旭峰，冯斌. 长尾理论［M］. 北京：中信出版社，2012.

[21] 罗明雄等. 互联网金融［M］. 北京：中国财经出版社，2014.

[22] 李钧. 互联网金融框架与实践［M］. 北京：电子工业出版社，2014.

[23] 谢平等. 互联网金融手册［M］. 北京：中国人民大学出版社，2014.

[24] 李海峰. 网络融资——互联网经济下的新金融［M］. 北京：中国金融出版社，2013.

[25] 刘曼红. 中国中小企业融资问题研究［M］. 北京：中国人民大学出版社，2003.

[26] 王虹，徐玖平. 项目融资管理［M］. 北京：经济管理出版社，2008.

[27] 里维宁，应惟伟. 中国企业融资研究［M］. 北京：中国金融出版社，2000.

[28] 郭树华. 企业融资结构理论研究［M］. 北京：中国社会科学出版社，1999.

[29] 吴成丕. 金融革命：财富管理的互联网竞争［M］. 北京：中国宇航出版社，2013.

[30] 马梅，朱晓明，周金黄. 支付革命：互联网时代的第三方支付［M］. 北京：中信出版社，2014.

[31] David Jones. 赢在互联网思维［M］. 北京：人民邮电出版社，2014.

[32] 陈威如. 平台战略——正在席卷全球的商业模式革命 [M]. 北京：中信出版社，2013.

[33] 魏炜，朱武祥，林桂平. 商业模式的经济解释：深度解构商业模式密码 [M]. 北京：机械工业出版社，2012.

[34] 李东. 商业模式原理 [M]. 北京：北京联合出版公司，2014.

[35] Marty Cagan. 七印部落启示录：打造用户喜爱的产品 [M]. 武汉：华中科技大学出版社，2011.

[36] Michael Hugos，Derek Hulitzky. 赢在云端——云计算与未来商机 [M]. 北京：人民邮电出版社，2012.

[37] 魏长宽. 物联网：后互联网时代的信息革命 [M]. 北京：中国经济出版社，2011.

[38] 迈尔·舍恩伯格，库克耶. 大数据时代 [M]. 杭州：浙江人民出版社，2013.

[39] 赵国栋，易欢欢等. 大数据时代的历史机遇 [M]. 北京：清华大学出版社，2013.

[40] 芮明杰. 管理学——现代的观点 [M]. 上海：上海人民出版社，2007.

[41] 郑翔洲，叶浩. 新商业模式创新设计（修订版）[M]. 北京：电子工业出版社，2013.

[42] 夏云风. 商业模式创新与战略转型 [M]. 北京：新华出版社，2011.

[43] 范锋. 中国网络企业商业模式创新 [M]. 北京：社会科学文献出版社，2012.

[44] 齐严. 价值与界面商业模式理论与应用：基于价值创新商业模式 [M]. 北京：中国财富出版社，2011.

[45] 孙黎. 复盘：反思创新与商业模式 [M]. 北京：北京大学出版社，2012.

[46] ［瑞士］亚历山大·奥斯特瓦德，伊夫·皮尼厄. 商业模式新生代 [M]. 北京：机械工业出版社，2011.

[47] 周著. 7种清晰的商业模式 [M]. 北京：机械工业出版社，2011.

[48] 姚宏宇等. 云计算：大数据时代的系统工程 [M]. 北京：电子工业出版社，2013.

[49] 徐立冰. 腾云——云计算和大数据时代网络技术揭秘 [M]. 北京：人民

邮电出版社，2013.

[50] 杨正洪. 智慧城市——大数据、物联网和云计算之应用 [M]. 北京：清华大学出版社，2011.

[51] 陈明，余来文. 商业模式：创业的视角 [M]. 厦门：厦门大学出版社，2011.

[52] 余来文，王乔，封智勇. 云计算商业模式 [M]. 福建人民出版社，2013.

[53] 孟鹰，余来文，封智勇. 商业模式创新：云计算企业的视角 [M]. 北京：经济管理出版社，2014.

[54] 余来文，封智勇，孟鹰，温著彬. 物联网商业模式 [M]. 北京：经济管理出版社，2014.

[55] 余来文，封智勇，林晓伟. 互联网思维：物联网、云计算与大数据 [M]. 北京：经济管理出版社，2014.

[56] 郭晓科. 大数据 [M]. 北京：清华大学出版社，2013.

[57] 大卫·芬雷布. 大数据云图：如何在大数据时代寻找下一个大机遇 [M]. 杭州：浙江人民出版社，2013.

[58] 徐耀. 中国互联网商业模式之殇 [J]. 企业管理，2011（1）.

[59] 曹健. 互联网思维离不开快速和极致 [J]. IT 时代周刊，2014（5）：2.

[60] 佟洋. 什么是互联网思维 [J]. 新经济，2014（6）：8.

[61] 钱卫. 互联网思维 [J]. 中国服饰，2014（2）：100–101.

[62] 戴永佳. 用互联网思维跨界[J]. 经营者（汽车商业评论），2013（8）:68.

[63] 罗真. 用户至上的互联网思维 [N]. 中华合作时报，2014–01–17B.

[64] 张赫挺，李申伟. 商业模式研究现状及其发展综述 [J]. 经济研究导刊，2014（5）：7–8.

[65] 夏清华. 商业模式的要素构成与创新 [J]. 学习与实践，2013（11）：52–60.

[66] 迈克尔·波特. 竞争战略 [M]. 北京：华夏出版社，2012.

[67] 万江心等. 互联网思维：颠覆与重构 [J]. 现代企业文化（上旬），2014（4）：26–27.

[68] 史贤龙. 中国营销模式改革 [J]. 销售与市场，2014（1）.

[69] 雷军. 互联网创业七字秘诀 [J]. 经理人，2012（215）.

[70] 王方. 雷军创业：把细节打磨到极致 [J]. 悦读，2013（8）.

[71] 李建忠. 物联网时代的营销变革 [J]. 中国商贸，2012（2）.

[72] 孙艳霞. 基于不同视角的企业价值创造研究综述 [J]. 南开经济研究，2012（1）.

[73] 都跃良，莫建江. 基于网络条件的企业价值创造与创新 [J]. 企业活力，2012（10）.

[74] 张兴安. 互联网企业商业模式创新路径研究 [D]. 浙江财经学院，2012.

[75] 宋常. 公司价值创造驱动因素研究 [J]. 科学·经济·社会，2007（4）.

[76] 陈菊红，赵娜. 供应链价值创造的驱动因素及过程研究 [J]. 科技管理研究，2006（12）.

[77] 李太，舒夏. 基于系统视角下组织专业化影响因素分析 [J]. 湖北工业大学学报，2012（12）.

[78] 有关百度、阿里巴巴和腾讯等上市公司公开发表的年报、相关报道、公司网站资料，以及周黑鸭、绝味鸭脖和酒品网等尚未上市公司的相关报道，公司网站资料等以及来自百度、腾讯、凤凰网、和讯网等网络公开资料。

后 记

英国作家查尔斯·狄更斯在《双城记》中有句名言，"这是最好的时代，这是最坏的时代；这是智慧的时代，这是愚蠢的时代"。如果用这句话来形容我们当下所处的时代，那实在是再贴切不过了。目前我们正处于这样一个变革的时代。随着互联网、云计算、物联网、大数据、移动互联网接踵而至，IT技术已改变甚至颠覆了我们所生活的时代。由于这些IT技术的存在，给我们带来的不仅仅是技术的变革，更多的还是思维上的转变。最近社会上大热的互联网思维就是从中应运而生的。

中国正面临着工业化、信息化、市场化三大进程，一切都在变革中。特别是2012年，中国刚刚步入工业化后期。我们从传统的工业化道路开始，现在又赶上一个新工业革命时代。与此同时，信息化的核心就是互联网，我们已经迈入了互联网时代。无论是我们的生活还是我们日常的经营，方方面面都由于互联网的革命，而产生了巨大的变化。我们还在为2013年天猫双十一活动350亿的销售量而欢欣鼓舞的同时，互联网思维已经令人十分惊艳，给我们上了精彩而又宝贵的一课。互联网时代的变革给传统零售业带来了一个致命的冲击，更是一个彻底的颠覆。

互联网对于传统企业的价值，已不再是讨论颠覆还是融合的问题，而是讨论传统企业如何更快更好地借助互联网东风创新商业模式这一全新课题。为此，笔者对众多企业的商业模式进行了梳理和总结，既包括声名显赫的BAT（百度、阿里和腾讯）、小米、京东和优酷等IT企业，也有诸如海尔、TCL、创维、江小白和东裕茶叶等传统企业，更有三只松鼠、黄太吉、周黑鸭等名不见经传的小微企业，可以说，这是对本土企业的商业模式的一次大彩排，分析这些企业是如何利用互联网思维实现商业模式创新的，如走线上线下融合的O2O模式，构建统一的电商平台，向互联网进行转型。

一直以来，笔者密切关注着商业模式这一热点，并坚持勤于思考，笔不辍耕，从《商业模式：创业的视角》到《商业模式创新》，再到现如今的《企业商业模式：互联网思维的颠覆与重塑》，这些原创研究本身也是在一次又一次地自我颠覆，一次又一次地自我重塑。有鉴于此，我们认为，企业商业模式必须应时而变，顺势而为，为此，我们很感恩这些我们所研究过的那么多有生命力和创新力的公司，如小米、腾讯、黄太吉、雕爷牛腩，是他们的商业模式创新，让我们对商业模式看得更准、更透、更清。

《企业商业模式：互联网思维的颠覆与重塑》由余来文编著，并承担了从项目策划、拟订大纲及各章节详细的写作思路、内容的审定、提出具体修改意见与执笔修订、定稿等工作。同时，澳门科技大学封智勇博士、江西师范大学孟鹰副教授、南昌工程学院嵇国平博士和牛西讲师、优识营销公司林静总监、江西财经大学研究生石磊、江西师范大学研究生吴丽琼和祝娟等参与了本书相关章节的编写工作。具体参与编写人员分工为：第一章（余来文、石磊）；第二章（吴丽琼、余来文）；第三章（祝娟、余来文）；第四章（封智勇、林静）；第五章（封智勇、林静）；第六章（牛西、嵇国平）；第七章（石磊、余来文）；第八章（牛西、嵇国平）；第九章（孟鹰、余来文）。当结束《企业商业模式：互联网思维的颠覆与重塑》的写作时，如果说最后成书是一个成果，那么这是一个众人智慧的集合。本书在写作过程中得到了南京大学商学院党委书记陈传明教授、江西理工大学党委书记叶仁荪教授、江西财经大学王乔校长、澳门科技大学协理副校长庞川教授等的指导和帮助，特此表示衷心的感谢。感谢经济管理出版社申桂萍主任在写作本书过程中给予的大力支持。

在这里，我们必须感谢本书参考文献的所有作者！没有你们的前期贡献，就不会有"巨人肩上的我们"。我们还必须感谢本书案例中的中国企业！没有你们的业界实践，《企业商业模式：互联网思维的颠覆与重塑》将成为"无本之木"。特别需要说明的是，本书在编写过程中，学习、借鉴、吸收和参考了国内外众多专家学者的研究成果及大量相关文献资料，并引用了一些书籍、报刊、网站的部

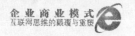

分数据和资料内容，尽可能地在参考文献中列出，也有部分由于时间紧迫，未能与有关作者一一联系，敬请见谅，在此，对这些成果的作者深表谢意。

限于编写者的学识水平，书中难免还有这样或那样的瑕疵，敬请广大读者批评指正，以使本书将来的再版能够锦上添花！如您希望与作者进行沟通、交流、扬长补短，发表您的意见，请与我们联系。联系方式：eleven9995@sina.com。

余来文

2014 年 8 月 1 日于深圳